RUAN CHANGGENG
FANGTANLU

东吴名家·名医系列

阮长耿访谈录

孙 黎 著

东吴名家·名医系列

主　编　田晓明

副主编　马中红　陈　霖

丛书编委会（按姓氏笔画排序）

主　任　侯建全

副主任　田晓明　陈　赞　陈卫昌

委　员　丁春忠　马中红　王海英　方　琪　刘济生
　　　　时玉舫　张婷婷　陆道平　陈　亮　陈　罡
　　　　陈　霖　陈兴昌　范　嵘　周　刚　贲能富
　　　　徐维英　黄玉华　黄恺文　盛惠良　缪丽燕

学术支持

苏州大学东吴智库

苏州科技大学城市发展智库

苏州大学新媒介与青年文化研究中心

总序

留点念想

田晓明

在以"科学主义"为主要特征且势不可挡的"现代性"推进下，人类灵魂的宁静家园渐渐被时尚、功利和浮躁无情地取代了，其固有的韧性和厚度正日益剥落而变得娇弱浅薄，人们的归属感与幸福感也正逐步消失。在当今中国以"改善社会风气、提高公民素质、实现民族复兴"为主旋律的伟大征程中，"文化研究""文化建设""提升软实力"等极其自然地成为全社会关注的热门话题。作为一名学者，自然不应囿于自己的书斋、沉湎于个人的学术兴趣，而应该为这一伟大的时代做点什么；作为一名现代大学管理者，则更应当拥有这样的使命意识与历史担当。

一

任何"以问题为导向"的研究总是不乏高度的历史价值、使命意识和时代意义，文化研究也不例外。应该说，我对文化问题的关注和兴趣缘起于自身经历的感悟和对本职工作的思考。近年来，我曾在日本、法国、德国、美国等发达国家进行学术交流或工作访问。尽管这些国家彼此之间存在着很大的文化差异，但其优良的国民总体素质给我留下了深刻的印象。2013年5月，我应邀赴台湾地区参加了"2013高等教育国际高阶论坛"，这也是我首次台湾之行。尽管此行只有短短一周，但祖国宝岛给我留下了深刻印象：在日常交往中，我不仅深切感受到中华民族的优秀传统在台湾地区被近乎完整地"保留"下来，而且从错落有致甚至有些凌乱的古老街景中"看到"了隐含于其背后的一种持守和一份尊重……于是，我又想起了大陆在中华人民共和国成立之后，人们在剔除封建糟粕的同时，几乎"冷落"甚至放弃了很多优秀的文化传统；在全面汲取苏联"洋经"的同时，也一定程度上失去了我们的文化自主性。"文革"期间，许多优秀传统文化遭受的破坏自不必多言。改革开放以来，随着国门的"打开"，中华大地在演绎经济发展奇迹的同时，中华民族的一些优秀传统却没有得到同步保留或弘扬，极个别的优秀传统甚至还出现了一些沦丧的现象。这便是海外之行和台湾地区之行给我留下的文化反思与心灵震撼！

带着这份反思和震撼，平日里喜欢琢磨的我便开始关注起"文化"及"文化研究"等问题了。从概念看，"文化"似乎是一个人人自明却又难以精准定义的名词。在纷繁的相关阐述中，不乏高屋建瓴的宏观描述，也有细致入微的小处说法。可谓仁者见仁，智者见智。文化概念的复杂性也赋予了文化研究所具有的内容丰富性、方法多样性和评价复杂性等特征。黑格尔曾做过这样的比喻：文化好似洋葱头，皮就是肉，肉就是皮，如果将皮一层层剥掉，也就没有了肉。作为"人的生活样式"（梁漱溟语），文化总是有很多显形的"体"，每一种"体"的形式下都负载着隐形的"魂"。我们观察和理解文化，不仅要见其有形之体，更要识其无形之魂。体载魂、魂附体，"魂体统一"便构成了生机勃勃的文化体系。古往今来，世界上各地区、各民族乃至各行各业都形成了自己的文化体系，每一文化体系都是它自己的"魂体统一"。遗憾的是，尽管人们在思想观念上越来越意识到文化的重要性，但在日常生活和社会实践中，"文化"概念被泛化或滥用了，正如人们常说的那样：文化是个筐，什么都能装。

从文化研究现状来看，我认为存在两个方面的问题：一是文化研究面临着"科学主义""工具理性"的挑战和挤压；二是文化研究多是空洞乏力的理论分析、概念思辨，而缺少务实、可行的实践探索。一方面，在"科学主义"泛滥、"工具理性"盛行的当今时代，被称为"硬科学"的科学技术已独占人类文化之鳌头，越来越受到人们的顶礼膜拜。相比之下，人文社会科学在人类文化中应有的地位正逐步或已经被边缘化了，其固有的功能正日益被消解或弱化。曾经拥有崇高地位的人文社会科学已风光不再，在喧嚣和浮躁之中，不可避免地陷入了"软"科学的无奈与尴尬。即便是充满理性色彩、拥有批判精神的大学已经意识到并开始重视人文社会科学的教育功能与文化功能，但在严酷的现实语境中，也不得不"违心"地按照所谓客观的、理性的科学技术范式来实施人文社会科学教育管理和研究评价。另一方面，由于文化研究成果多以"概念思辨""理论分析"等形式表达，缺少与现实的联系和对实践的指导，难免给人以"声嘶力竭"或"无病呻吟"之感受。从一定意义上讲，这种苍白、乏力的研究现状加剧了人们视文化为"软"科学的看法。这无疑造成了文化研究和文化建设的困境与尴尬。

从未"离开"过校门的我，此时自然更加关注身陷这一"困境"和"尴尬"旋涡中的大学。大学，不仅是传授知识、探索新知的重要场所，也是人类文化传承与发展的主要阵地。她不仅运用包括人文艺术、社会科学、自然科学等在内的人类文化知识进行有目的、有计划、有步骤的高级人才培养，而且还直接担当着发展、创造与创新人类文化的历史责任。学界一般认为，大学具有人才培养、科学研究和社会服务三大功能。应该说，这样的概括基本涵盖了大学教育的主要任务。但从学理上看似乎还有值得商榷的地方。一方面，从逻辑上看，这三项功能似乎不是同一层次的、并列的要素。因为无论是培养高素质人才，还是产出高质量科研成果，都是大学服务社会的主要方式或手段。如果将社会服务作为单一的大学功能，那么是否隐含着人才培养和科学研究就没有服务社会的导向呢？另一方面，从内涵上看，这三项功能的概括本身就具有"工具化""表面化"的特征，并没有概括大学功能的深层的、本质的内涵。那么，有人会问，大学的本质到底是什么呢？我认为，在归根结底的意义上，大学的本质就在于"文化"——在于文化的传承、文化的启蒙、文化的自觉、文化的自信、文化的创新。因为脱离了文化传承、文化启蒙、文化创新等大学的本质性功能，人才培养、科学研究和社会服务都会成为无源之水、无本之木，而大学的运行就容易被视作简单传递知识和技能的工具化活动。从这一意义上说，大学文化建设在民族文化乃至人类文化传承、创新中拥有不可替代的重要地位甚至主要地位。换言之，传承、创新人类文化应该是大学的历史使命与责任担当。

如果说，大学的本质在于文化传承、文化启蒙、文化自觉、文化自信和文化创新，那么，大学管理者的主要职责之一便是对文化的"抢救""保护""挖掘"。这是现代大学校长应具有的文化忧患意识和责任感。言及大学文化，现实中的人们总是习惯地联想起"校园文化"，显然这是对大学本质的误解甚至曲解。一直以来，我坚持主张加强"文化校园"建设。"校园文化"与"文化校园"，不是简单的文字变换游戏，个中其实蕴含着本质的差异。面对"文化"这一容易接受却又难以理解的概念，人们总是无法清晰明快地表达"文化是什么"，有人曾经做过比较详细的统计，有关文化的定义多达两百多种。既然人们很难定义"文化"的概念，或者说很难回答"文化是什么"，我们不妨转换一下视角，抑或可以相对轻松地回答"什么是文化""什么是没有文化""什么是文化缺失"等问题。我所理解的大学文化,在于她的课上和课下,在于她的历史与现实,在于她的一楼一宇、一草一木、一砖一瓦、一人一事……她可能是大学制度文化的表达,可能是大学精神文化的彰显,也可能是大学物质文化的呈现。具体而言,校徽、校旗、校训等标识的设计与使用是文化校园建设的体现,而创建大学博物馆、书画院、名人雕塑等,则无疑是大学文化名片的塑造。我曾发起和主持大学博物馆(即苏州大学博物馆)的筹建工作,这一"痛并快乐"的工作,让我感慨万千。面对这一靓丽的大学文化名片,我似乎应该感到一种欣慰、自豪和骄傲。然而,在经历这一"痛并快乐"的过程之后,我却拥有了另一番感受:在大学博物馆所展示的一份份或一块块残缺不全的"历史碎片"面前,真正拥有高度文化自觉或自信的大学管理者,其内心深处所拥有的其实并不是浅薄的欣慰和自豪,而是一种深深的遗憾、苦苦的焦虑和淡淡的无奈!我无意责怪或埋怨我们的前人,我们似乎也没有太多的时间和精力去责怪、埋怨,因为还有很多很多事情需要我们去落实、来实现,从而给后人多留下一点点念想,少留下同样的遗憾。

这不是故作矫情,也不是无病呻吟,只有亲身经历者,方能拥有如此宝贵的紧迫感。这种深怀忧虑的紧迫感,实在是源于一种更深的文化理解!确实,文化的功能不仅在于"守望",更在于"引领",这种引领既是对传统精华的执着坚守、对现实不足的无情批判,也是对美好未来的理想而又不失理性的憧憬。换言之,文化的引领功能不仅意味着对精神家园的守望,也意味着对现实存在的超越。尽管本人并没有宏阔博大的思想境界、济世经国的理想抱负、腾天潜渊的百炼雄才,但在内心深处,我却始终拥有一种朴实而执着的想法:人生在世,"必须做点什么""必须做成点什么";如是,方能"仰俯无愧天地,环顾不负亲友"。然而,正所谓"前途是光明的,道路是曲折的",对于任何富有价值和意义的事情而言,"想法"变成"现实"的过程从来都不可能一帆风顺。在当下社会,"文化校园建设"则更是"自找苦吃"!

二

人生有趣的是,这一路走来,总有一些"臭味相投"的"自找苦吃"者与你同行!

2013年,我兼任艺术学院院长。在一次闲聊中,我不经意间流露出这一久埋心底的想法,随即获得了马中红、陈霖两位教授及其团队成员的积极响应。也许是闲聊场景的诱发,如此宏远计划的启动便从艺术学院"起步"了!其实,选定艺术学院作为起始，我内心深处还有两点考量：一是"万事开头难"。既然事情缘起于我的主张和倡议，"从我做起"似乎也就成了一种自然选择。事实上，我愿意也必须做一次"难人"。二是我强烈地感到时不我待，希望各个学院能够积极、主动地加入"抢救""保护""挖掘"文化的行列。尽管从本质上讲这是一种历史责任，但在纷繁的现实面前，这项工作似乎更接近于一种"义务"或"兴趣"，因此，作为分管文科院系的副校长，我不能对院长们有更多的硬性要求。于是，我想，作为艺术学院院长，我可以选择"从我做起"，其示范和引领作用可能比苍白的语言或"行政命令"更为有力、更富成效。

当然，选择艺术学院作为"东吴名家"系列开端的根本想法，还是来自我们团队对"艺术"发自内心的热爱！因为，在我们古老的汉字中，"藝"字包含了亲近土地、培育植物、腾云而出的意思。这也昭示了艺术的本性：艺术来源于生活，但必须超越生活。或许也正因为艺术这样的本性，人们对艺术的反应可能有两种偏离的情形：艺术距我们如此之近，以致习焉不察；艺术离我们如此之远，以致望尘莫及。此时，听一听艺术家们的故事，或许会对艺术本身能够拥有更多、更深的理解。

英国艺术史家贡布里希在其《艺术的故事》开篇中有云："实际上没有艺术这种东西，只有艺术家而已。"在各种艺术作品的背后，站立着她们的创造者，面对或欣赏这些艺术作品，实际上就是倾听创造她的艺术家，并与艺术家展开对话。这样的倾听与对话超越时空，激发想象，造就了艺术的不朽与神奇。也正是这种不朽与神奇，催生了"东吴名家"的艺术家系列。

最先"接近"的五位艺术家大家都不陌生：梁君午先生，早年在西班牙皇家马德里艺术学院学习深造，深得西方绘画艺术的精髓，融汇古老中国的艺术真谛，是享誉世界的油画大师；张朋川先生，怀抱画家的梦想，走出跨界之路，在美术考古工作和中国艺术史研究中开辟了新的天地，填补了多项空白；华人德先生，道法自然，守望传统，无论是书法艺术，还是书学研究，都臻于至境；杨明义先生，浸淫于江南传统，将透视和景别融进水墨尺幅，开创出水墨江南的新绘画空间；杭鸣时先生，被誉为"当今粉画巨子"，以不懈的努力提升了粉画的艺术价值。五位大师的成就举世瞩目，他们的艺术都有着将中国带入世界、将世界融入中国的恢宏气度和博大格局。

五位艺术家因缘际会先后来到已逾百年的东吴学府，各自不同的艺术道路在苏州大学有了交集和交融，这是我们莫大的荣幸。他们带来的是各自艺术创作的历练与理念,艺术人生的传奇与感悟,艺术教育的热情与经验,所有这些无疑是我们应该无比珍惜的宝藏,在这个意义上,"东吴名家·艺术家系列"的编写与制作也可谓一次艺术"收藏"行动。

三

"收藏"行动在继续进行!随着"东吴名家·艺术家系列"的编写与制作告一段落,我便将目光转向了"名医"。这一探寻目光的阶段性聚焦或定格,缘起于本人儿时的梦想和生活经历。我自小在外公与外婆身边生活,身为医生的舅舅和舅妈对我影响巨大。舅舅的敏感和精明、勤奋与敬业,舅妈的才情和灵巧、细腻与矜持,尤其是他们与病人之间交往、交流的互动场景以及医院的氛围,给我幼小的心灵烙上了深深印记。应该说,舅舅和舅妈身上所折射出来的医生职业操守和人格魅力,不仅是我人生启蒙的绝好养分——"随风潜入夜,润物细无声"地滋养、熏陶着我的成长,而且也渐渐成为我的生活习惯和样态,进而萌生出人生的愿望与梦想——我想成为一名让人尊敬的白衣天使或人民教师!

儿时的梦想,总是比较简洁和朴素,有时还十分直观和现实。在我的思维积淀中,总有一种抹不去的儿时记忆和认知:医生和教师是人世间最崇高、最善良、最阳光的职业!因为几乎没有哪位医生不想救死扶伤的,也几乎没有哪位教师不想教人成人的。世上可以没有其他职业,但绝不可无医生和教师。这两种职业甚至超越了国界、人种、民族和意识形态等差异,因为任何人都会遭遇到生老病死的拷问,任何人都有接受学校教育的过程,绝大多数人也会面临子女教育问题,等等。因此,渴望成为一名医生或教师,便成为我儿时的梦想!

清楚地记得,我在高考志愿书上清一色填写了"临床医学"专业,但因为班主任私底下递交的一份"定向表",让我儿时的"医生梦"彻底破灭了。因为这种"阴差阳错",而今中国大学里多了一名不太优秀的心理学教授,而医院却可能少了一名出色的外科医生。身为大学教授的我,虽然内心偶尔也会流露出"得陇望蜀"的遗憾,但我知道,这是真正的"白日梦想"。"医生",对我而言,只能成为一种永久的儿时记忆了。也许正是为了弥补这份心理缺憾,我将探寻的目光聚焦或定格于"名医",便乃是情理中事了。

如果说,"东吴名家·艺术家系列"的编写与制作缘起于本人的文化理解和兼任艺术学院院长的"便利"以及与马中红、陈霖两位教授的"臭味相投",那么,"东吴名家·名医系列"编写与制作能够成为现实,则是因为我和我的团队又幸运地遇上了一位"同道",他就是侯建全先生!在一次偶然闲聊时,建全兄得知了我内心深处的愿望和设想,他不仅给予高度褒扬,而且主动要求加入并表示全力支持。这真是应验了两句老话:有心栽花花不开,无心插柳柳成荫;踏破铁鞋无觅处,得来全不费工夫。在日常交往中,建全兄给我留下的印象是干练、圆融、义气,而他对医院文化建设的深邃理解与执着精神,以及他能跳出自己的"本位",全方位思考吴地医学文化传承与保护的视野和气度,又使我对他平添一份深深的敬意和尊重。尤其是此间我的工作岗位发生了变动,他依然一如既往地关心、支持此项工作的开展和推进,更是彰显出"同道"的意蕴与价值、友谊的诚挚和珍贵。

　　拥有了建全兄这样的"同道","收藏"行动进展得异常顺利。我们的笔墨和镜头此次定格与聚焦的几位名医也是大家耳熟能详的:阮长耿院士,被尊为中国的"血小板之父",成功研制了以SZ(苏州)命名的系列单抗,应用于出血与血栓性疾病的基础与临床研究,始终坚持不懈地以学术引领中法交流,以科研点亮生命之光。杜子威先生,著名医学教育家、中国现代神经外科学奠基人之一,制定了首个中国人脑脊髓液蛋白电泳的标准值,培养出中国第一株人脑恶性胶质瘤体外细胞系SHG-44,建立了人脑胶质瘤基因文库,在中国脑外科研究和临床方面取得卓越成就。董天华先生,苏州骨科医学的开创者和奠基人,江苏省医学终身成就奖获得者,学医、行医、传医七十余载,德术并举、泽被后学、仁者情怀、大家风范。蒋文平先生在六十多年的行医生涯中,在我国心脏电生理领域里倾注汗水和心血,贡献智慧和才能,是一位不畏艰难险阻和不知疲倦的探索者、创新者、开拓者。唐天驷先生是我国著名的骨外科专家,两次获得国家科学技术进步二等奖;他主持的"脊柱后路经椎弓根内固定"研究,被誉为我国脊柱外科的一大"里程碑",铸就了脊柱内固定的"金标准";虽到望九之年,他仍然工作在第一线,用高超的医术,帮助无数病人"站稳了身板""挺直了腰杆"。陈易人先生,是苏州乃至江苏全省的知名外科专家,曾经是省内医学界外科医学的领头羊之一;半个多世纪以来,他无私奉献,不计名利,坚持奋战在手术台旁,为千万个患者解除病痛;他还通过努力,和同事们一起把苏州大学附属第一医院的外科诊疗提升到省内一流水平。华润龄先生从医半个多世纪,学养深厚,内外兼修;他上承吴门医派著名老中医奚凤霖和陈松龄两位先生医脉,秉循吴地优秀传统文化的传袭,理法方药,思路清晰,用药轻简,救人无数,在中医业界和患者当中树立了良好的口碑,是当代吴门医派的杰出传承人和代表医家之一。李英杰先生,国家级非物质文化遗产项目指定传承人，潜心于六神丸技艺，一颗匠心守护绝密国药，将手工微丸技术代代相承，被誉为当代"中医药八大家"之一。

…………

"收藏"行动将继续进行。随着"同行者"的不断加盟，"东吴名家"（百人系列）将在不远的将来"梦想成真"！为了这一美好梦想，为了我们的历史担当，也为了给后人多留点念想、少留点遗憾，让我们携起手来……

序

自古姑苏繁华地，不仅仅体现在经济与文化的长足发展，而且在中医领域也形成了著名的吴门医派。吴门医派作为传统中医体系，形成了一大批著名医家，且世代相传，比如绵延约八百年的郑氏妇科。吴门医派中名医多御医，由于医术高明，声名远播，仅明代姑苏籍御医就有七十多位。吴门医派为苏州人的繁衍生息和健康生存做出了卓越的贡献，也为传统中医文化的传承和发展贡献了苏州智慧。

"东吴名家·名医系列"选择了华润龄先生和李英杰先生作为当代苏州吴门医派与中医制药工艺的代表人物，可谓实至名归。

历史上的东吴医派在当代通过名医传播、名药制作、名馆开设以及中医文化的现代化建设而得到发扬光大。与东吴医派并驾齐驱的是苏州日益崛起的现代医学和医疗。苏州大学附属第一医院，是国内具有影响力的知名三甲医院，多年来，在中国最佳医院排行榜中名列前50强，在中国地级城市医院100强排行榜中雄踞榜首。百年老字号医院，已然浓缩为医学领域的一笔宝贵财富，其重要原因之一，是它拥有一支实力雄厚的名医队伍。一所医院在民众中的口碑和信誉，很大程度上是凭借这些名医来创造的。在长期对医院的管理中，我始终不渝地坚持这一条，培养名医、建设名医队伍不动摇，这是医院建设和发展的硬道理。

名医不是天上掉下来的，名医荟萃的局面也不是朝夕之间就能形成的，其中，医生队伍建设至关重要。作为一所三甲医院，医生队伍是呈宝塔型结构的。名医是宝塔尖上的独领风骚者，他们也是从医生、从良医中脱颖而出的。对于医生队伍建设来说，我们的兴奋点和关注点，一是人才，二还是人才，三依然是人才。具体来说，一手抓名医队伍的建设，他们是医院的标杆、品牌，让他们带领团队，培养学生，充分发挥引领作用，提高医生队伍的整体水平。另一手抓青年医生的培养，这也离不开名医，以名医为师，从中发现人才。一旦发现可塑之才，就严格要求，压担子，创造各种条件，使他们成为名医。尊重名医，爱护名医，宣传名医，始终是医院工作的重中之重。作为医院的文化建设，整理和发扬名医的品德与精神，在当前显得非常迫切，这也是具体落实党中央的"把跨越时空、超越国界、富有永恒魅力、具有当代价值的文化精神弘扬起来"的指示。阮长耿、董天华、唐天驷、蒋文平、杜子威、陈易人六位名医的访谈正是在这样的背景下诞生的，是苏大附一院医院文化建设的又一重大成果。

一代代名医是医院文化的积淀，是苏州古今中外医学思想和精神的承继与传扬！"东吴名家·名医系列"所选八位名医虽然分属不同专业学科，但是他们有这样一些共性：

第一，医者仁心，他们都有崇高的医德。百年传承，使苏州有了"吴门医派"的金字招牌，也使苏大附一院积淀了"博习创新，厚德厚生"的文化底蕴。"厚德厚生"使医院百年来形成了"为患者、爱患者"的绿色医疗生态环境。这些名医用毕生的实践，诠释和丰富了"厚德厚生"的内涵。以德为上，为民服务，才不愧为真正的名医。董天华教授一直信奉"医德医术是一个医生的生命"，创造性地研究出将"美多巴"应用于治疗早期非创伤性股骨头坏死的新思路。几十年来，董教授淡泊名利、廉洁行医，收到病人的锦旗和表扬信不计其数，从未收受过病人的红包。他经常教诲年轻医生，要做好一名医生，首先要做一个品行端正的人，对待患者要有一颗仁慈的心，在诊治病人的时候，要时刻设身处地为病人的病情着想。慕名而来的患者除了仰慕他妙手回春的精湛医术，感恩他朴实善良的医者仁心外，更敬重他高尚的医德。华润龄先生秉持中医传统正道，妙手仁心，待患以诚，致力于中医领域的开掘，其学养、医术和医德得到业内同行和众多患者的嘉许，是一位有口皆碑的吴门儒医。

第二，大医精诚，他们以精湛的医术名扬天下，受到无数患者的爱戴。桃李不言，下自成蹊。名医活在广大民众的口碑中。他们敬业，痴迷于自己的理想，在长期行医过程中，不断总结，不断前进，最终登上自己事业的顶峰。陈易人教授，是我们外科的著名专家，一生兢兢业业，克己奉公，不计个人名利，用手术刀为千万个患者解除病痛，也把苏大附一院的外科诊疗提升到了省内一流水平。蒋文平教授，植入了中国第一例与第二例自动心脏起搏复律除颤器，从直流电消融到射频消融治疗心动过速，蒋主任参与了中国在该领域的起步性研究，接二连三地开创"中国首例"，在治疗心律失常方面立下了赫赫战功。脊柱外科医生是高技术、高风险的职业，稍有失误，病人就可能终身残疾。唐天驷教授作为一名医生，最大的快乐就是为病人解除痛苦，精湛的技艺是他毕生的追求，他一直坚持重视每一个手术细节，创下了数千例脊柱手术无瘫痪、无严重并发症的纪录。20世纪80年代，他主持的"脊柱后路经椎弓根内固定的基础和临床研究"被誉为我国脊柱外科的一大里程碑，铸就了脊柱内固定的"金标准"。

第三，敢于创新，与时俱进。这些名医不墨守成规，故步自封。他们是各自领域的弄潮儿、追梦人和风云人物。医学事业日新月异，每天有无数创新的成果面世。阮长耿院士建立了我国第一个血栓与止血研究室。他成功研制了以SZ（苏州）命名的第一组抗人血小板单克隆抗体，填补了国内空白，达到国际先进水平。随后相继研制成功抗人血小板、vW因子等苏州（SZ）系列单抗180多株，并应用于出血和血栓性疾病的基础与临床研究，其中5株SZ单抗被确认为国际血小板研究的标准试剂……阮长耿，亦被学界公认为我国血栓与止血研究领域杰出的开拓者之一。杜子威教授，1974年创建了苏州医学院（现苏州大学医学部）脑神经研究室，开展了脑神经疾病的基础研究，成功研制出国产醋酸纤维薄膜，首次制定了中国人脑脊液蛋白电泳的标准值，建立了中国第一株人脑胶质瘤体外细胞系SHG-44及其裸小鼠移植模型NHG-1、中国第一株抗胶质瘤杂交瘤单克隆抗体SZ39，在国内首先成功建立了人脑胶质瘤基因文库。传统中药制药名师、国家级"非遗"传承人李英杰先生经年潜心研习，以敬畏和专注传递中医药文化之魂，在不断创新中将传统制丸技艺发展至炉火纯青的地步。

长江后浪推前浪。医学事业的发展，需要各方面人才。本次推出的名医访谈系列丛书，目的是为了传承。我们的愿望是把名医的风采、经验作为财富，贡献给大家，可以一代又一代地传承下去。他们是"博习创新，厚德厚生"的杰出代表，我们也希望在他们的感召下有更多的名医涌现。人才辈出，才能使我们在当今的世界竞争中立于不败之地。

名医已经沉淀为苏州医学、医疗、医药发展的一种精神动力，历经传承与创新，浓缩为一种与时俱进的时代品格。八位名医访谈是"东吴名家·名医系列"的首批实录，历时三年，挖掘整理了老一辈名医的故事，以照片、文字和视频的形式完整真实地展现出来，以期丰富和拓展我们的名医文化建设，从而使我们的文化建设事业迈上一个新台阶。

苏州大学附属第一医院院长　侯建全

阮长耿

阮长耿，1939年8月生，上海人。中国工程院院士，江苏省血液研究所所长，苏州大学医学教授、博士生导师，苏州大学附属第一医院主任医师。1958年毕业于上海市时代中学，因成绩优异免试进入北京大学生物系，1964年毕业后被分配到苏州医学院附属第一医院（现为苏州大学附属第一医院）血液病研究室工作，在我国血液学奠基人之一陈悦书教授的引导下进入血液学领域。1979年作为改革开放后首批公派留学生，赴法国巴黎第七大学附属圣路易医院的血栓与止血研究中心，跟随"世界血小板之父"雅克·卡昂（Jacques Caen）教授学习。在两年留学期间，他鉴定出国际上第一株抗人血小板膜糖蛋白I单克隆抗体并首先阐明血小板膜糖蛋白I是粘附蛋白Von Willebrand因子的受体。1981年10月获得了法国医学生物学国家博士学位。学成回国后，阮长耿建立了我国第一个血栓与止血研究室。1983年成功研制了以SZ（苏州）命名的第一组抗人血小板单克隆抗体，填补了国内空白，达到国际先进水平。随后相继研制成功抗人血小板、vW因子等苏州（SZ）系列单抗180多株，并应用于出血和血栓性疾病的基础与临床研究，其中的5株单抗被确认为国际血小板研究的标准试剂。

1988年，经江苏省政府批准，江苏省血液研究所正式成立，阮长耿任所长。1994年组建"核医学生物技术重点实验室"。2007年所在学科实验室成为卫生部（今卫计委）血栓与止血重点实验室。阮长耿曾任苏州医学院院长，中华医学会血液学分会第七届委员会主任委员，《中华血液学杂志》总编，《中华内科杂志》副总编以及《中华医学杂志》和"International Journal of Hematology""Thrombosis Research"（即《国际血液学杂志》《血栓研究》）等国内外14种杂志的编委。先后承担了IAEA资助重点项目、中法先进研究计划课题、国家"863"计划等省部级以上课题20多项。获国家专利，国家发明三等奖，国家科技进步二、三等奖等省部级以上科技成果42项；主编专著9部，在国内外刊物发表学术论文940篇，其中SCI收录论文155篇。

阮长耿曾荣获"全国五一劳动奖章""全国先进工作者""国家级有突出贡献的中青年专家""法国医学科学院外籍通讯院士""为江苏改革开放做出突出贡献的先进个人"等荣誉称号和奖励。他长期致力于中法学术交流，鉴于他的突出贡献，于1994年和2011年先后两次被法国总统分别授予"法兰西国家功绩骑士勋章"和"法兰西国家功绩军官勋章"。并获得了法国医学科学院颁发的"塞维雅奖"。2014年，获得"中法血液学交流卓越贡献奖"。2015年获得首届世界华人血栓与止血大会"终身成就奖"和首届苏州市科技创新创业突出贡献奖。2019年获得国际血栓与止血学会"终身成就奖"。

2011年11月,阮长耿在唐仲英血液学研究中心成立两周年庆典上致辞

2000年2月,阮长耿在夫人顾慧玉的陪同下参加在巴黎举办的学术会议,身后为新世纪国际抗癌宣言

1995年,苏州医学院院长阮长耿院长(前排右三)接待法国L'Oreal公司高层来访,确立苏州医学院作为中国欧莱雅公司的合作伙伴

2009年,中国工程院代表团访问法国医学科学院(左二为阮长耿,右三为卡昂教授)

2012年6月,阮长耿在法国爱丽舍宫与法国前总统萨科齐合影

2012年,阮长耿院士夫妇与大女儿阮嘉一家的合影。前排左起:阮嘉,外孙甘亚伦(Richard Kam);后排左起:女婿甘国良(Lance Kam),外孙女甘雅芳(Caroline Kam)

2011年，阮长耿院士夫妇与小女儿阮小琳一家的合影。前排左起：外孙Noé DEMAI（阮宇诚），外孙女Marina DEMAI（阮添歌）；后排左起：女儿阮小琳，女婿Michel DEMAI

目 录

特稿

003　搭上一列急行车

专访

023　矢志学医
026　长子的责任
031　从学霸到三好学生
037　母亲不幸患癌
039　免试入学北大

046　结缘苏州
047　毕业分配到苏医
050　实验室就是手术台
053　转随陈悦书学习临床
057　成为苏州女婿

061　留学法国
062　而立之年初学法语
066　师从血小板之父

071　破解血小板之谜
076　破格获得博士学位

085　自辟天地
086　筹建血栓与止血研究室
092　小米加步枪
098　苏州1号诞生
107　转化医学的得与失
114　著书立说

117　领导风范
118　出任血液研究所所长
127　执掌苏州医学院
136　助力苏州医学院与苏州大学合并
140　结识唐仲英

144　春华秋实
145　开启院士生涯
149　中法交流结硕果
161　两次授勋
169　引领中华医学会血液分会
174　青出于蓝而胜于蓝

180　老骥伏枥
181　呼唤关注血友病
186　创新创业创优
190　活到老学到老

他人看他

197　顾慧玉：他的工作永远是第一位的
204　阮嘉、阮小琳：他是温柔的慈父
212　何杨：不给后人留下一片荒地
219　夏利军：他引领苏州血液走向世界

附录

229　阮长耿：热血长青（纪录片脚本）
238　阮长耿年表

247　参考文献

250　后记

特稿

搭上一列急行车

2017年6月，在苏州大学附属第一医院里的一幢两层白平房中，我第一次见到了被誉为"中国血小板之父"的阮长耿院士。很难想象一个即将步入耄耋之年的老者，他的日程表竟然被密密麻麻的工作安排填满。我斗胆表明了接下来要长期采访的用意，和颜悦色的阮长耿院士满口答应，在阮院士速度飞快的话语和一连串热情洋溢的"好的，好的，好的"中，我们敲定了采访事宜。于是，在这之后的三个多月里，我与阮院士之间开始了一种"见缝插针式"的采访：他上一秒钟还回邮件、翻论文、开会，下一秒钟便思路清晰地投入与我的交谈之中。

我试图去探寻阮院士在忙碌些什么，阮夫人顾慧玉女士感慨"他坐上了一班飞快的列车停不下来了"，让我越发好奇。在一次次的采访中，我亲眼所见的阮院士，走路是小跑，发邮件或短信大量使用缩写词，凌晨5点还给我留言……我将这些与新闻报道中3个月速成法语、7个月拿下法国国家博士学位、14个月攻克血小板难题的阮院士联系起来，慢慢理解了永不停歇的忙碌与源源不断的成果在阮院士这里是如何同生共长的。

我也由此逐渐解开阮院士身上的那些谜团——非医学出身却是妙手名医，未读硕士但手握博士学位，身为领导却从不发号施令，身处苏州但蜚声海外……随着采访的不断深入，我惊喜地发现了阮院士所拥有的精神的丰富性，它们就蕴含在那列血液研究的急行车中，因为越开越快、越行越远而往往隐匿不显。

蓄力始发，探究生命

江苏省血液研究所的院士办公室里，对着门的书柜上最醒目的位置摆放着阮长耿院士与夫人的合影，靠墙的大书柜塞满了英文或法文书籍，案头叠着的资料上粘着各式大小不一的便笺纸，资料的一旁叠着标了注重点和提要的病症说明，靠窗户一侧的小桌上放置着一台老式的电脑，陈列柜上放着造型各异的纪念牌（杯）和荣誉牌（杯），茶几上堆着新一年的医学专业硕博士的毕业论文。门边的墙上还挂着一只钟，其指针拨快了十分钟。每回，与阮院士的采访都在这里进行。每回，阮院士都身着白大褂整整齐齐地出现。

接受采访的阮院士，精神矍铄，思维敏捷，目光明澈，笑容和煦，口若悬河，丝毫不似年近八十的老人。腰部的旧患使得阮院士没法久坐，秘书委婉地告诉我谈一会儿后就让阮院士站一会儿，但我常常访问到忘记时间，一两个小时便悄无声息地过去。而阮院士也不曾打断过我，每每到采访结束看到阮院士站起来手叉着腰、拉伸筋骨的时候，我才记起秘书的交代，愧疚无比。立起身时的阮院士，微驼的背脊、侧倾的腰杆烙印着几十年的栉风沐雨。

为了顺利地对这位既最熟谙临床实践的科学家、又通晓生化知识的医生进行采访，我搜集了关于阮院士的各种报道、论文、著作等文字和音像资料。这些准备并没有为我接下来的采访增添多少信心，因为，我这个文科生无论是对于临床医学知识，还是对于生化知识，都是彻彻底底的门外汉。当我向阮院士表达这个顾虑的时候，他对我说，采访的意义就是让非医学或生化专业的老百姓都有机会接触并明白那些看似高深的专业知识。后来我知道，他不只是安慰我，他也是按照这个原则努力用浅显易懂的语言、巧妙绝伦的比喻向我解释那一个个艰涩难懂的术语、概念或原理，让我能够在采访的过程中与他进行良好的互动。

无法想象，我面前的这位如此心无旁骛、踏实工作的医学科学家，年少的时候过得是那样的色彩斑斓。阮院士主动打开尘封的记忆，向我讲述着：小学时，因为不顾课堂秩序，偷偷表演滑稽戏逗笑了全班同学而被留晚堂；初高中担任少先队大队长、校团委宣传委员，组织全校文娱演出；在高中，享受长跑自我征服的乐趣，并最终破了800米校纪录；大学时，在文工团里担任戏曲队队长，出演评剧、沪剧、越剧、黄梅戏等各地剧种。虽然八十载的时光将年少时文娱、体育样样精通的阮院士打磨成同事、学生口中的那个一心扑在事业上别无其他兴趣爱好的阮院士，但是我分明发现讲述回忆的他常常沉浸在对过往的美好追忆中。我忍不住询问阮院士有没有觉得遗憾，他直摇头，他坚信投身医学事业、探究生命科学的意义大于一切。

究竟从什么时候开始，阮长耿展露出探究生命科学的兴趣呢？这得从阮长耿的家庭说起。从小便是学霸的阮长耿并非出自书香门第，他的母亲甚至都没描述清楚他出生在抗战时期上海的哪个临时居住区。然而，冬天经营棉被生意、夏天经营窗帘生意的父母，在朝夕之间让阮长耿耳濡目染了勤勉与坚韧。身为家中长子，做出一番事业和协调好整个家庭，成为母亲对他最大的期望。阮长耿从小便深知自己的责任。高中时期，母亲不幸罹患乳腺癌，陪着母亲求医问药、目睹母亲备受病痛的折磨，让年少的阮长耿对病魔之无情的感受格外深切，也让他明白医生之于病患的重要价值与伟大责任。从此，阮长耿矢志学医，征服病魔的决心从未动摇。

高考前夕，成绩优异的阮长耿立志报考医科大学，志愿栏里从头至尾填报的都是上海医科大学、北京医科大学等。然而，有心栽花花不发，阮长耿并未如愿以偿。这当中的"拦路虎"居然就是阮长耿那出类拔萃的数学成绩。阮长耿就读的初中是有着数学教学专长的南洋模范中学，阮长耿的数学灵感火花就是在那时被点燃的。随着阮长耿对数学的兴趣逐渐加深，上海市中学生数学竞赛第二名这样的殊荣他也唾手而得。虽然后来阮长耿无数次感受到数学使他在逻辑思维上受益匪浅，但当时，数学确实几乎毁掉了他的梦想。阮长耿因为出众的数学成绩被当时还未开设医学专业的北京大学挑中，成为为数不多的免试入学的学生之一。尽管阮长耿当时满是犹豫，最终还是服从了命运的安排。但是，阮长耿并没有就此放弃，他迅速地了解到，研究生命现象和生物活动规律的生物学与医学关系最为密切，便毅然决然地选择了生物学作为自己的专业。

时任北大党委第一书记的陆平[①]大刀阔斧地推进大学改革，将先前文科的四年学制延长至五年，将理科的五年学制延长到六年。阮长耿便一头扎进生物学专业，在崇尚自由独立、兼容并蓄精神的北大扎扎实实地从1958年学到了1964年。当时，大学学费、住宿费全免，所有的大学生都极其珍惜这来之不易的求学机会，

---

① 陆平（1914—2002），原名刘志贤，又名卢荻，吉林长春人。1934年至1937年在北京大学教育系学习。1957年10月至1960年3月，任北京大学副校长，1957年11月起任北京大学党委第一书记。1960年3月至1966年6月，兼任北京大学校长。陆平任校长期间在北大建立起教育情报研究室，把苏联的莫斯科大学、英国的剑桥大学和牛津大学、美国的哈佛大学和斯坦福大学、日本的东京大学等教学计划翻译过来，对照北大的教学计划，研究参考国外著名大学教学计划的精华。这在当时极左的年代里，是需要相当勇气的。在这一思路下，陆平组织修订理科六年制教学计划，强调打好基础并把第二外国语英语作为必修课，用六年制培养具有硕士水平的学生。

每个人都自觉、刻苦地投入所学专业中。寝室—食堂—图书馆—实验室，四点一线的学习生活并未让阮长耿觉得有丝毫的枯燥，相反，这增强了他自主、独立的能力，也养成了几乎伴随他一生的习惯——为了写论文翻阅上百篇文献，长时间待在实验室只为求一个数据，在忙碌的间隙抢背外文单词，周末一早就要去图书馆抢座……在这样的氛围中，阮长耿也逐渐明确了自己的研究方向，开始进入生物化学领域，在丝氨酸蛋白酶的活性研究中最早接触到了血液学知识。可以说，阮长耿在北大蓄足了他接下来探究生命科学的各种能量。在我对他的采访中，每当问到血液学研究中有没有遇到过什么障碍或困难，阮长耿总是毫不含糊地吐出"没有"两个字，他始终自信地表示，"我接受过的是全国最好的生物学教育"。

并道苏医，专注血研

我曾问过阮院士，如果人生之路无法掌握在自己手里，是不是会特别无奈？阮院士说没有无奈，因为"大家那时候都是很简单的，党叫干啥就干啥"。但是，人生总会留有遗憾。对阮长耿来说，那是当他的母亲因癌细胞发生转移，医治无效而过世的时候。阮长耿一度觉得，自己这辈子都无法成为一名医生了。

一心服从组织安排的阮长耿完全没有想到，原本岔开的梦想与现实竟然也会有交叠的可能。

1964年6月，阮长耿顺利从北大生物化学专业毕业，等待分配。不同于其大部分同学被分配到各级研究机构或者初高中，作为优秀毕业生的阮长耿被核工业国防科工委第二机械工业部（简称二机部）选中，分配到了当时被二机部接管的苏州医学院（2000年4月并入苏州大学）。这让阮长耿兴奋不已，学医不成的他居然获得了去医学院工作的机会。当时的苏州医学院附属第一医院（今苏州大学附属第一医院），有一位鼎鼎有名的大夫叫陈悦书[①]，全国各地的白血病患者都会慕名到苏

[①] 陈悦书（1918—1998），福建省福州市人，我国血液学专业的奠基人之一，中华医学会资深会员，国家级有特殊贡献的老专家，原江苏省政协委员、江苏省人大代表、江苏省血液研究所名誉所长、著名血液病学专家、苏州医学院附属第一医院主任医师、博士生导师。1935年考入国立上海医学院，获医学学士学位及学院"正谊明道"金质奖章。先后在上海红十字会第一医院和中山医院（即华山医院和中山医院）担任医师、主治医师、内科学基础教研室主任、副教授。1958年调任苏州医学院附属第一医院任内科主任、内科学教研室主任兼血液病研究室主任，后晋升为教授。

州医学院附一院的血液科找陈悦书教授。作为我国血液学专业奠基人之一的陈悦书教授，敏锐地嗅到基础医学研究和临床治疗结合将是医学发展的新导向，便在医院建了一个血液病研究室。但是由于当时医院都是去医学院定点招人，而医学专业的学生普遍重临床治疗而轻基础研究，陈悦书教授就急需寻找一位生化知识完备、实验能力突出的研究人员加入血液病研究室，于是把橄榄枝抛向北大生物学专业的毕业生。而这位接到橄榄枝的人，正是对医学饱含着渴望、对探究生命充满着热情的阮长耿。

南下报到之后的阮长耿，在血液病研究室的办公室里，第一次见到了陈悦书教授。互不相熟的两人，最开始的一段对话便极具专业色彩，围绕着一本血液学的英文书籍而展开。陈悦书教授翻开一本全英文的血液学专业书籍，随意指了一页，让阮长耿从头到尾读一遍，在学校只开设俄语课的年代里，阮长耿通过自学达到的英语水平让陈悦书教授频频点头称许。让阮长耿略感诧异的是，接下来陈悦书教授没有对他提出任何要求，只有一句期望——"你的实验室就等于是外科医生的手术室。"这句话如同一颗种子，播撒在年轻的阮长耿心里，伴随着他在血液研究领域的不断深入而飞快地生长。如今的阮长耿，采撷着陈悦书教授的智慧果实，不断地将之散布于自己的后辈、学生中，成为苏州血液研究几代人共有的使命。

阮长耿进入血液病研究室后，在陈悦书教授的引导下，有条不紊地做起临床资料总结和论文撰写的工作。每周两天阮长耿都雷打不动跟着陈悦书教授查病房，一遇到疑难问题陈悦书教授就会拉上阮长耿，一起商量着如何通过实验的方法解决。勤奋刻苦的阮长耿开始如鱼得水，与陈悦书教授医研相融，分外默契。然而，好景不长，突如其来的"文化大革命"疾风暴雨般地冲击着一切既定的秩序，改变了大部分人的命运，批判"资产阶级学术思想"和"白专道路"[1]，让研究机构首当其冲成为反面典型。医院的行政瘫痪，实验室关门，因为无题可研，科研人员纷纷改行，只有临床医生还在连轴运转，因为资深医生纷纷被作为"白专典型"批斗，临床医生严重不足。这时候，阮长耿被调去与陈悦书教授一起从事临床工作，幸运地成为一名血液科的大夫。

---

[1] "白专道路"是"文化大革命"时期出现频率很高的一个术语，是对埋头学习、钻研业务，而似乎对政治不那么敏感的一类人的描述。另外类似的还有"白专典型"一说。

为了胜任临床医生这个新的角色，阮长耿一边跟着陈悦书教授查房、出诊以积累实战经验，一边系统地恶补医学基础知识。在陈悦书教授的鼓励下，阮长耿积极地动手实践，拿出了在北大生物学解剖实践中积累的经验和勇气，再加上一旁陈悦书教授的精准指导，切阑尾、抽腹水等都不在话下。没过多久，阮长耿便已经出得了门诊，也上得了手术台。他感慨在一级临床医学教授的指导下学习，犹如读了一所顶尖的医科大学。很快，苏州医学院附属第一医院血液科的阮长耿大夫就小有名声了。

白天的超负荷工作并没有让好学的阮长耿停下继续学习的脚步，他甚至比在北大求学期间更加分秒必争。排队买早饭的时候抓上一本英文书，夜晚等妻子和女儿睡熟后又爬起来阅读国内外的医学文献。在这期间，阮长耿完成了大量的与血液研究相关的文献翻译、文献综述，在人人懈怠的时光里，他却在硕果仅存的专业期刊上发表了近30篇高质量的论文，充实了国内早期血液学研究的文献资料。如饥似渴的学习让阮长耿不断地武装了自己，同时，也让他更加意识到仅仅根据临床的体征就妄下结论的诊断存在误区，应该通过合适的实验并结合逻辑思维加以判断，从而明确病症，才能获得理想的治疗效果。于是，一旦在白天遇到临床上的难题，阮长耿就在晚上"铤而走险"溜进实验室，亲手通过实验加以验证。在那个特殊的历史时期，实验室是一般人躲着不敢靠近的禁区，但是一心为病人的阮长耿无法顾及那么多，哪怕妻子时刻为他担惊受怕。

1974年，阮长耿的刻苦钻研和锐意进取让他初尝到解开血液密码的喜悦。那时候，白血病人会得一种来势凶猛的出血症，叫弥漫性血管内凝血[1]。这个病不同于其他的出血疾病，止血药对它毫无作用。于是，阮长耿决心要破解出血的奥秘。在翻阅了大量的国外文献之后，他了解到一个新的出血概念——若是血管里凝血酶产生高凝状态的话，凝血因子消耗以后便会产生出血的症状。他在实验室把白天搜集的病人标本一检测，马上就判断出了白血病人体内的高凝状态，进一步验

---

[1] 弥散性血管内凝血（disseminated intravascular coagulation；简称DIC）不是一种独立的疾病，而是许多疾病在进展过程中产生凝血功能障碍的最终共同途径，是一种临床病理综合征。由于血液内凝血机制被弥散性激活，促发小血管内广泛纤维蛋白沉着，导致组织和器官损伤；另一方面，由于凝血因子的消耗而引起全身性出血倾向。两种矛盾的表现在弥散性血管内凝血发展过程中同时存在，并构成特有的临床表现。在弥散性血管内凝血已被启动的患者中引起多器官功能障碍综合征将是死亡的主要原因。

证了弥漫性血管内凝血符合新的出血概念，这意味着必须用抗凝药物才能达到止血效果。于是，阮长耿开始使用抗凝药肝素治疗白血病并发弥漫性血管内凝血的出血症状。

年少时便立志学医的阮长耿，在经历了与梦想的擦肩而过后，终于在苏州医学院弥补了无法从事临床工作的遗憾。十年"文革"不知耽误了多少有为青年的大好时光，不知阻断了多少知识分子的奋斗之路，不知陨落了多少冉冉升起的希望之星。无数人都因在这场浩劫中七损八伤而淹没于无边的黑暗，可逆流而上的阮长耿抓住了缝隙里的一线光亮，把握住深入临床的机会，赢得了时间、经验和底气。在这段与众不同的人生之路上，阮长耿游刃有余地利用专业交叉的优势，医学与生物学互为促进，将血液研究工作推至一个崭新的阶段。

如果说，在北大生物学的学习是阮长耿探究生命科学的起步，那么，当阮长耿的人生进入苏州医学院之后，他的血液研究的事业也开始驶入正轨。十几年如一日的勤勉和砥砺奋进，让他又一次迎来幸运之神的垂青——他获得了公派留学法国的机会。

取道法国，攻坚前行

1978年，正当阮长耿在血液研究的道路上加速前行，一份教育部出国留学人员选拔考试的通知书通过国防科工委传达到了苏州医学院。那时，正值改革开放初期，有感于人才的断档与匮乏，邓小平同志对内恢复高考制度，推进国内人才梯队的建设，释放有志青年积压已久的聪慧与才干；对外提出大规模派遣留学生赴海外深造学习的留学政策，缩短中西方在先进学科中的差距，培养国际化的专业人才。苏医迅速组织了包括阮长耿在内的一批人员前去北京参加选拔考试。经过英语、专业等一系列的考试之后，改革开放后第一批公派出国留学人员的名单出炉，其中55人前往美国，38人前往法国。阮长耿就是去法国留学的人员之一。他取道法国，直面所有的崎岖不平，在血小板研究上攻坚克难，奋勇前行。

闭关多年之后，国门再次打开，对首批出国留学人员，我国政府在管理上颇为严格，包括两年出国时间的严格限制，包括到了法国之后每月都需要到我国驻法大使馆汇报学习进展。与此相比，政府对留学人员在学业的要求上却相对宽松，并没有强制要求考取学位、获得荣誉等，唯一的要求是学习先进的知识、掌握先进的技能。而作为留学生，他们痛感于十年"文革"让我们与先进国家的差距日趋拉大的事实，普遍以强烈的责任感和事业心对待这次难得的机会，希望自己能够学成归来为国效力。阮长耿自然也是热血沸腾，铆足了劲，甚至在自己的床头刻下"发奋，发奋，再发奋"的字句，时刻鞭策着自己，在赶超先进的道路上不舍昼夜，只争朝夕。

语言是阮长耿首先要解决的问题。虽然大学里教的俄语、自学的英语已让阮长耿的外语储备足够丰富，但是，对于已进入而立之年的他来说，从头开始学习法语，着实不易。然而，好强的阮长耿并没有因此而却步，他抓住一切可能的机会恶补法语，走路也读，骑车也念，吃饭也想，睡觉也思。在北京三个月的法语强化班期间，阮长耿一有时间便找会法语的留学生一起交流，一来二去，他的法语水平进步神速。

接着而来的烦恼是导师的选择。到了法国之后，阮长耿一面寄宿在法国家庭，继续进修法语，一面开始搜寻法国血液学研究的相关信息。面对纷繁的信息，阮长耿的头脑异常清晰，他追问自己，我究竟要到一个怎样的环境，我究竟要跟随一个什么样的导师，我究竟要学些什么东西，对我来说才真有用，才不辱使命？当时法国的血液学研究主要有三大阵地，其中之一的巴黎第七大学附属圣路易医院的血液研究在当时的法国乃至欧洲地区实力最为强大、最有影响力。被称为"世界血小板之父"的雅克·卡昂（Jacques Caen）[①]教授就是其间声望最高的一位，在国际上也赫赫有名。阮长耿看中卡昂教授的国际影响力以及他在血小板领域研究的尖端实力，最终决定选择跟随卡昂教授学习。后来的事实证明，这个选择无比正确。

还有无法回避的交通问题。由于阮长耿住在距离医院甚远的留学生聚居区，每日来回医院和住处都要花掉大把的时间，为了充分利用有限的时间，集中精力进行医学研究，阮长耿不得不另觅住处。卡昂教授得知阮长耿的想法后，就建议他搬到住院医生的宿舍，并帮着阮长耿去联系、沟通。从此，阮长耿开启了每天围绕实验室打转的生活模式。

所有这些困难逐一化解之后，阮长耿迎来了真正来自科研的第一个挑战。事情要从他的导师卡昂教授参加的一次国际会议说起。在这个会议上，卡昂教授遇

---

① 雅克·卡昂（Jacques Caen），1927年出生，法兰西科学院院士，法国国家功绩军官勋章获得者，法国巴黎第七大学的名誉教授。中国工程院外籍院士，法中科学及应用基金会（Foundation Franco-Chinoisepour la Science et ses Application, 简称FFCSA）创始人之一，法中科学及应用基金会主席。专注于血小板疾病的分子基础和抗凝血剂等方面的研究。

到了一位在英国牛津大学从事淋巴细胞研究的教授。这位来自牛津的教授用当时先进的单克隆抗体技术[1]研究血液里的淋巴细胞,在一次试图获取抗淋巴细胞单克隆抗体的实验中,不小心混杂了血小板,结果意外得到了一个血小板抗体。他想到巴黎第七大学附属圣路易医院的卡昂教授是研究血小板的专家,便把这个宝贵的血小板抗体带到会议上交给了卡昂教授。卡昂教授回到法国后,便把这个血小板抗体转给了才到法国不久的阮长耿,让他对血小板抗体进行鉴定。此时的卡昂教授对他的第一个中国留学生还不甚了解,这个任务多少也带着些测试的意味。阮长耿意识到,这将是对他这么多年科研水平的一次检验,更是他步入留学阶段第一个科研挑战,他必须全力以赴完成任务,为之后的学习和研究开个好头。

单克隆抗体技术于1975年被英国科学家发明,是一种免疫学的技术,当时这种技术在血液中的运用还未大范围展开。虽然阮长耿在北大求学时期有过放射免疫基础知识的积累,但并未亲手操作过。然而,这些困难并没有让阮长耿缩手缩脚,他一日三餐都在医院食堂解决,以压缩吃饭的时间;他放弃周末外出游玩观光的机会,夜以继日在实验室忙碌。仅仅一个月时间,阮长耿就出色地完成了血小板抗体的鉴定。当阮长耿把血小板抗体将对出血病症起到诊断作用的结果汇报给卡昂教授的时候,卡昂教授非常激动,他对这个中国留学生刮目相看。随后,卡昂教授对阮长耿进一步提出了要求,他希望阮长耿成为成功运用单克隆抗体技术研究血小板的第一人。

阮长耿欣然接下了这项更为艰巨的任务,他深知这并非是一两个月就能解决的小难题,而将是一场持久的攻坚战,需要付出更多的时间,投入更大的精力。对科研的巨大热情消除了所有顾虑和犹豫,阮长耿甚至感觉不到苦与累,他在血小板研究的世界里畅意遨游,怡然自得。信心十足的阮长耿查阅大量的文献资料,设计缜密的实验方案,足足用了三个月的时间,证明了抗血小板膜表面有一个受体,这个受体能够帮助血小板黏附在破了的血管壁上,黏上去以后它就堵住伤口了,一旦缺少这么一个受体,就会形成出血。这个非常重要的生理过程揭开了血小板的黏附机制之谜,对当时卡昂教授正在研究的"巨大血小板综合征(BSS)"这一项

---

[1] 单克隆抗体技术是一种免疫学技术,将产生抗体的单个B淋巴细胞同骨髓肿瘤细胞杂交,获得既能产生抗体,又能无限增殖的杂种细胞,并以此生产抗体。该技术的出现,是免疫学领域的重大突破。利用单抗工作进行疾病的诊断目前主要表现在人类疾病和畜禽传染病的诊断方面,尤其在一些感染性疾病和肿瘤的诊断方面。主要通过鉴定病原体或肿瘤抗原来诊断人是否感染相应疾病。

目而言意义重大。巨大血小板综合征一般表现为血小板减少，血小板体积增大，出血时间延长，凝血困难。这种病不仅罕见，而且诊断困难。但是有了血小板抗体以后，通过观察受体与抗体的结合与否，就能顺利诊断出这个病症。这株单抗后来被命名为AN51，结合的受体就是血小板膜糖蛋白Ⅰb，这是世界上第一株抗人血小板膜糖蛋白Ⅰ单克隆抗体，是一种能够帮助确认因血小板膜糖蛋白缺陷而造成的出血性疾病的抗体，它阐明了初期止血中血小板与血管壁相互作用的分子机制。

卡昂教授被这个来自中国的留学生阮长耿大胆的假设、严密的求证能力所折服，也惊叹于他在科学研究中那种坚持不懈、坚韧不拔的毅力。他由衷地对阮长耿感叹道："中国如果有1000个人能够像你这么努力，这么用功地工作，特别是从事科研工作，将来中国就是世界上最强大的国家之一。"对阮长耿钟爱有加的卡昂教授，积极地帮助阮长耿申请法国医学和生物学研究中鼎鼎有名的克罗特·贝尔纳奖学金。每年只有10位人员有获得该项荣誉的资格，而初出茅庐的阮长耿凭借着非凡的研究成果，成为1980年该项奖学金评审中排名第一的外籍学生。阮长耿因此获得了一笔在当时看来是巨款的奖励，它是教育部给留学生补贴的两倍。拿着这笔"飞来横财"的阮长耿惴惴不安地跑去大使馆，询问是否需要上交，在得到可以自由支配的答复后，他立即去购买了实验室必需的设备和试剂，准备回国使用。阮长耿报效祖国之心从未改变，此时已经为接下来的付诸行动开始准备了。本是来学习先进知识和技术的阮长耿，却为圣路易医院血液研究所增光添彩，对卡昂教授来说，这真是意外之喜，也就触发了他的"非分之想"——把阮长耿留下来。但他深知阮长耿心系祖国，因此毫无成功劝说的把握。事实也的确如此，阮长耿根本没有留下的打算。

1981年的3月，离回国的限期只有不到8个月的时间。在卡昂教授的鼓励下，阮长耿向学校申请了注册法国国家博士学位，他一面继续血小板的研究，一面开始撰写他的法国国家博士学位论文。由于论文必须在答辩前两个月提交，阮长耿只能在5个月的时间内完成博士学位论文，而且必须用法语。虽然法语听说和阅读已无障碍，但要用法语写博士论文，对阮长耿来说仍然是难度极高的挑战。幸而得到卡昂教授秘书的帮助，阮长耿专心实验并完成初稿，由秘书校对文字和语法。就在阮长耿争分夺秒之时，他忽然全身乏力，低热不退，多处淋巴结肿大，血液中的单核细胞超标，经过医生诊断，发现原来他是得了弓形虫病。因为法国人喜欢吃生的牛肉，而牛肉里有一种寄生虫，就是弓形虫。牛肉若是不煮熟食用，就无法杀死弓形虫，就会得这种寄生虫病。因为当时几乎都住在实验室的阮长耿一日三餐都在医院食堂解决，又恰逢毕业论文期间精神压力过大造成免疫力下降，便感染了弓形虫病。由于缺乏有效的治疗方法，得了弓形虫病一般都是自愈，大概需要2到3个月。为了不耽误完成博士毕业论文，阮长耿硬是拖着病体，忍着病痛，圆满地用法语完成了近100页的法国国家博士论文《抗血小板膜糖蛋白Ⅰ的单克隆抗体的研究》。

　　1981年10月2日，阮长耿参加了法国医学生物学国家博士学位论文的评审，并以优秀的评分获得了法国医学生物学国家博士学位，成为获此学位的第一位华人。评审团主席给阮长耿的论文写下的评语认为，"本论文确有很高的科学水平，是由一位表现高度智慧的研究者在极其短暂的时间内完成的……"在一般情况下，短时间的研修生都无法在法国巴黎第七大学获得博士学位，因为普通学生都要花上五六年的时间才能够顺利完成论文答辩从而被授予博士学位。而阮长耿在不到半年的时间内便顺利完成了高质量的论文，加上他显著的研究成果，因而破格获得了法国医学生物学国家博士学位。阮长耿的导师卡昂教授再一次高度赞扬了这位中国留学生，他觉得阮长耿就代表着中国，从此他对中国人充满敬意。当然，他也对中国充满着好奇，他和阮长耿约定，要多去中国看看，多与中国的血液学研究者进行交流。这一约定贯穿了以后几十年的岁月，卡昂教授也成为苏州人民、中国人民的好朋友。阮长耿对于自己的恩师充满了感激，哪怕回了国，他也依然保持着与卡昂教授的联系，直到今天，每个月一次嘘寒问暖的越洋电话从没间断过。

　　答辩完成后的第六天，甚至都来不及拿到学位证书，阮长耿便带着两年求索攻坚的满满收获坐上了回国的航班，等待他的是另一段停不下来的时光。

越过荒芜，极速前进

　　血栓与止血在国外是个比较成熟的血液研究方向，但对当时的国内而言，几乎是没人能够触及的一片领域。一从法国回到苏州，阮长耿便向医院借了实验用房一间，技术员一名，招了助教及学生五六位，利用购于法国的少数器材，建立起了我国第一个血栓与止血研究室。建研究室的这个想法，早在法国留学那时就已经扎根于阮长耿心间，一是阮长耿长期地深入血液学研究的世界前沿，感到自己有责任把先进技术和方法带回国内，二是1981年3月阮长耿陪同被苏州医学院邀请的卡昂教授在苏州参观与交流期间，卡昂教授建议苏州医学院可筹办一个血栓与止血研究室，以顺应世界血液学研究的发展趋势。

阮院士向我坦言，有很多科研人员都是将国外完成的科研成果拿到国内来申请国家科技进步奖之类的奖项，但是他认为这样很不可取。虽然AN51的鉴定由他完成，但它始终是诞生在法国，知识产权属于法国人，要真正带动国内科研水平的提高，就必须在我们自己的土地上开创出真正属于我们中国人的科研成果。于是，阮长耿信心满满地要让中国人自己的血小板单克隆抗体诞生在苏州。但是不同于拥有着完善硬软件环境的法国，要在缺资金、缺设备、缺试剂的贫瘠土壤里开垦，阮长耿显然是要动一番脑筋的。

阮长耿回国后申请的第一个自然科学基金委员会课题一举被国家立为重大课题，虽然当时3万元的课题经费缓解了研究室的资金困难，但是远远无法长期支撑研究室的正常运转。阮长耿一面开始四处筹措资金，一面又亲手制作器材、试剂，"没有条件，创造条件也要上"成为彼时研究室的一句口号，不多的几个研究室成员拧成一股绳，铆足一股劲，快马加鞭又扎扎实实地展开了我国最早的血栓与止血方面的研究。就在原苏州医学院后门招待所里的那个小小房间内，挂着的帘子把房间一分为二，一边是办公室，阮长耿和他得力的技术员李佩霞老师，连同吴庆宇、杜晓平等几个学生常常在一起讨论实验计划；另一边是支起紫外线灯泡的无菌实验室，后来就在这个实验室里诞生了最早的一批足以载入史册的研究成果。

1982年8月，阮长耿带领整个研究室团队开始进行血小板单克隆抗体的研究。然而，一个又一个的困难接踵而至，是放弃还是迎难而上？坚韧而顽强的阮长耿选择直面挑战。在血小板单克隆抗体的研究中，必须首先经过杂交瘤细胞的培养。摆在阮长耿面前的第一个难题是，缺乏作为培养基的小牛血清。价格昂贵又需无菌保存的小牛血清，在当时的条件下根本无法从国外进口，阮长耿想到自制小牛血清的方法以解决问题。他们到屠宰场购买到初生下来的小牛犊，带回到实验室，吴庆宇紧紧抓住牛头，杜晓平则趁机把小牛的颈动脉割断，然后迅速拿着空杯子接小牛的血。采集完小牛的血后，再离心它的血清，经过消毒后，就能够培养杂交瘤细胞了。缺乏实验试剂的困难顺利解决后，缺乏实验器材的困难又近在眼前，没有二氧化碳培养箱，杂交瘤细胞就没有合适的生存环境。

阮长耿心知实验器材申请过程的烦琐与漫长，一般需要经过以下几个步骤：第一步，要有课题批准书；第二步，找外商确定规格型号；第三步，申请外汇；第四步,找外贸签订合同;第五步,报上级机关审批。所以,一般拿到一台实验器材往往都要历时一年半载。于是,他一边打报告申请器材,一边冥思苦想着自制设备。二氧化碳培养箱是通过在培养箱箱体内模拟形成类似细胞在生物体内的生长环境的一种装置,它要求稳定的温度(37℃)、稳定的二氧化碳浓度(5%)等条件配合。后来,偶然间经李佩霞的启发,阮长耿尝试首先在有机玻璃缸内点燃一根蜡烛,盖上盖子,再把有机玻璃缸放进37℃恒温箱中,因为缺氧,蜡烛就会熄灭,它在熄灭的过程中,释放出来的二氧化碳大概是5%左右,同时也保持了缸内的温度和湿度。这种替代二氧化碳培养箱培养细胞的方法,被称为"烛缸法"。

在如此这般土法炮制的带动下,研究室团队成员们用一个个的巧思和一双双的巧手将困难各个击破。1983年10月,我国第一组抗血小板膜糖蛋白Ⅰ的单克隆抗体研制成功,而通过正常程序申请购买的二氧化碳培养箱在1984年才到达研究室。正是在这种克服困难的过程中,阮长耿越加坚定了不惧荒芜、排除万难的信念。后来有人把这种没有条件创造条件,抓住机遇不放弃的精神概括为"烛缸精神",这成为阮长耿这几十年来奋斗精神的生动诠释。

诞生于苏州医学院的抗血小板膜糖蛋白Ⅰ的单克隆抗体被阮长耿命名为苏州1号(SZ-1),他对苏州这个第二故乡浓得化不开的情义全都包含其间。接下来,阮长耿与团队成员更是一鼓作气,抗vW因子单抗、抗人活化血小板单抗、抗纤维蛋白单抗等单克隆抗体相继被研制出来。经专家鉴定,这些抗体兼具理论研究价值和临床实用价值,有助于对血小板的研究和对某些血小板疾病的诊断。这些成果一次次地把世界的目光聚焦到苏州医学院,聚集到阮长耿身上,而开拓进取的阮长耿也被公认为我国的血小板之父。到如今,从苏州1号、苏州2号到苏州21号,苏州22号,苏州51号……"苏州系列"已经有近180种,这个数字还在持续地增长中。

沉浸在科研中的阮长耿婉拒了组织上请他担任苏州医学院副院长的想法,他专注于如何才能快速地缩小国内血栓与止血研究和世界先进之间的差距,甚至赶超世界先进。他先后六次举办各种全国性的"血栓与止血"讲习班,积极促成全国性"血栓与止血"会议,推进医学专业本科生和研究生教育中"血栓与止血"的课程建设,创造条件帮助一大批研究人员前往法国留学,又与四十余家单位开展了丰富多样的协作。

苏州的血液研究在经历了一代代的发展与传承之后,慢慢地奠定了在国内的领先地位,也收获了国际声誉。最初是从1963年陈悦书教授建立的苏州医学院血液病研究室起步，在白血病研究和治疗方面获得了较多开创性的成果；而后是阮长耿建立血栓与止血研究室，血小板单抗的相关研究获得了享誉国际的突破性进展；接着，阮长耿又牵头整合苏州医学院的前期基础研究和苏州医学院附属第一医院的后期临床力量，将血液科临床、白血病、血栓与止血研究合成一体，于1988年成立了江苏省血液研究所。整合各家优势，汇集各方人才，通力合作的血液研究所在阮长耿的领导下，找准了自己的发展方向和发展特色，一步一个脚印，如同璀璨的星星，闪耀于国内的整个血液研究领域。

阮长耿并没有满足于这累累的硕果，被陈悦书教授影响而一贯坚持着的转化医学[①]思想在这个时候更如同被点燃的火花，灿烂夺目。阮长耿深深地觉得，无法为老百姓健康事业添砖加瓦的医学研究始终是不接地气的研究，医学科学真正的价值在于治病救人。他在"苏州系列"单抗基础上建立了相关的免疫检测药盒，提高了血小板相关疾病的诊疗水平。但是，在这些努力的背后，阮长耿依然感受了很多的无奈和遗憾。在美国，医学研究成果被应用于药物试剂的研发是非常顺理成章的，而且有着相当成熟的转化平台和转化实践，这不仅让研究者、研发者获得相应的经济利益，更能直接造福于患者。然而，在我国，医学研究者的科研身份使得他们无法以商业化的方式进行药物的研发和生产，转化理念的薄弱、转化平台的缺失使得医研成果与实际运用之间长期脱节。这让阮长耿陷入了思考，该如何解决这样的困境，才能避免后来人重走荒芜之路？借着国家创新创业的发展契机，阮长耿二十多年来持之以恒的努力终于没有白费，2010年，阮长耿主持建立了教育部的血液与血管工程中心，成为围绕着血液基础研究和血液应用研究的一个开放的转化平台，为那些手握成果却转化无门的医学研究者创造机会。

驶向前方，进无止境

在"苏州系列"不断成功的背景下，阮长耿一方面率领团队继续推进在血液

---

① 转化医学是将基础医学研究和临床治疗连接起来的一种新的思维方式。建立在基因组遗传学、组学芯片等基础上的生物信息学，同系统医学理论与自动化通信技术之间的密切互动，加快了科学研究向工程应用转变的产业化过程，应用于医药学也将导致基础医学研究与临床治疗之间的距离迅速缩短。在药物的研发过程中，转化医学的典型意义是将基础研究的成果转化成给实际患者提供的真正治疗手段，强调的是从实验室到病床旁的连接，这通常被定义为"从实验台到病床旁"。

方面的研究,另一方面参与到苏州医学院的行政事务,先后出任苏州医学院副院长、院长。其有限的时间被进一步瓜分,他只能不断地压缩睡眠时间,不断地牺牲周末节假日休息时间。同时,阮长耿也利用自己出众的安排和管理能力在医学研究者、行政管理者、医生、教师等多个身份中自如切换。他从不发号施令,从不设置条条框框,从来都是点头赞同,从来都把"好的"挂在嘴边,这一度让他的夫人非常怀疑阮长耿的领导能力。然而,团队建设才是阮长耿的锦囊妙计,他深知每个人的时间、精力都是极其有限的,发挥团队的优势便可以有效地弥补个人的劣势。作为一个团队的领军者,阮长耿清楚地了解团队中每一个人的长处,他将每一个人的积极性调动起来,给予他们充分的信任,允许他们自由地组织、安排、行动。阮长耿总能遇到得力的帮手,包括原苏州医学院里主管人事、财务的顾钢副院长,血液研究所里的"全能帮手"李佩霞老师,血液与血管工程中心负责医学转化的何杨教授,苏州大学附属第一医院血液研究所海外部主任阮长耿的大女儿阮嘉教授,糖生物与血管生物学研究室主任阮长耿的学生夏利军教授,等等,很多人感叹阮长耿何其幸运,殊不知,这恰恰印证了阮长耿非凡的领导能力。

丰富的求学、工作经历带来的不仅是学识和研究的长进,而且熏陶出一个富有思考力和创新力的阮长耿,也培育了他多元化的理念。因此,你无法在阮长耿的人生字典中看到因循守旧和默守成规,特别是在他执掌苏州医学院期间,他将自己对科研、教学、人生等积极的思考都融进了繁忙的工作中。

他认为科学的不断发展,单纯依靠个人的力量是无法实现的,每个人的生命都是有限的,应该培养更有才华的年轻人来继续工作,所谓的"青出于蓝而胜于蓝"让他希望也坚信自己的学生都将比自己出色。阮长耿从未在美国从事过血液学方面的研究,但是如今,美国血液学的专家人人都识得阮长耿,因为他的学生均是个中翘楚而让他声名远播。

他坚持医生不是看病,而是看病人,医学院只有设立在大学里才能够让学生学到更好的数理化知识,才能够让学生接触到更丰富多样的人文学科,使得他们更自如地与患者沟通。阮长耿对苏州医学院的学科体系进行了更为合理的调整,也无比赞同苏州医学院和苏州大学的强强联合。他多次号召,对医生的培养要摒弃单一化的思路,数理化知识是基础,人文社科知识也是必备的素养。

他强调整合医学,如同中医一般,人是一个整体,不能头痛医头、脚痛医脚。特别是对血液而言,因为它遍布全身,各种疾病都会在血液中有反应,因此要尽可能用整体思维、全局思维，把原本单独的分类有机地联系起来，如血液可以与心血管结合，把原先单一的治疗方式用多种方式替代，如中西医结合，心理治疗与身体治疗并举。因此对于人才培养而言，复合、交叉的知识储备是实现整合医学的关键。

信奉"滴水之恩当涌泉相报"的阮长耿有感于自己法国留学期间的获益，回国以后孜孜不倦地投身于中外交流与合作的促进工作。以邀请卡昂教授来苏州对话的中法血栓与止血交流日为起点，经历了两届国际血小板免疫学的会议、第四届亚太血栓与止血学术会议、苏州血液峰会在苏州顺利举办，经历了法国、美国、日本、澳大利亚等各地医学专家来苏州的考察以及苏州中法友好医院的建立，交流已经不再局限在医学领域，阮长耿一并带动起促进城市发展、经济发展的各项合作，如苏州与法国南特市缔结成友好城市，知名跨国公司欧莱雅落户苏州等等。这些都与阮长耿的穿针引线不无关系，但是阮长耿丝毫不求回报，他尽可能协调各处，只是因为他觉得这是自己的能力所长，他有责任也有义务发挥自己的交流优势回报苏州医学院、回报苏州。为了表彰阮长耿在中法交流中做出的贡献，法国总统两次授予他法兰西国家勋章，这在华人圈中堪称凤毛麟角。虽然法国前总统吉斯卡尔·德斯坦亲临上海的授勋现场，在发言中回顾阮长耿的奋斗和奉献历程以及帮阮长耿佩戴勋章的细节让阮长耿分外感激，但是，发表授勋感想的阮长耿将自己的奉献淡而化之，一句简单的"交流的结果"成为他对自己获得勋章的淳朴总结。

而后，奋斗多年的阮院士开始收获如雪花一般扑面而来的荣誉。他曾先后被授予"国家级有突出贡献的中青年专家""全国五一劳动奖章""全国先进工作者"以及省、部级劳动模范，优秀共产党员，优秀教师等荣誉称号和奖励。面对荣誉，阮长耿选择一分为二地看待，把荣誉带来的正能量转化成对自己的进一步鞭策，把荣誉带来的负面效应尽可能消除。哪怕是1997年阮长耿荣膺中国工程院院士，当全校欢庆苏州医学院产生第一位院士的时候，阮长耿也只是平静地接受各种祝贺，礼貌地完成各种新闻采访。当我联想到电视里前呼后拥、被鲜花与掌声包围的院士时，十分好奇地询问阮院士评上院士之后生活与工作有没有改变。坦率的阮院士感到最大的改变是更为忙碌，大大小小有关无关的会议都会来邀请他，他坚持不去参与那些他不懂的活动，只去出席与自己专业相关的活动，但凡是他能汇报的、指导的、会对大家产生帮助的，他便尽其所能地履行自己的义务。

如今的阮院士早已到了安享晚年的年龄，有足够的理由可以停歇一下，含饴弄孙，尽享天伦之乐。但是你依然可以看到他正在翻看新一届国际血栓与止血大会的论文集，可以看到他参加血液研究所组织的读书会，也可以看到他出席苏州大学附属第一医院血液科医生讨论病例的每周例会，还可以看到他戴着老花眼镜拿起自己的手机翻阅着微信里的朋友圈……谦虚好学的阮院士告诉我："我也是还需要学习的人呢。"当然，阮院士也服老，他不止一次对我说，一个医生、一个医学科研工作者最黄金的年龄是三十到五十岁，他无法理解那些年逾八十，手脚已经抖抖索索却依然站在手术台上的医生，他说，人应该找准自己的位置。而如今的阮院士找准了自己的位置，发挥着自己的特长，成为一个最佳的沟通者，协调各方的关系，组织各方的合作。

兴趣使然，使命所在，阮院士宁愿在忙碌的工作中思考，也不愿在家停下来休息，他开玩笑地对我说："工作让我远离了老年痴呆。"从他得意的眼神中，我看到一个充满智慧的老年人却活出了孩童般的纯真。阮院士继续如年轻时一般高强度地工作，哪怕他的夫人无比担忧他的身体，他也只能在内心深感抱歉，在早已是退休的年龄却还依然无法抽出时间陪伴她。

搭上这样的一列急行车，向着无止境的前方，阮院士在继续前行。

专访

矢志学医

- 我们家的家教不是教子女认字念书的那种，更多的是教子女怎样做人、怎样养成好的行为习惯，而且父母也不会直接要求子女这样或者那样，父母更多的是以身作则，让子女自己慢慢感悟。
- 那时候我们就提倡成为『三好』学生，第一是身体好，第二是学习好，第三还要工作好，所以我们都是往这个方向去努力。
- 我觉得医生是一个老百姓比较需要的职业，加上我从小就喜欢，到了高中的时候，我下定决心将来要学医、做医生。
- 我觉得北大培养了我独立从事科研工作的能力，这是最主要的，它不仅仅是大学里面老师讲课我听课，然后复习考试。它与现在研究生教学中培养研究生发现问题、分析问题、解决问题的做法是一样的。
- 因为上大学的时候我经常听到老师教育，说是十几个农民养活一个大学生。那个时候我们读书都是免费入学的，所以当时我们就觉得应该努力学习，将来能为社会、为国家做出更大的贡献。

孙　阮院士好！特别开心，能够与阮院士约到采访时间。

阮　你好！我也很高兴，能够接受你的采访。

孙　我们可能要做一个周期很长的访谈。

阮　好的，好的，没问题。

孙　我注意到您有很多的头衔或者身份，院士、院长、所长、老师……您会比较喜欢大家怎么称呼您呢？

阮　在我任苏州医学院院长的时候，学校里的人也不太会叫我"院长"，都叫我"阮老师"，学生们也是这样。因为大家都知道，我把行政职务方面看得不太重要，包括对院士身份也是这样。我还是非常享受老师这个身份的，我不可能一直是院长、所长，所以不管是在医院里还是在医院外，叫我"老师"的人比较多一些。

孙　那我也喊您"阮老师"吧。

阮　这是很好的呀。

孙　我做了一些准备工作，已经翻看过您的一些论文、著作，也收集了很多关于您的新闻、报道、采访，特别是那部《阮长耿院士集》[①]。虽然我的脑海中已经建立起阮老师大致的形象，但我希望这次访谈能够将您以前没有被呈现过的那些面都展示出来。

阮　好的，我会尽力配合你的采访。

孙　因为我是医学专业知识的门外汉，我看到其他关于您的采访报道中您常会用

---

① 《阮长耿院士集》是国家出版基金项目、"十二五"国家重点出版项目《中国医学院士文库》图书中的一册，对阮长耿院士的贡献和风采进行集中而全方位的展示。

一些形象的比喻，帮助大家去了解一些高深的医学知识，我觉得这样对我们的理解特别有帮助，所以非常希望我们这个访谈录最后的成文也会是普通人都能看得懂的直白内容。

阮 你说得很对，让我们都朝这个方向努力吧。

长子的责任

孙　那我们就正式开始访谈吧。您一直居住在苏州,但其实您不是苏州人?

阮　是的,我不是苏州人,我是上海人,上海离苏州也不远。

孙　我注意到很多材料当中都写到了您是上海人,但是没说您的家在上海哪里。

阮　我父亲本来生活在上海漕河泾的长桥[①]——现在当然也算市区了,但那时候还是农村。

孙　您是1939年8月出生的,那个时候抗战早就已经爆发了。

阮　对。抗日战争以后大部分人就从农村到上海市区,我父母也跟随大家离开了长桥。我记得我母亲告诉我,他们那时候到上海都没有住的地方,所以是在上海的临时居住场所里生下我的。

孙　那样的条件绝对是异常的艰苦呀。

阮　肯定的。不过我父母在生下我之后,他们开始自己开个店,慢慢地生活起来。

孙　您是否知道当时那个店主要经营些什么?

阮　那时候它主要是做棉被生意的,弹棉花加工成为棉被,但棉被是冬天用的,夏天干什么呢? 我父母夏天就专门给人家装纱窗、窗帘,这样冬夏都有活干。

孙　听上去,您的父母特别勤劳,不管春夏秋冬都不让自己闲下来。

阮　是的,我父亲很勤奋,虽然他没有上过学,但是他自学认字,能够看报,每天记很多很多的东西。我小时候的印象里他看到什么事情、想到什么主意都要拿一支笔把它们记下来,养成这么一个比较好的习惯。所以我现在也是有什么事情都

---

① 长桥现为上海市徐汇区长桥街道,位于徐汇区南部,东隔黄浦江与浦东新区三林镇相望,北与漕河泾街道接壤,西与梅陇镇接壤,南与华泾镇、曹行镇邻近。

阮长耿的父亲阮三元、母亲潘文宝

用笔记下来，以免忘掉。

孙 您父亲是直接用行动告诉了您"好记性不如烂笔头"，那您母亲的情况咱们是否也可以聊一下？

阮 我母亲也很勤劳，每天起来得都很早。因为那个时候店里请了很多人来帮忙，由那些老师傅来帮加工棉被、做帘子，也带了许多年轻学徒，这么多人每天的吃喝都是由我母亲负责的，所以她也是非常忙碌的。

孙 您从小是在这样环境中耳濡目染，您也就慢慢成为如同您父母一样的人，后来的求学、工作中，您也是个特别奋发上进的人。所以，勤劳、勤奋应该是家庭赋予您最主要的特质吧？

阮 确实是这样的。我们家肯定不算是书香门第，但是父母从没放松过子女的教育，包括家庭教育和学校教育。我们家的家教不是教子女认字念书的那种，更多的是教子女怎样做人、怎样养成好的行为习惯，而且父母也不会直接要求子女这样或者那样，父母更多的是以身作则，让子女自己慢慢感悟。可以说，我现在很多为人处事的原则与方式、日常生活和学习的行为习惯，都是从我父母身上学来的。

孙 看来，您父母对您的影响是非常大的。您小时候很长的一段时间是处于抗战的艰苦岁月里，当时的生活条件以及其他方面其实并不利于小孩的教育，但是您父母依然送您去学校接受教育。

阮 我非常感谢我的父母，纵使生活不易，但是他们从小就让我接受正规的教育，小学上的是以前的学堂，后来就读的初中、高中，都是上海的名校。

孙 那您还有其他的兄弟姐妹吗？

阮 我母亲生了十一个孩子，留下七个，我上面有三个姐姐，下面有三个弟弟，我正好是在中间的。

孙 您应该算是家中的长子吧？

阮 是的，我是家里的长子。父母对我寄托了很大的期望，希望我能够将来做出很好的事业。

孙 很多人探讨家中的长子或者家里的老幺，好像他们分别都会形成一种相似的性格。普遍来说，长子责任心更强，更为沉稳；老幺则比较活泼，创造力更强。对您来说，长子这个身份，是不是在您后来事业的发展、人际关系的维系方面给予您很多帮助呢？

阮 是的，我从小就是很有责任感的人，我知道我身上肩负的是什么，以及需要我怎样为之努力。此外，我会非常认真地观察姐姐们、弟弟们，仔细地了解他们每个人的要求，所以我很善于协调，因为我觉得我母亲对我的另一个期望就是希望我把这个大家庭里每一个人的关系协调起来，让大家和睦相处，所以可以毫不夸张地说，我有较强的协调能力。

孙 所以家庭早就已经培养了您作为领导者的一个特质，对吗？

阮 我不知道我是不是优秀的领导者，但是我确实是在家庭中慢慢积累了一些协调方面的经验的。

孙 那您和您的三个姐姐与三个弟弟感情好吗？

阮 都挺好的。现在我两个姐姐、两个弟弟在上海，还有一个姐姐和一个弟弟在北京。我最大的姐姐比我大10岁，大家身体都还不错。我们姐弟七个人虽然不在同一个地方，但大家经常互相联系的。

孙 那么他们从事的工作与您专注的领域有没有相近的呢？

1996年，阮长耿与兄弟姐妹的合影，后排左起：阮长耿，阮德根，阮长德，阮德隆；前排左起：阮菊华，阮瑞华，阮燕华

阮　没有,我的大姐、二姐就帮着我的父亲经营我之前提到过的那个店。

孙　给人以子承父业的感觉。

阮　实际上就是打工了。我三姐从小就很活跃,所以很早就离开了上海想去外面闯闯,先到东北的鞍山钢铁公司,在企业里面从事会计工作,后来到北京石景山钢铁公司,然后就一直留在了北京。

孙　您跟家里的其他孩子相比,发展的道路还特别不一样。

阮　我的三弟是在同济大学学地质的,后来到各地工作,他最远到新疆工作过,退休以后就在上海定居了。

孙　那其实跟您还算是接近的,因为他也差不多是走学术研究的道路。

阮　对,他上过大学,我们家里七个孩子就我跟三弟上过大学。

孙　那个年代能上大学绝对不是一件容易的事。

阮　对。我和我三弟都很幸运,可以一路求学。

孙　并且在各自的领域发光发热。

从学霸到三好学生

孙 从您之后求学的过程看,您就是我们今天常说到的学霸。想问一下您,您成绩好是因为特别喜欢学习还是因为别的什么原因?

阮 我觉得自己对学习还是比较感兴趣的,所以从小学一直到高中,学习都比较好。但是我也有调皮的时候。

孙 哦,您身上也带着些老么活泼的性格吗?

阮 我读书的时候可是班上的开心果呢。小时候流行听广播电台,我特别喜欢上海广播电台播放的那些滑稽戏节目,我也很会模仿。上小学那会儿,座位周围的同学与我的关系都蛮好的,他们都知道我很会学着电台里的人讲滑稽戏,所以只要大家觉得老师讲课没劲的时候就让我讲一些故事,表演一些滑稽戏。然后我一讲,周围的同学就都听我了,没人再听老师上课,所以老师就很生气,放学的时候就把我留下,用上海话说,叫作"关夜学"。

孙 就是"留晚堂"这个意思吧?

阮 对,人家都放学了,而我被留下,就站在老师的办公室里面。

孙 留堂之后有效果吗?

阮 反正看到办公室外面的路灯亮了,我就知道老师晚上回家还要批作业,于是我就试探着问老师我们可不可以回家了,老师就问我从第二天起在课堂上是不是还要讲话,我说再也不讲了。我这样保证之后,老师才放我回家。

孙 我关注到您后来在中学、大学都有文艺演出方面的登台表演经历,现在听您一讲就能联系起来了,似乎文艺像一颗种子一般种在了您的身体里,伴随着您的成长。

阮 我始终觉得这些性格特征都是家庭给我的影响,比如各种文娱、体育活动,除了积极参加以外，我基本上都是组织者，所以我的协调能力还是发挥了比较大的作用。在初中的时候我担任少先队的大队长，我觉得这方面的锻炼使我的工作能力得到很好的提升。读初中的时候我也选择了住校，就是希望进一步培养自己独立生活的能力。

孙 所以其实您的能力培养主要来自两个方面，一是家庭里长子的角色，二是学校里学生干部的角色。这些历练使得您各方面的能力处在不断开发、不断挖掘、不断提升的过程中，对吧？

阮 你总结得很好。

孙 您特别喜欢体育，尤其擅长跑800米吧？我初看到您有这个爱好时觉得特别惊讶。

阮 对！那个时候我们学校的教学不像现在偏重考试、偏重分数，或者所有的心思都在怎样能够让学习成绩排到前十名，最好每年都是第一名。但是那时候我们就提倡成为"三好"学生，第一是身体好，第二是学习好，第三还要工作好，所以我们都是往这个方向去努力。我们读中学那会儿，体育锻炼是非常重要的，还有人专门去探讨体育与劳动的关系呢。

孙 您说的有些像我们"80后"读书的时候倡导过的德智体美劳全面发展。

阮 差不多的，我们那个时候有个劳卫制①，它规定每个年龄段都有相应的运动标准，比如它要求800米跑多长时间，400米跑多长时间，我们为了达到各个标准就会积极锻炼的。

孙 我知道，这就相当于如今青少年体育达标之类的。

阮 对，是体育达标。所以，身体好、学习好、工作好，这样的要求我觉得就比较全面了。就像现在对学生的一些要求，除了学习以外要做志愿者，要去参加一些社会公益活动，我觉得这对年轻人接触社会、接触人是有很大作用的。我们也可以在活动中，去发现每个人在想什么，他的优点是什么，从而更好地了解每一个人。我觉得现在的学生不管是初中生还是高中生，应该继续提倡这三个"好"。

孙 那我们再回过头来说说您的体育好吧。您特别喜欢跑800米，那您跑800米的成绩一定很厉害吧？

---

① 劳卫制，是劳动与卫国体育制度的简称，即通过运动项目的等级测试，促进国民特别是青少年积极参加各项体育运动，以提高身体的体力、耐力、速度、灵巧等素质，按年龄组别分别制定达标标准。该制度由苏联创立，中国曾在20世纪50年代推行。

1956年,阮长耿成为上海时代中学高中部800米长跑纪录的创立者

阮 我高中所读的上海时代中学,当时800米长跑的校纪录是我创下的。

孙 喜欢运动的也不一定有能力达到创下800米长跑校纪录的这种水准。您除了喜欢运动之外还特别有运动天赋吧?

阮 不,我倒是觉得,体育锻炼一方面是为了锻炼身体,另一方面是锻炼自己的性格。我们那时候都是向苏联学习的,苏联有个劳动英雄,他特别擅长800米跑步,他写过一句话,大意是说,这800米不是跟其他人去竞赛,而是跟自己去比赛,当自己跑不动的时候,一定要坚强地跑下去。所以我特别喜欢800米跑步,我觉得这是锻炼自己意志的好方法。

孙 特别是人在逆境的状态下对意志品质方面的一个锻炼吧?

阮 跑不动的时候要战胜自己,继续努力。

孙 您还有其他特别擅长的运动项目吗?

阮 也谈不上擅长,以前体育课上学过简化太极拳,不是很复杂的那种,大概5分钟就能完成,这个运动项目等于代替课间操。我觉得太极是中国传统体育锻炼中一个很好的项目,它不但能够锻炼身体,而且能培养良好的心态,让人能够集中精力。

孙　所以这5分钟也是您让自己进入另一种专注?

阮　有条件的时候我会经常去练。

孙　您后来去读大学,还继续坚持这些爱好吗?

阮　我们大学生的生活还是很丰富的,虽然我们是业余的文体爱好者,但文娱方面有文工团这一组织可以参加,我还担任过文工团戏曲队的队长呢。

孙　您带着文工团里爱好戏曲的学生表演些什么戏曲节目呢?

阮　很多,有评剧——这属于北方的剧种,也有像黄梅戏、越剧、沪剧这些相对属

1960年,阮长耿(左一)在大学文工团的戏曲演出

于南方的剧种。

孙 要表演这么多不同的剧种呀?

阮 那必须的呀,北京来的学生你叫他去唱沪剧那是不可能的,上海来的学生当然是唱沪剧或者越剧,同学们都挑自己擅长的演出。

孙 您还记得您当时演出过什么剧里面的什么角色吗?

阮 我演过好几个角色,我虽然没有专门学过表演,但我一直是学生干部,沟通方面的能力不错,所以我上台后也不怯场。

孙 其实那时候戏曲演出算是对学习的一种调剂吧?

阮 是的,每个礼拜三的下午是社团活动时间,你可以去报名参加,不过报名之后还要由专人对报名者进行筛选的,不是所有报名的人都能够有上台表演的能力和勇气的。

孙 现在的年轻人对戏曲可能已经不太热衷了,但有些阅历的人对于戏曲的情怀依然在还,不知道您现在是否还有对戏曲这方面的接触呢?

阮 现在没有了,现在因为工作关系也不再接触戏曲了。

孙 那是挺可惜的。

阮 我上海的小弟弟——当然现在也不小了,也60多岁了,他退休以后还在一个文工团里表演沪剧,唱得挺好的。

孙 那我们再聊聊您的初中,好像您的初中是上海的南洋模范中学?

阮 是的。

孙 我虽然不是上海人,但是也知道南洋模范中学是鼎鼎有名的。不知道那时候上这所名校有什么要求吗?

阮 具体情况我也记不清楚了,不知道初中的时候怎样才能够进南洋模范中学,我知道的情况是,南洋模范中学分两部分,一部分是在徐家汇,它是挨着上海交通大学的,许多上海交大的老师都会到南洋模范中学来兼课,南洋模范中学的数学就特别拔尖;另外一部分是在七宝,在上海的西南面,成立了七宝分校,在那个分校里,学生是要住宿的,一般是礼拜日到礼拜五住在学校的宿舍里。那时候我就特别期盼能够离开家住到学校里,想锻炼一下自己的独立能力,就申请去七宝分校。当然在七宝分校任课的老师里,也有相当多的是来兼课的上海交大的老师,所以我觉得中学时候为我打下了一个比较好的基础。

孙 南洋模范中学还有自己的学风和办学理念吧?

阮 我们读书那会儿，后来成为南洋模范中学校长的赵宪初①就在学校当数学老师了，他本身也是上海交大毕业的。南洋模范中学在这些优秀老师的带领下，学风很好，而且我们学校特别注重独立实践能力的培养，并不是强调你教我学这种很死板的模式。所以，学校培养出了很多创新的人才。

孙 所以，您那个时候在南洋模范中学教学氛围的熏陶下渐渐对数学产生了兴趣？

阮 是的，我就是从初中开始特别喜欢数学的，数学成绩也的确一直非常不错，现在想来，这和学校、老师不无关系。

孙 那时候有没有想象未来可以成为数学家呢？据我所知，20世纪三四十年代我们国内有很多数学家都已经成名了，像苏步青等人，不知道当时这些知识分子有没有对您产生一些影响呢？

阮 这个倒没有，我是把数学当作锻炼思维的工具，对于解决各种数学难题，包括几何、代数方面的难题，我很感兴趣，但是我从来没有想过将来我要当数学家。

孙 那您进入高中后，对数学继续保持热情吗？

阮 我得过上海市数学竞赛的第二名，那是高中时期，学校里面组织参加的。

孙 我觉得数学对您来说是一种特别的存在，它可能给您之后的发展带来很多益处。

阮 数学更重要的是培养人的逻辑思维能力，这是很重要的。

孙 所以数学对学医也有帮助？

阮 当然了，医生要做诊断，许多数据不管是形象的数据还是测定的一些枯燥的生化数据，都需要综合起来再分析思考的，在这方面，逻辑思维是相当重要的，它能够让医生给一个病人做出明确的诊断，实行个体化的治疗。所以，这种逻辑思维还是跟数学有关系的。

---

① 赵宪初（1907—1999），浙江嘉善人，民进上海市第十届委员会主任委员，上海市第七届政协副主席，曾任徐汇区副区长，南洋模范中学校长、名誉校长，上海市特级教师。从1928年至1998年，在上海南洋模范中学这块教育园地中辛勤耕耘整整七十年。他不断地钻研教学艺术，对数学教学规律和方法做了大量探索，逐渐形成了自己的教学风格。

母亲不幸患癌

孙 您什么时候开始渐渐清晰未来究竟要成为一个什么样的人、要从事一份什么样的工作?

阮 应该是高中的时候,我就坚定以后要学医,要当个医生。

孙 为什么是在高中这个节点,是发生了什么事吗?

阮 其实我从小就觉得医生是一个不错的职业,但还没有非医生不做的这种想法或信念。这个变化是在我读高中的时候,我的母亲不幸得了乳腺癌,我亲眼看到了疾病让我母亲万分痛苦的样子。之后,我陪着我的母亲跑了好几个医院,我印象非常深刻,其中一个是上海的长海医院,现在是第二军医大学附属第一医院,那里的陈主任,是我母亲的主治医生,是一个非常好的医生,我母亲见到他就像见到了救命恩人一样。虽然陈主任最后没有把我母亲的乳腺癌治好,但是他的确让我母亲的病情有了一定的缓解,改善了她的一些生活质量,给她的生命还是带来很多好的影响,带来一些希望。

孙 您母亲的病,给您很大的触动?

阮 我觉得医生是老百姓永远需要的职业,加上我从小就喜欢,到了高中的时候,我下定决心将来要学医,做医生。

孙 这些经历其实直接促使您择业观的形成,让您树立起做医生的职业目标,是吗?

阮 是的,母亲的病和我想要当医生之间关系是非常紧密的。

孙 一方面是您希望能够救助像您母亲这样的病人,另一方面是您也看到了病人对于医生的这种需求,医生不一定能直接治好病人的病痛,但是精神上的安抚其实也特别能给人以慰藉,所以我觉得您似乎是从这两方面都得到了特别的激励。

阮　这两方面对我都是很重要的影响,所以那个时候,恰逢填高考志愿,于是我就都填了跟医学相关的学校,有上海第一医学院、上海第二医学院、北京医学院[①]等,决心非常大。

孙　但是很遗憾,那时候您并未如愿。

阮　是的,我没有进入专门的医科大学学医,这确实一度让我觉得有些遗憾,有些难过。

孙　那您母亲是否了解您的这个愿望呢?

阮　她是清楚的,但是她并没有说什么,包括对我后来没有学成医也未有怨言。

孙　那后来您母亲是什么时候过世的呢?

阮　发现这个病情之后,医生帮她诊断、开刀、治疗,但是后来没有办法,肿瘤细胞发生了转移,转移到了骨头,非常痛苦,最后她走的时候我正在北京读大学。很不巧,那时候我正好得了阑尾炎,必须动手术,开了刀之后就得卧床休息,没想到我做了阑尾手术的第二天她就走了,所以我也赶不回来,很伤心。我深深地知道一个肿瘤患者对于一个家庭意味着什么,当时我就觉得如果我能当医生,为我这样的家庭做点儿什么就好了。

孙　那种痛苦又加深了您的遗憾。我知道,现在您的大女儿阮嘉医生从事的就是跟恶性肿瘤疾病密切相关的工作,其实也在弥补您曾经想而不得的遗憾。

阮　读大学那会儿,我想我可能这辈子都做不了医生了,但是我希望我将来的子女能够做医生,没想到后来我的大女儿能如我所愿。

[①] 北京医学院,1952年,中国高等学校院系调整,北京大学医学院脱离北京大学,独立建院并更名为北京医学院,直属中央卫生部(今卫计委)领导,办学经费由中央财政部转中央卫生部拨付。1985年学校更名为北京医科大学。2000年4月3日,北京医科大学与北京大学正式合并,组建新的北京大学。2000年5月4日,北京医科大学正式更名为北京大学医学部。

免试入学北大

孙 我很好奇,凭您当时出类拔萃的成绩,怎么没有考上医学类的院校呢?

阮 我其实都没有参加高考。

孙 那您后来是怎么上大学的呢?而且上的还是北京大学这所全国数一数二的高校?

阮 那时候北大、清华这些名校都会到上海来选保送生,这些保送生就不需要参加全国考试,就直接选拔进去了。那时他们到上海来挑选学生,到我们学校后就来选我,让我一定要到北大去。

孙 那是怎么挑上您的呢?有没有经过选拔考试?

阮 没有,主要就是根据学习成绩进行选拔,当然也会看重学习以外的能力,比如我连年都是三好学生,又是学生干部,这些都会加分的。

孙 所以您高中时所获的上海市数学竞赛第二名应该是您被选中的一个很重要的原因吧?

阮 那肯定是的。

孙 这对您来说是件好事,毕竟不需要考试,直接免试入学。

阮 不是的,当时我坚决不去北大。你知道的,我立志学医,就一门心思想进医科大学,当时北京医学院和北京大学没有合并,也就是说,那时候的北大没有医学部,没有医学专业,所以我肯定是不想去的。

孙 那您最后还是去了,他们是怎么说服您的呢?

阮 北京大学招生办的老师找了我们学校的党委领导,要我服从组织的安排。他们说我参加上海数学竞赛获得第二名,是不能去学医的。因为当时有这样的一种划分,第一类理科,第二类工科,第三类才是医科,学理工科是需要考数学的,学医是不需要考数学的。所以，他们劝我说，这么好的数学成绩，不能白白浪费了去学医呀。我最后没有办法，只得同意去北大。

孙　我们一般想去都去不成，结果您还是迫于无奈才去的北大呀！这么看来，让您一度岔开了医学道路的"罪魁祸首"居然是您特别擅长、特别感兴趣的数学。

阮　我不放弃，还是问了招生老师北大哪个专业跟医学关系最为密切。他们告诉我北大有生物系，生物化学专业跟医学的关系相当密切。所以，我就选了这个生物系，读生物化学这个专业。

孙　您当时这么问的时候，其实心里面还在暗暗地想给未来留些机会，以便将来可以转到医学这个领域吧？

阮　对，至少希望能够学习跟健康事业相关的一些专业，比如生物学、生命科学，特别是生化专业跟医学还是比较相近的。这样心里的遗憾便少了一点儿，也对未来有了更多的希望。

孙　但您在入学之前，其实对于这个北大的生物系也并不是十分了解？

阮　对，我也是入学后才慢慢了解的，北大生物系是非常看重数理化基础的。北大的这个理念其实非常好，像我们这些生物系的学生，学物理、化学这些基础知识的时候基本上是跟化学系、物理系的学生在一起上课的，所以我们进了北大以后能够听到最好的化学老师和最好的物理老师给我们讲课，最后综合数理化的成绩为研究生命科学打下了很好的基础。

孙　我看到有生物化学专业，还有生物物理这样的专业，其实这些是学科背景挺交叉的专业吧？

阮　是的，其实是用物理的方法或者化学的方法来解决生物学的问题。比如说结晶，用这个结晶体来分析物质的结构、生命的结构，这叫作生物物理。其实生物化学应该是比较成熟的一门课，利用有机、无机或者是分析化学的基础来解剖、了解生命科学，我觉得这还是蛮有用的。

孙　我查了一下北大生物学、生物系的历史，各种资料的说法都有些矛盾。一种说法是，当时北大的校长叫陆平，应该是您刚进北大不久，然后在他的倡导下重新进行学科的建设，开设了一些新的专业，比如您学的生物化学；另一种说法是北大在20世纪20年代就已经最早建立了生物学的专业，但是不断发展后就与燕京大学、清华大学的一些优秀的学科如动物学、植物学之类的合并在一起，形成了后来的北大生物学。不知道您是否了解这些信息，应该以哪种说法为准呢？

阮　北大作为一所老学校，它肯定是有生物系的，当然后来因为中国的教育改革，几经变化。那时候举国学习苏联的教育模式①，把大学分为理科大学、工科大学等，理科大学就像北大，工科大学就像清华，所以那时候清华大学是没有生物系的——清华原来的生物系都被合并到北大去了。然后，医学院就作为专门学院又分出来了。是这么一个院系调整的过程，所以这跟陆平校长没有关系，陆平校长起到一个什么作用呢？那时候正好是"大跃进"时期，所以很多地方，比如理发店门口就挂了一个"红专学校"②，哪里都可以办学校，因为社会就是一所大学。这种说法对不对？这也对，但是毕竟需要大学这样的专门学习高等知识与先进文化的场所，所以那时候陆平校长就觉得大学没意思了，他要办成太学，于是就把学制改了。本来理科的学制是五年，他把它改成六年；文科的学制是四年，他把它改成五年，说北京大学要比其他学校学习时间长一点，要办成北京太学。本来我们生物系是五年学制的，我是1958年进去，应该是在1963年毕业的，但是陆平校长把我们的学制改成六年后，我就要到1964年毕业了。

孙　那多出来的这一年干什么用呢？

阮　课程就那么多，不会增加，所以多出来的一年实际上就用于完成一篇论文，在老师的指导之下自己选一个课题去做研究。

孙　您当时选谁当您的导师？

阮　当时我就在后来也成为北大校长的张龙翔③教授的指导下完成了课题研究。

---

① 苏联非常重视学科的划分和引导，苏联小学阶段学习年限只有四年，五年级进入初中阶段，就开始分科学习。我国于20世纪50年代进行的高等学校的院系调整也是在苏联教育体制影响下进行的。自1952年从京津开始，陆续在华东、西南、中南、东北及西北等大行政区展开调整，到1953年基本结束。这次调整的重点是整顿和加强综合大学，发展专门学院，首先发展工业学院和师范学院；其次调整高等学校地区的布局。高等学校的分类，基本上仿效苏联高等学校的类型，分为综合大学（只设文、理两类学科）及专门学院（按工、农、医、师范、财经、政法、艺术、语言、体育等学科分别设置）。1953年又进行了第二次院系调整，主要以中南行政区为重点。

② 红专学校，是针对1958年"大跃进"时期对劳动者素质有了比较高的要求，但广大劳动者的文化水平都属于文盲、半文盲，不能满足"大跃进"的要求，党和政府及时提出了普及文化课、提高劳动者素质的要求，于是，在全国各地开展了轰轰烈烈的扫盲运动，办起了农民学校、职工学校，有的取名为"红专学校"，意为培养又红又专的劳动者。

③ 张龙翔(1916—1996)，教授，生物化学家。浙江吴兴（今湖州）人。1937年毕业于清华大学化学系。1942年获加拿大多伦多大学哲学博士学位。1944年回国。曾任重庆桐油研究所研究员、北京大学教授。1946年起，历任北京大学化学系、生物学系教授，博士生导师，副校长。1981年5月至1984年3月任北京大学校长。

孙　我看到北大当时生物系分植物学、植物分子学、动物学、动物生物学专业，还有生物化学、生物物理学专业，您刚才说到的张龙祥教授其实是当初的生物化学系的教授，另外好像还有一位沈同①教授也很出名。

阮　是的，沈同教授也很出名，他是专门研究核酸的，而张龙祥教授是做蛋白质研究的。

孙　还有一位陈德明②教授，当初是生物物理系的教授。

阮　对。他和张龙祥教授两人各自曾分管生物物理教研室和生物化学教研室。

孙　您当时跟了张龙祥教授之后，其实也就是给您圈定了这个研究方向——生物化学方向是吧？您在这个领域选了一个什么课题进行研究呢？

阮　对。当时我选的生物化学专业，因为的确是这个专业跟医学关系最大，当然生物化学里包括很多内容，蛋白质化学、核酸化学之类的，我最后定的是酶学。酶的作用非常大，比如我们人将食物吃下去，是要通过胰蛋白酶消化的。我的毕业论文就是关于丝氨酸蛋白酶③的活性中性研究的。我们刚刚说到的胰蛋白酶就是丝氨酸蛋白，因为它的活性中性是以丝氨酸为主的，丝氨酸蛋白酶的结构功能实际上跟我们血液关系很密切。血液怎么凝固的呢？就是依靠凝血酶，凝血酶亦是一种丝氨酸蛋白酶，在它的作用下形成了纤维蛋白，然后结成一个凝块。所以大学最后一年研究的那个课题实际上对我后来的工作是非常有帮助的。

孙　不知道您是否还记得当初跟着张龙翔教授学习和研究过程中的一些细节？

阮　实际上张龙祥教授手下有很多助教，具体带我们大学生的都是助教，张老师定期来给我们讲课，但我们大学生的研究不是他直接指导的，这个不像带研究生。我记得当时具体带我们的是茹炳根和王志美等助教。

---

① 沈同（1911—1992），字子异，江苏吴江（今苏州市吴江区）人。生物化学与分子生物学家，教育家。中共党员。1933年毕业于清华大学生物系。1938年获美国康奈尔大学动物营养、生物化学博士学位，同年回国。创建北京大学生物化学教研室，任主任。

② 陈德明，教授。广西北海人。1942年毕业于西南联合大学。1950年获荷兰阿姆斯特丹大学理科博士学位。同年回国。历任北京大学副教授、教授、生物学系主任、分子生物学研究所所长、生命科学中心主任，中国科学院动物研究所研究员及昆虫外激素研究室主任兼南开大学教授，中国科学院海洋研究所研究员。

③ 丝氨酸蛋白酶是一个蛋白酶家族，它们的作用是断裂大分子蛋白质中的肽键，使之成为小分子蛋白质。在哺乳类动物身上，丝氨酸蛋白酶扮演着很重要的角色，特别是在消化、凝血和补体系统方面。其激活是通过活性中心一组氨基酸残基变化实现的，它们之中一定有一个是丝氨酸蛋白酶。

孙　所以您跟助教之间的交流相对来说会更多一些?

阮　当然。

孙　在北大您受到了当时中国最好的生物化学教育,北大的六年求学生涯还给您带来哪些积极的影响呢?

阮　我觉得北大培养了我独立从事科研工作的能力,它比大学里面那种老师讲课我听课,然后复习考试更有意义。它就是与现在研究生教学中培养研究生发现问题、分析问题、解决问题的研究思路是一样的。另外,我觉得每个人的责任感是最重要的,因为上大学的时候我经常听到老师教育我们,说是十几个农民养活一个大学生。那个时候我们读大学都是免费入学的,所以当时我们就觉得应该努力学习,将来能为社会、为国家做出更大的贡献。这一点我觉得对于当时我们每一个大学生的成长还是有很大的鞭策作用的。

孙　那当时北大的学习氛围就很浓厚吧?

阮　我觉得北大的学习气氛是比较好的,而且它特别强调人的自主安排,如何安

1964年,北京大学生物化学专业毕业留念,后排左一为阮长耿

排自己没有课的时间其实也是一种能力。我们那会儿早晨起来最要紧的不是吃早餐,而是去图书馆占位置,然后才能开始一天的学习生活。

孙 所以,那六年间,您过的几乎都是图书馆—实验室—教室—寝室这几点一线的生活,算是苦读了吧?

阮 另外也会参加一些社团活动,但是基本上就是以学习为主的。实际上等于攻读了一个硕士学位,我想那时候六年制本科生的水平,应该不会低于现在硕士研究生的水平吧。我非常感谢北大对我的培养,你应该也知道,北大一直都尊崇"思想自由、兼容并蓄",这确实也直接影响到我,我会对他人更包容,努力看到每个人的想法,鼓励思想自由碰撞,尽可能发挥每一个人的作用。

孙 听上去您还是特别珍惜那段时光的,那现在还会跟以前的同学有交流吗?

阮 毕业之后,大学的同学聚过的,2014年是我们从北大生物系毕业50周年,我们都从各个地方赶去北京参加同学会。当然不只是我们生化专业,整个生命科学院1964届的学生都回去了,不过还是有三分之一的人已经不在了。1998年北大建校100周年的时候,我们很多同学也回去参加了校庆典礼。当时参加校庆拍的这张

1998年,参加北京大学百年校庆时阮长耿(前排左二)与1958级同班同学合影

照片,都是我们一个班的同学。

孙 这里面有跟您关系特别好的吗?

阮 有呀,我的一位同学书法特别好,还给我写了一幅字,是我最喜欢的四个字,"严谨求实",我一直把它挂在苏州大学南校区我的办公室里。

北大同窗好友何史送给阮长耿的书法作品《严谨求实》

结缘苏州

- 他们让我到苏州医学院去，我觉得这真是太好了——第一，我本来就是想考医；第二，回到苏州，离上海更近了。
- 你的任务，是用你的生化知识解决我们的临床问题，特别是对血液科来讲，你这个实验室就等于外科医生的手术室，我们对血液疾病的诊断，甚至将来治疗，都离不开实验室。
- 那时候好多得血液病的患者到苏州来，要找一个老医生陈悦书，还要找一个小医生，那就是我。
- 陈悦书教授是我走上血液研究的恩师，我非常敬重他。

毕业分配到苏医

孙 您那个时代大学生并不多呀，放在现在绝对都是精英了。那时毕业也不愁找工作，好像都是包分配的吧？

阮 那会儿不像现在的毕业生，可以自己选择工作，我们都是国家分配的。毕业的时候，首先是军委来挑最优秀的毕业生，所以我们大学同学中军科院院士比较多。然后是国防科工委，包括一机部、二机部、三机部等来挑选人才。国家统一分配，也不要你选择，就这么简单。当时，二机部就是做核能的，那时候苏州医学院就由二机部接管了，所以它可以通过国防科工委每年从北大、清华引进优秀的毕业生。

孙 在分配之前，您有没有想过，毕业之后想要做什么工作？

阮 没有，那个时代的人毕业以后就等着国家分配，等着学校里宣布你到哪里去，然后打个铺盖就去了。

孙 所以每一个人的命运都不掌握在自己手里面。

阮 那时候大家就是很简单的，党叫干啥就干啥。

孙 那大部分毕业生出去工作应该都是专业对口的吧？

阮 那当然了，像我们这个专业毕业的学生，或者是分配到大学，或者是分配到科学院，或者是分配到研究单位，当然也有个别毕业生被分配到中学去担任生物课的教师，这也可能的。

孙 那当时您得知自己被分配到苏州医学院的时候，是什么样的心情？

阮 他们让我到苏州医学院去，我觉得这真是太好了——第一，我本来就是想考医；第二，回到苏州，离上海更近了。

孙 苏州和上海其实各方面差别都不太大，语言、饮食什么都很接近。

阮 对。

孙 除了这些包分配的出路以外，应该还有一种选择，那就是可以继续读书吧？

阮 是有考研究生的。我也报考了，当时我报考跟读的是北京医学院里一个生化专业的教授，我还是想到医学院去，因为我学的是大生化，而且医科大学里有生物教育，我觉得非常合适。但是最后没考上。当时名额不像现在这么多，考的人呢，其实不少，考分比我高的人肯定是有的，于是我没被录取，就等着分配。

孙 您考研究生其实还是奔着做医生这个愿望去的吧？

阮 是的，不然也不会考医科大学了，但是后来的分配结果还是让我有一种意外的惊喜。

孙 那您是1964年6月毕业，分配到苏州是当年8月。那这两个月内您在哪儿？还记不记得做了什么事？

阮 好像6月毕业以后，北京市的大学生集中受教育，周总理以及北京市市长彭真都出来跟我们讲国家的前景，然后需要我们到农村去，那个时候就有"到农村去""到边疆去"这类口号。

孙 到祖国最需要的地方去。

阮 嗯，到祖国最需要的地方去，国家对刚毕业大学生的教育是比较重视的。然后我到了苏州以后，也不是马上被分配到医院工作的，而是先集中下乡锻炼一年。

孙 您当时去哪里锻炼了呢？

阮 我们就下乡到光福①锻炼一年。

孙 那时候具体做些什么劳动呢？

阮 就住在农民家里，然后跟着农民下地、插秧、种麦、收稻，还有加肥料。我记得那时候没有像现在的那种肥料，就猪圈里面的猪粪便，把它收集起来发酵后送到地里去。我慢慢了解到粮食的来之不易。一年后，下乡锻炼结束了，我于1965年回到苏州医学院，紧接着宣布我到苏州医学院附属第一医院上班。

孙 这一年跟以前在北大每天读书、看书、做实验完全不一样。

阮 肯定是不一样的。当时借住在农民伯伯的家里，这些农民伯伯在我到苏州医学院后，他们有时候看病还会来找我，最近几年好像以前比较熟悉的人都不在了，就没什么人来找我了。

---

① 光福镇隶属于今江苏省苏州市吴中区，位于苏州城西28千米的太湖之滨。东与藏书镇接壤，南同胥口镇毗连，西滨太湖，北接东渚镇。

孙 在这一年中,您接触过跟科研、医学、实验相关的事物吗?

阮 没有。

孙 回到医院后,您具体被分配到哪个部门呢?

阮 到了苏州医学院附属第一医院,人事处的同事就告诉我,到医院血液病研究室上班。

实验室就是手术台

孙 之前您知道苏州医学院附属第一医院有一位有名的医生叫陈悦书,专门从事血液方面的研究和诊疗吗?

阮 说实话,之前我是不知道的。

孙 您第一次与陈悦书教授见面是什么样的情景呢?

阮 第一次就是他把叫我到他的办公室,拿了一本血液的英文书考我。他说:"小阮,这一段,你能给我念一下吗?"然后我念了一下,他说还行。然后他告诉我:"你的任务,是用你的生化知识解决我们的临床问题。特别是对血液科来讲,你这个实验室就等于外科医生的手术室,我们对血液疾病的诊断,甚至将来治疗,都离不开实验室。"我觉得陈悦书教授的这句话讲得很好,我一直记着,而且我经常在不同场合重复这句话。

孙 他讲的外科医生,和您这样的医学研究者,拥有绝不相同的学科背景。

阮 陈悦书教授实际上要我们医研相融。

孙 他跟您说这话的同时,也是给您提出了以后的希望和要求。那么此后陈悦书教授有没有立即给您安排接下来的研究或者工作呢?

阮 没有,我是在生化实验室里工作,它本身就有一些诊断的、做实验的任务的,然后陈悦书教授每个礼拜两次到病房查房都要我跟着,他向我提出一些临床遇到的问题,这个是白血病患者,那个是贫血患者,他们怎么会得白血病,或者为什么会造成贫血,到底应该用什么治疗方法才是最佳的……都需要我们一起研究。临床真的能发现很多问题,比如那时候流行的一个出血的新概念,像白血病就经常会出血,但有一部分白血病出血不是用止血药解决的,反而得用抗凝药,像肝素就是抗凝的,不让血液凝固。但这很奇怪呀,用抗凝不是要病人的命吗?病人本来已经出血了，再不让血液凝固，病人要死了呀。像白血病中就有一种病叫作DIC，就是弥漫性血管内凝血，这个病不能用止血药，而一定要用抗凝药，因为DIC在血液里有很多促凝的影响，使得血管里的凝血酶产生高凝状态，最后把凝血因子消耗以后，它才出血。这个概念当时非常先进，国外提出理论以后，我就关注到了，我们在实验室把搜集的病人标本一检测，就马上能根据病人的症状而确诊出其是否为DIC病人。我当时是在国内最早用肝素治疗DIC病的，取得非常好的疗效。所以临床跟实验的结合是非常重要的。

孙 会不会对陈悦书教授而言，您是一个非常不一样的存在？因为以前可能都是纯医学的体系，医生几乎都是从医学院招的毕业生，而您与众不同，学的是生物化学。

阮 实际上，用我们现在的话讲，他那时候已经有转化医学的理念了。什么叫转化医学呢？就临床提出的问题，要回到实验室解决，得出一个结论以后，再来进一步对临床各种疾病提出更完善的诊断和治疗的方法。所以在当时他就已经有这个超前的理念，这是很不容易的。

孙 我在对您的好多报道里面看到您多次提到转化医学的理念，有很多人之前评论陈悦书教授，说他本身自己也是医研相融的一个医生，也非常关注科研和临床之间的关系。

阮 在这方面陈悦书教授给我很大的启发和影响。

孙 您和陈悦书教授差了二十多岁，您分配来的时候大概二十多岁，陈悦书教授那会儿应该四十多岁，我看到有人说您和陈悦书教授的关系，有一些亦师亦友的感觉。

阮 陈悦书教授肯定是我的老师。那时候他交给我很多任务，包括临床的资料总结，以及完成科研论文写作等，主要是我来完成的。因为临床医生比较忙，我在实验室，相对会好一些，对有些资料进行整理是很自然的，所以当时发表了很多论文，都是在陈悦书教授的指导下，我来起草创作的。

孙 一个是临床医生，一个是研究人员，配合得还是相当默契的。可以看出来陈悦书教授对您的科研工作是有很大期望的，那么，在其他方面您对陈悦书教授还有什么深刻的印象吗？

阮 有一次在成都开会，我钱包丢了，后来他知道了，给了我一点儿补偿。我记得这件事情，是因为他一直比较忙，也不大会考虑生活上的事儿，但是他一听说我丢

1976年，阮长耿（右一）和陈悦书（右三）夫妇等合影

了钱包，就跑来问我，对我的生活有没有影响。虽然我说了没有影响，但他还是给我解决了一些困难。这件事情在我印象里还是蛮深刻的。

孙　所以他对您的生活也是比较关心的？

阮　他可能不是整天嘘寒问暖，但是一有点儿什么事情，他都会来帮助我。陈悦书教授是我走上血液研究之路的恩师，我非常敬重他。

转随陈悦书学习临床

孙 您原本跟着陈悦书教授一周两次进病房,后来好像进病房对您而言就成了家常便饭?

阮 对,这儿有个故事的。因为我当初工作的主要任务就是做科研、做实验室的诊断,那么到了"文化大革命"的时候,就有人说我这个研究室从事科研就是为陈悦书教授获取个人名利服务的,是走白专道路的。那个时候我也不懂呀,我完全不知道接下来应该怎么办。他们就跟我说,不能继续待在实验室做实验了。我就想,那我能做什么呢?后来,院领导就让我去做临床医生,去给病人看病,所以"文化大革命"一开始,也就是1966年,我就离开实验室了,跑去临床,跟医学院毕业的学生一样,在陈悦书教授的指导下,进行临床实践。

孙 但是您之前学的是生物化学,没有临床实践的知识和经验呀?

阮 对。其实,这对我来说也不是太难,虽然我不是临床医学专业毕业的,但是像人体解剖这些,在我们学的动物解剖里面都会涉及,两者是相通的,所以人体解剖我完全可以自学的。而且即使是学临床医学的,刚工作那会儿也是需要训练的,比如是从事内科的,也还要到外科去轮转。在外科医生带领下,我也做过阑尾手术的。

孙 因为您刚开始不是熟练工,做那些外科手术,会不会有紧张或者其他情绪呢?

阮 那倒没有的。我当时是在陈悦书这样的一级教授指导下对病人进行临床诊断与治疗的,陈悦书教授会很耐心地指导我。比如在给患了腹水的病人诊治时,陈悦书教授在我边上鼓励我,说一些类似于"小阮你不要怕,你从第×个肋骨下去,把腹水抽出来,我就在你边上"这样的话,这让我非常的安心。

孙 这段经历帮助您实现了跨界。

阮 对我来讲还是很有意义的，因为我跟当时医学院毕业的学生不太一样，我的生化基础更扎实一些。像我大女儿在美国留学的话，一般要拿到学士学位以后，才能考医学院，不是像我们国内高中毕业就可以通过高考考取医科院校。所以美国有好多外科医生，他可能本科学的跟医学、生物学什么的完全搭不上边，他可能以前学的专业是钢琴，拿了一个钢琴的学士学位以后，经过医学院的训练，就变成一个很好的外科医生。

孙 所以学科背景的交叉感是特别强烈的？

阮 对，因为尽管他主修钢琴，他也有一些选修课，如果他对医学感兴趣，可能会同时选了一个生物学课程来打基础。就是说，university（大学）这个概念应该主要是学，作为医生来讲更重要的不是学好数理化，像人文知识、跟病人的沟通技巧、法律知识……这些对医生的培养，特别是对医德的培养都是非常重要的。

孙 国外大学的概念，更多的是各种知识的积累，而不是走专业化的道路，只有到研究生阶段才能选择一条专业化的道路。

阮 是的，从这个层面来说，我们与国外大学确实有非常大的差别。

孙 我们回过头再来谈您本身。我是不是可以这么理解，"文化大革命"期间实验室关闭，很多研究人员都下岗了，您也被迫离开实验室，但是却阴差阳错地成了医生？

阮 你理解得不错，大致是这样一个状态。你也知道的，我从高中开始就立志做医生，但是一直没能如愿，这下能成为一个真正的医生，确实让我心里很激动。

孙 大概是从1966年到1973年，您几乎天天都跟着陈悦书教授查病房、出门诊、讨论病例，您后来有没有独立出诊呢？

阮 独立出诊过的，我很早就独立出门诊了。所以那时候好多得血液病的患者到苏州来，要找一位老医生陈悦书，还要找一个小医生，那就是我。

孙 说明您的医术高明呀。那做了医生之后，您的思维方式有什么不一样吗？

阮 做实验研究的是知道实验室可以做哪些诊断的，所以碰到病人的时候，我可能比其他医生更加明白根据临床的体征不能轻易地下结论，我应该给他做一个什么样的实验诊断，来帮助我明确他得的是什么病。而为了给出一个正确的诊断，采取一种更好的治疗，我必须通过逻辑思维，结合临床的症状，结合他的血常规、生化检查这些数据来判断的。

孙 "文化大革命"阴差阳错使您圆了医生梦,但是我们从负面的角度来看,对您的科研一定是一种打扰。因为很长的一段时间里,您没有办法进实验室。

阮 那个时候,我白天出诊、查病房,晚上还是偷偷地进实验室去做了一些实验的。

孙 当时没有害怕被抓或者被"批斗"吗?

阮 我觉得我完全是为病人才这样做的,这应该没有问题,至少我是不怕的。

孙 但没法正大光明上实验室对您多少有些影响吧?我知道实验研究其实在很大层面上是需要有长期性和连续性的。

阮 对,不像之前那么自由,而是很受约束的。

孙 另外我查了一下您的论文,有一个惊人的发现,您在"文化大革命"期间还写了29篇论文,特别是在当时很多期刊都停刊的情况下。

阮 对的。而且你要注意,当时发表的那些文章是没有作者署名的,就是一个单位,然后后面括弧写某某人整理。因为"文化大革命"提出来知识分子写文章不能把自己的名字署上去,就好比钢铁工人炼出来一块钢,没有一个工人会把名字刻在钢上面,倘若这样做,就会被认为是典型的个人主义。那时候血液跟肿瘤结合在一起,白血病啊、淋巴瘤啊都是肿瘤嘛,因为与肿瘤相关的文章发表是没有问题的,单独研究血液的可能就比较难发表了。当时,我们还是抓紧总结了一些,包括白血病的一些治疗方法、一些药物的临床观测等。

孙 其实对于现在的人来说,就算在安稳的环境下,短时间内要写出29篇高质量的论文,这绝对算是高产了。"文化大革命"这段时间,对很多人来说其实是浪费掉了。

阮 对,我的很多大学同学——北大同学,因为不在医院里面工作,这种浪费青春的情况他们都曾经历过。那时候的医院也是非常忙碌的,因为将近十年没有大学毕业生,那么多病人谁管理?就是原来的那些医生管,所以白天忙出诊,晚上还要值班,很难挤出学习的时间来。但是我想,反正已经做了大量的临床工作,我觉得很多临床经验和实验资料其实都是需要总结的,这是最关键的。

孙 所以这段时间对您来说,算是抓住了。

阮 也不是我抓住了,当时是形势要求我们拼命干嘛。所以临床的问题,我利用实验室的条件可以做的我一般都是晚上去做,白天做可能太显眼了,家人也不会放心的。

孙 等于说您几乎都没有什么休息的时间了。

阮 对,休息时间确实不多。

孙 那种环境下,每天在"批斗"这个、"批斗"那个,并非是一个适合科研和学习的好环境,您是如何脱离那个复杂、混乱的大环境的呢?如何让自己静心地看病、做实验的呢?

阮 我觉得不是很复杂,我临床看病人啊,晚上做实验什么的,我并不觉得有什么人要拿我干什么,医院那时候要跳忠字舞①,带领大家跳"忠字舞"的就是我。

孙 其实从您高产的论文来看,您还是没有放松自我学习吧?

阮 是的。比如我们之前提过的DIC这个病,我在国内最早用肝素进行治疗,这种方法其实是我在国外文献上看到的。

孙 您的这个开创性的成功,是不是对您也有很多启发或激励?有没有促使您想要更紧密地接触国外前沿的医学信息呢?

阮 密切关注国外医学前沿信息和技术是我从大学里就已经养成的习惯,大学里我做丝氨酸蛋白酶研究的时候,实验之前我肯定要看很多文献,了解前人已经解决了什么问题,在前人的科研里头还有什么问题没解决,并且这个问题得是很有意义的,我才去做。这就是科研,对科研来说,选一个好的课题是很重要的,得重视它的科学性、价值性及可行性。你不要凭空瞎想你要怎么做,你要清楚这样做能不能达到你的目的。正如我们自然科学基金的评审,也是同样的道理,大家申请,需要落到实处的是你到底要解决什么问题,这个问题有没有意义,如果你研究了半天而别人早就解决过这个问题了,那么你为什么还要做呢?当然,你不看文献无法知道这些。这其实就是科研呀。

---

① "忠字舞"是"文化大革命"时期用于广场(大场地)或游行的队列行进间的歌颂性民众舞蹈和集体舞蹈。以《大海航行靠舵手》《敬爱的毛主席》《在北京的金山上》《满怀豪情迎九大》和"语录歌"等歌曲为伴唱、伴奏。流行于"文化大革命"高潮期,时间约在1966年至1968年间。

成为苏州女婿

孙 我在苏州电视台20世纪90年代的采访节目里见过您的夫人,您说她给您的帮助特别大,后来也陪着您参加了很多活动,您能否在这儿给我们介绍一下您的夫人呢?

阮 (指着背后书柜上的照片)那就是她,叫顾慧玉。

孙 您办公室是最醒目的位置摆放了您跟夫人的照片!

阮 对,这是上次在巴黎开抗肿瘤会议的时候我俩拍的照片,时间好像是2000年。

孙 她是从事什么工作的呢?

阮 她是做航空产品检验的,主要是航空仪表的检验,她的眼睛、耳朵特别灵,专业知识掌握得也比较扎实,所以人家看不出的问题,到她这里都能找出来,她就专门负责仪表最后一道程序的检测工作,这项工作是很重要的。飞机的零件制造当时是在三机部的,本来是在江西的,后来到苏州长风厂。

孙 从您此前的描述中,我感到您的工作、科研、学习占满了一整天的生活,几乎没有什么时间分给家庭?

阮 对。

孙 家里大概都是您夫人一个人撑起来的吧?

阮 是的,家里都是她说了算,她觉得我除了血小板之外什么都不懂,所以家里其他事情真的都是她说了算。

孙 那您和您夫人是怎么认识的呢?

阮 我夫人是地地道道的苏州人,他们家就在凤凰街口,从苏州医学院附属第一医院出去很近,就在那边的转角上。她家邻居是在我们医院检验科工作的,所以她母亲就托邻居看看医院里面有没有跟她女儿年龄相配的同事,有的话就给介绍一个，然后她邻居就把我介绍过去了。那会儿，我也是才到苏州没两年，之前都是"下乡"锻炼什么的，大概是1967年的时候我俩的关系才确定下来的。

孙 第一次见面彼此都印象不错是吗？

阮 是的。当时就好像是约着接下来见见面、多聚聚之类的。

孙 您夫人家里人是不是对您挺满意的？

阮 对，因为她母亲当时有老慢支，就是肺功能不好，那时候要经常打青霉素、链霉素针剂，这些都是我的任务。因为一直帮她母亲打针，她母亲便对我有较多的了解，对我的印象就特别好。

孙 她们家人也希望她未来的另一半是从事医生这样的职业？

阮 是的，我很符合条件。我记得那时候我们正好下乡巡回医疗（我是在昆山下乡巡回医疗的），正好是秋天阳澄湖大闸蟹上市了，我利用中途放假的机会就带着一些大闸蟹去她家了。

孙 然后肯定博得了您夫人家的一致好评。

1968年，阮长耿、顾慧玉的结婚照

阮　（大笑，点头）我想应该是吧。

孙　那后来您就挺自然地成为苏州女婿了吧？

阮　我们是1968年结婚的，那会儿结婚仪式好像也都没什么的，应该就是简单地和家人吃了顿饭吧。

孙　结婚之后，您和您夫人当时住在哪里？

阮　就住在苏州医学院附属第一医院后面的宿舍区，这里后来都撤掉了，就是现在心内科大楼所在地。我和我夫人就住在那里。

孙　您大女儿阮嘉是什么时候出生的呢？

阮　她是1969年出生的。

孙　她出生之后是不是您也得帮着家里分担一些家务活儿呢？

阮　那时候没有现在小孩用的一次性的尿不湿，而都是用尿布的，洗尿布都是我的事情。那一年跟我大女儿同年出生的有好几个小孩，都住在同一幢大楼里，所以早晨大家都要争取早一点儿把尿布洗好，然后去找阳光最好的地方把尿布晒出

1976年，一家四口在苏州虎丘的合照。从左至右分别是阮长耿、阮嘉、阮小琳、顾慧玉

去。为了晒尿布而抢地盘,这件事儿我觉得蛮有趣的(笑)。

孙 您小女儿是什么时候出生的?

阮 1973年,那时候规定可以生两个孩子,但是至少要差4岁,符合条件了以后就能生。

孙 两个女儿都像您吗?

阮 大女儿的用功程度都超过我了,她对自己要求很严格,性格也是比较沉稳,比较像她妈妈。小女儿比较像我一些,性格比较外向一点儿。我记得那时候我经常要出差或者下乡什么的,每次我回到家里,小女儿都特别激动,她会躲在门背后,看到我了,她会激动地流眼泪——她的情感是特别外向的。

留学法国

- 对我来讲，法语就像上海话一样，英语就像普通话一样。
- 因为十年『文化大革命』，我们落后了很多，那时候我们叫『赶超』，我们亟须赶上国际先进水平。国外最先进的东西，特别是基础研究，是必须学回来的。
- 我当时在我的床头写了『发奋、发奋、再发奋』的字样。
- 我相信我的研究所带来的意义可能远远胜于这些『第一』，一个其实是科研方面的价值，我完成了揭秘的使命；另一个是我对一些血液疾病起到了发现、诊断的作用，这是临床方面的意义。

而立之年初学法语

孙 您那个年代的人在初高中阶段主要是学俄语的吧?

阮 是的,我们中学都是学俄语,到了大学也是学俄语,然后因为在北大读书的时候要做科研,像我做的关于丝氨酸蛋白酶的研究,俄语的相关文献很少,所以是自学英语。不过我记得好像小学的时候学过一点儿英语的。

孙 您在上海读小学的时候学过英语,算是稍微打了点儿基础吧?

阮 是的。好像是四年级以前,后来就都改学俄语了。

孙 那您后来是怎么自学英语的呢?

阮 大学里面是有整块的时间可以学习的,但是到了工作阶段,都只有零碎的时间段可以用来学习,比如早晨排队买油条的时候我会背单词。人家看见了就会说:"哎哟,这个年轻人,买油条时都要看英语。"

孙 原来您就是这样把平时零碎的时间利用起来的。现在英语对我们来说依然还是挺重要的。

阮 是。医学用到的特别多,像学术交流基本上也都是用英语的。

孙 您还会法语,我看到您那边的书桌上还有一堆法语书,法语您也是自学的吗?

阮 开始入门的时候不是,是跟着老师学的,后来慢慢就自学起来了。

孙 法语应该比英语难学吧?

阮 只要掌握语法和发音规则这两点,不是太笨的话,大家一般是可以搞定的。

孙 我们一般会认为法语发音很难呢!

阮 只要你掌握了它的规则就不难的,掌握规则以后,你看到一个法语词,肯定能够发出来,而且发音是很准的。其实法语就这么简单,不像英语,美国南部和北部的发音就不一样的，对不对？爱尔兰与澳大利亚发音也都有差别。但是法语就只有一种发音，发音规则很严格，语法比较严谨，它只用三个格；而俄语是六个，那太复杂了。你把发音和语法都搞定了，就不会觉得法语难了，所以联合国的重要文献都以法文为主，这还是有道理的。

孙 那您几门外语在脑子里会不会打架？

阮 不会，对我来讲，法语就像上海话一样，英语就像普通话一样。

孙 对了，那您怎么会想到学法语呢？

阮 这个说来话长了。1978年6月，邓小平同志去了清华大学，对关于派遣留学生这个问题发表了自己的看法。因为我们苏州医学院从1963年开始被国防科工委接管，所以邓小平同志的讲话很快就通过国防科工委传达至我们苏州医学院，学校马上就组织一批人去参加考试，我就是其中的一个，然后有幸被录取了。当时通过全国统考，最后是55个名额到美国留学，还有38个名额到法国留学，那时候大家都想去美国，因为学法语的人毕竟少，另外，相比之下，美国总归先进一点。但是那时组织派遣留学工作的教育部官员就开始做我们的思想工作，他们认为我是做血液研究的，不适合去美国留学，因为法国的血液研究比美国好，所以推荐我去法国留学。但是我那个时候不会法语，就很犹豫。教育部的人就跟我说，没关系的，可以马上学法语，会组织安排我到北京学三个月的法语，然后再出国。我听了他们的话以后，就报名去法国了。

孙 在这之前，您了解出国是一个什么概念吗？

阮 没有。也没有说我有一定要出国这种打算，那时候就是服从组织安排吧。让我们去参加考试我们就去了。

孙 当时那场选拔考试主要考一些什么内容，您还记得吗？

阮 因为出国主要看你政治上是不是可靠，不要派你出去就不回国了，这是不行的，所以政治可靠是组织考核中首要的一条。然后专业也需要考核，业务上必须是骨干，将来回国后是要继续在岗位上奉献的。但是对出国来说，因为要交流，至少英语要过关，那么当时的选拔考试的主要内容就是考英语了。而且我们这个年代的人，主要是学俄语的，所以英语能够通过国家考试还真不容易。

孙 所以那次考试也没办法提前准备了。

阮 没有准备的。不像现在从小学开始就要准备预习初中的内容。我也不知道那时候谁出的题目，以及怎么来选拔的。

孙 与其说是一次选拔考试，还不如说是对平时积累的一次检验。

阮 是的。考上之后，我们就到北京集中学习语言了。

孙 所以，您是到了大概四十岁又新学了法语这一门语言，会很担心吗？

阮 没有，没有。那时候很简单，组织上叫我干什么，那我就干什么，没考虑那么多。相反，我觉得学法语也蛮有意思的。

孙 是在北京哪里学的法语呢？

阮 我们在北京语言学院（今北京语言大学）学了三个月，那里的学习环境比较好，因为北京语言学院有许多外国留学生，我们就跟讲法语的留学生在一起吃饭、一起交流，有这么一个语言的环境。学语言，环境很重要，你老是对着书、对着留声机或者唱片，那不行的，要对着人交流。我觉得在北京语言学院的三个月是相当有成效的，很快就把法语掌握住了。

孙 这三个月集中语言培训后，直接就从北京飞往法国了？

阮 是的，时间上比较紧张，就没有回苏州一趟。

孙 所以也没跟家人道别？

阮 是的。

孙 那您去留学这段时间，您夫人正好带着两个孩子，特别是小女儿，大概也就五六岁，您夫人当时知道您要去留学，是什么样的感受？

阮 她很支持，因为毕竟这种机会不是每个人都有的，整个苏州医学院附一院也就我一个人。

孙 那您当时走的时候有没有一些顾虑，包括对工作和家庭的？

阮 那时候好像没什么，总之没想那么多，我们生活很简单的，也就没有什么放不下的，就是觉得一定要把这件事情做好。

孙 您到了法国之后，还继续学习语言吗？

阮 刚去法国的第一个月，我的收获还是很大，那个地方叫维希（Vichy），是在法国中部的一个小城市，那里有个语言培训中心。

孙 还是专门去那个地方学？

阮 对，从巴黎过去要两三个小时。

孙 那其实每一个人的语言进步都会不太一样，是不是还会有分班？分不同的等级？

阮 会的。我一个多月后就分到了医学班，它们会专门结合一些专业的内容来安排。

孙 您在那边也会尽可能去找法国人练习法语吧?

阮 是的,我们就住在法国人的家里,有点儿像寄宿家庭的那种方式。

孙 所以语言学习进步还是相对快一点儿。

阮 对。实际上,来自所有国家的学法语的人都集中在维希这个小镇上,而且镇上的老百姓很高兴接待外国的留学生,大部分留学生都住在法国人的家里头。

孙 到了法国之后,当初一起学法语的人还有联系吗?

阮 我们到法国后,管我们的是我国驻法国大使馆的科技参赞,最开始我们大概每个月要到使馆去集中一次,向大使馆汇报近况。因为那时候我们都是公派的,每个月有1500法郎的奖学金。

孙 所以每个月一次的汇报其实算是我国对留学生的一种管理?

阮 对,留学生遇到什么困难也可以向大使馆反映。

师从血小板之父

孙 语言过关之后,就要主抓专业了。当时教育部有没有规定必须去哪所学校留学呢?

阮 并没有规定,留学生选好法国之后,接下来去哪里学习。其主动权完全掌握在自己手里了。

孙 那您自己有没有什么想法?具体想要去什么地方、学习一些什么东西?心里有没有盘算过?

阮 当然盘算过,去法国之前,我就去问过一些人,比如上海的王振义教授[1],因为他所在的学校原来叫作上海第二医学院(就是现在的上海交通大学医学院),其前身是震旦大学,由法国人创办的,所以他们在学校里就用法语来上课,对法国比较了解,而且王振义教授对法国的血液研究状况也比较清楚,我当时就特意询问了一下法国有哪些血液研究领域专家,我可以申报这些专家所在的学校。

孙 所以您在信息还是比较闭塞的年代,还是想尽办法提前做了一些准备工作的。

阮 那时候没有互联网,包括邮件什么的都没有——不要说我那时候,即使到我大女儿出国的时候也是这样,她是1989年去美国留学的,那时候交流,要么写信,要么打电话。她到了美国后,我记得一个月就约好一两次通话。家里也没有电话,我就到南林饭店接电话。我们约好了北京时间下午4点钟通话,她在圣路易斯,和我们有15个小时的时差,大概她那边是早上7点钟的时候就在电话机旁边等好了。双

---

[1] 王振义,1924年生,江苏省兴化人,内科血液学专家,中国血栓与止血专业的开创者之一,被誉为"癌症诱导分化之父"。1948年毕业于上海震旦大学医学院,获博士学位,1992年当选为法国医学科学院外籍院士,1994年当选为中国工程院院士,2011年1月获得2010年度国家最高科学技术奖。

方通话可不是闲聊，而是要讲什么都事先在纸上写下来，因为那时候国际长途通话一分钟就要55块人民币。

孙 这个价格也太昂贵了！

阮 后来我的学生，20世纪90年代到美国留学，跟家里约好了，什么时候打电话，如果电话铃声响三下，就说明没事；如果电话铃声响了第四下，代表着有事，就要接了。这样就省掉很多钱。

孙 都挺不容易的。那您语言过关之后，就开始申报学校了吗？

阮 我到了法国以后，就自己填了志愿，我了解到当时法国血液研究最出名的有三个人，其中之一就是我后来的法国导师——卡昂教授。相比其他血液研究者，卡昂教授是比较国际化的，他在国际上的影响比较大，是当时的"the King of Platelet in the world"，也就是说，他是"世界上研究血小板的皇帝"，即"血小板之父"。那么我当然就选择到他那里去了，而且他所在的巴黎圣路易医院的血液科实际上是全法国，也是全欧洲最强大的、最有影响力的单位——那时候没有什么高校排行榜，如果有排行榜，它应该就是第一。因为它不是单单只培训法国的血液学家，欧洲好多血液学的专家也是从这个圣路易医院培训出来的，还有我们国家，我是第一个去的，我回国以后，就把我们这里的王兆钺[1]、吴庆宇[2]也送到法国去学习。吴庆宇是我回国后我们这里派出去的第一个学生，他比陈竺[3]

---

[1] 王兆钺，1943年生，主任医师，教授，博士生导师，从事临床医疗及医学研究40年，在法国和瑞士等国进修。所从事的专业为血液病学。

[2] 吴庆宇，1957年10月生，博士生导师，1982年和1985年分别获苏州医学院医学学士及血液学硕士学位。1988年获法国巴黎第七大学人类生物学国家博士学位。1990年至1993年在美国华盛顿大学医学院从事博士后研究，1994年至1995年任美国华盛顿大学医学院讲师。1995年至2005年在美国加利福尼亚州Berlex Biosciences任高级研究员。2006年至今在美国克利夫兰医学中心及Case Western Reserve大学医学院分子心脏、肾脏与高血压系任教授。2008年起受聘为苏州大学教授，曾任苏州大学医学部主任，现任苏州大学唐仲英血液学研究中心主任以及苏州大学唐仲英医学研究院院长。

[3] 陈竺，1953年生，江苏镇江人，分子生物学家。1981年获原上海第二医科大学硕士学位，1989年获法国巴黎第七大学血液学研究所肿瘤发病基础专业博士学位，1995年当选为中国科学院院士，2000年任中国科学院副院长，2003年当选为美国科学院外籍院士，2004年当选为欧洲艺术、科学和人文学院院士，2005年当选为法国医学科学院外籍院士，2007年10月被选为美国医学科学院外籍院士，同年任我国卫生部（今卫计委）部长，2008年当选香港医学专科学院荣誉院士，同年当选英国医学科学院荣誉院士，2013年3月当选为第十二届全国人民代表大会常务委员会副委员长，2015年5月出任中国红十字会会长。陈竺从事血液学研究，提出肿瘤"靶向治疗"观点，参与我国人类基因组研究计划筹划、协调和管理工作。

和陈赛娟[1]还要早,所以陈竺、陈赛娟到法国去的时候,吴庆宇在法国已经很熟悉了。他们关系很好,吴庆宇还向他们两位介绍在巴黎第七大学攻读博士学位的一些情况。

孙 所以您接下来就开始在巴黎圣路易医院的血液科跟随卡昂教授学习了,当时吃住都是在医院吗?

阮 开始并不是住在医院,有一个中国留学生的集中居住区,离医院比较远,在那里我大概住了三个月多一点儿,后来卡昂教授觉得我每天在医院和集中居住区之间来回不方便,就建议我去住住院医生的宿舍,我答应了。然后他帮我联系,我就住到住院医生的宿舍去了,虽然每个月要交350法郎的房费,但是方便多了。

孙 啊,也还要出钱啊?

阮 那当然了,这个钱其实很划算,因为你可以住,也可以吃——三顿饭都含在里面。法国医院的制度特别合理,比如说我是进修生,付钱是最少的;假如是一个主治大夫,或者是副主任医师——相当于教授或副教授,同样一顿饭,这几个级别的人要付的钱不一样,如果说教授要付20法郎,那么,副教授就付15法郎,主治大夫付10法郎,像我这种住院医生只要付5个法郎。

孙 似乎我们中国好多单位是倒着来的,如果你级别低,补贴就少;级别高,补贴就多。这与法国是相反的。

阮 其实我们是不对的,你收入多,你就应该要付更多的钱,这样我们食堂才能办得好,大家才能吃得开心。

孙 那您在法国饮食都适应吗?

阮 医院食堂提供的是自助餐,东西很丰富的,包括红酒、饮料,都可以随便拿的,所以那时候就养成每顿饭都要喝点红酒的习惯。我这个人也不挑食的,你若说好吃,我吃吃也觉得可以;你若说不好吃,我吃吃也觉得不错嘛。不管是中餐、西餐,什么辣的、不辣的,我都能接受的。

孙 这么一来,其实也帮助您减少了很多额外的负担,让您专心投入科研这方面

---

[1] 陈赛娟,女,原籍浙江省鄞县(今宁波市鄞州区),1951年生于上海,遗传学(细胞遗传学和分子遗传学)专家。中国工程院院士、发展中国家科学院(TWAS,原称第三世界科学院)院士。1989年毕业于法国巴黎第七大学,获博士学位。现任上海交通大学医学基因组学国家重点实验室主任、上海交通大学医学院附属瑞金医院血研所执行所长。中国科学技术协会第八届全国委员会副主席。陈赛娟专注于白血病的研究,用砒霜治疗白血病,为国际转化医学研究提供了成功典范。

1979年，阮长耿（右一）留法时与实验室同事合影

的工作？

阮 对的。

孙 那我们接下来聊聊您的导师，因为您刚进入圣路易医院的时候，便是进了血栓形成与止血研究中心。

阮 我们国内当时其实都没有这些细分的研究方向的，所以去了之后还是觉得挺新奇的，特别是看到他们的实验室后更是如此。

孙 那卡昂教授是一个什么样的人？因为您是他的第一个中国留学生，他会不会不太了解中国人？

阮 他是国际知名的，他那里有来自世界各地的进修生。对法国人来讲，中国也是一个文明古国，是有悠久历史的国家，他们还是比较尊重我们中国人的。最关键的就是，我从事科研的能力要比一般的医学院毕业的医生强得多，所以我去之后的前三个月，就做了非常出色的工作，他对我们中国人更加刮目相看了。

孙 所以您也是他们法国人了解我们中国的一个桥梁。

阮 我还想起一件事,大概在我住到法国巴黎第七大学的附属医院住院医生宿舍三个多月后,有一次中午做实验时间非常紧张,但食堂又要马上关门了,我匆匆忙忙去食堂的时候,就忘了关实验室的门。等到吃完午饭回来一看,糟糕,放在实验室称药用的天平没有了。我们在国内那会儿其实都没有小偷的概念,大家一个月工资基本都是五六十块钱,家里也没什么值钱的东西,我们那时候的小孩子上下学都不用家长接送的,家里钥匙就挂在孩子脖子上,孩子上学时自己去学校,放学以后就自己回家。

孙 所以您在法国完全没想到实验室的器材也会被人偷?

阮 是啊,我那个时候很紧张——我一个月的生活费都不够买一只天平。卡昂教授后来知道了,专门跑到实验室来跟我讲,这个你不要管,我们来解决。他说:"你来了以后,我对中国人的看法大大改变了——中国如果有1000个人能够像你这么努力,这么用功地工作,特别是从事科研工作,将来中国就是世界上最强大的国家之一。"所以我后来一直讲,现在我们中央人才工作小组实施的"千人计划",实际上这个概念卡昂教授早就提出来了。我很高兴,我改变了法国人对中国人的一些看法,所以后来我回国后,卡昂教授与我们的交流非常积极。他觉得,美国只有几百年的历史,法国跟中国都有悠久的历史,都是文明古国,完全有更多可以交流沟通的方面。

孙 我后来看到很多资料上说卡昂教授来中国特别频繁,好像苏州他也来了好几次。

阮 对,当时胡锦涛同志给他授过中法友好的奖状,苏州市长也还专门授予他"苏州市荣誉公民"的称号。

孙 那您现在和卡昂教授还有联系吗?

阮 有联系,每个月我都会给他打电话。

孙 你们在电话里会聊些什么?

阮 每次和他通电话,他总是说我是他最好的学生。

孙 他现在年纪应该也挺大了吧?

阮 我打电话过去,就关心他的身体,他夫人的身体也不太好。我记得3年之前,他再次来中国,他就告诉我,这是他最后一次来中国。毕竟他年纪也大了,比我大12岁,现在他90多岁了。

破解血小板之谜

孙 您去法国血栓形成与止血研究中心之后,卡昂教授给您安排了什么工作呢?

阮 那时正好有这样一个机遇。后来得到诺贝尔医学奖的单克隆抗体技术在1975年刚被英国人发明,当时单克隆抗体在血液界的应用还没有。在英国的牛津大学,他们有一部分人在用这个技术来研究血液里面的淋巴细胞。这要怎么做呢?要找到这个抗淋巴细胞单克隆抗体,就要把这个淋巴细胞纯化以后打到小鼠的体内,小鼠产生抗人淋巴细胞的抗体,然后把它单克隆,就是这样一项技术的运用。当时牛津大学的一个教授,他在将纯化的淋巴细胞打到小鼠体内的时候不小心混杂了血小板,因为血小板太小,未引起他的注意。结果他得到一个抗体,不是跟淋巴细胞结合有反应的,而是跟血小板结合有反应的。这位教授不是血小板研究的专家,就觉得这个抗体对他来说没啥用处。但是他就想到卡昂教授,这个国际知名的血小板专家,于是就在一次国际会议上他特别询问卡昂教授对这个血小板抗体有没有兴趣、想不想要拿过去研究。正好那时候我刚到法国去,卡昂教授就拿了这个抗体样本回来,问我有没有兴趣在他们实验室研究一下这个抗体有没有用处,我当然是满口答应啊。所以在法国刚进实验室那会儿,我就是努力要弄懂、要搞清楚,这个血小板抗体到底有用还是没用。

孙 那最后您花了多久完成了这个任务?

阮 我花了三个月的时间就把它弄清楚了,这个血小板抗体非常有用。这里所涉及的知识就比较专业了,我当时推测抗血小板膜表面有一个受体,这个受体可以帮助血小板黏附在破的血管壁上,黏附的血小板会活化,活化后释放很多介质,促使周围的血小板相互聚在一起,这样就能堵住伤口了。这是非常重要的一个生命过程,如果缺乏这个受体,这个人就要出血,包括女孩子的月经量过大,就是一种特别麻烦的病，叫作巨大血小板综合征。对这种病的诊断也非常困难，但是有了这个抗体以后，正常人的血液可以和这个抗体结合，而病人是没有这个抗体的，它的血液就不能结合，所以这个血小板抗体最大的用处是，我们可以拿它来诊断巨大血小板综合征患者。本来诊断这种病很烦、很复杂，但是现在很简单，只要用放射免疫的方法就可以确定。所以那三个月我其实就弄明白了这个抗体是非常有用的。

孙　哦，明白了，我们可以拿这个抗体来进行病情的诊断。但您当时是怎么证明的呢？用了什么方法？

阮　这个也很专业，叫作放射免疫技术。就是把抗体用同位素标记[①]以后，加入血液里面，看看这个放射性标记的抗体是不是能够结合到血小板上面。在操作过程中，关键的步骤是分离获得"富含血小板血浆"（Platelet-rich plasma，简称为PRP），才能得到血小板。然后，看检测标记的抗体是否结合到血小板上。我做研究的那个抗体是能够结合正常的血小板的。但是病人不一样，病人缺乏受体的血小板，所以就不能结合标记抗体了。

孙　那这个方法之前您有接触过吗？

阮　学过，这是一个常规方法。这个方法不是我创造的，我是用这个方法来解决这么一个难题，把世界上第一个血小板抗体弄清楚，弄清楚它究竟是怎样的抗体。

孙　那您刚说到的推测那个生命过程，其实就是判断血小板是怎么堵住伤口的这个过程吧？

阮　是的，其实那会儿我们已经明白血小板有着止血的作用，但是不知道它是如何工作的。我的工作就让大家明白这到底是怎么一回事。用形象的话来说，血小板是一群很会堵伤口的"工程兵"。当我们受伤，微血管破裂出血时，它们就立即被激活，并迅速汇集到"出事地点"，黏附于伤口上，从而堵住了"决口"，止住了流血。所以，接下来我做了大量的工作，来证明我刚刚说到的血小板黏附到血管止血这个生理过程，弄明白这里面几个关键的蛋白质是什么。这些情况大家现在都明白了，也对它们有了各种应用。

孙　所以您就是解开这个血小板谜团的第一人。

阮　可以这样说。

[①] 同位素标记是化合物中的原子被其同位素（放射性同位素或稳定同位素）的示踪原子所取代的标记。

孙 那您跟卡昂教授汇报了这个结果,他是不是特别开心?特别是您在三个月的时间内就完成了。

阮 是的,他非常高兴。事实上,我刚去的时候,卡昂教授也并不了解我的科研水平,所以分配给我这项任务也可以说是对我的一次考验吧。

孙 我看到一些文章内容,想跟您确认一下,卡昂教授有没有在给您安排这个任务的时候说过类似的这样一段话——以法国人的水平是可以三个月完成的,但是考虑到您是中国人,用六个月或者一年时间能完成也不错?

阮 我不记得了,卡昂教授应该是没有说过,可能是后来人编故事时加上去的,反正我是用三个月完成了,法国人是不是像我一样能够在三个月内完成,我也不知道。

孙 所以卡昂教授当初也没有给您规定必须用多长时间完成?

阮 嗯,没有规定。但是这三个月我几乎都住在了实验室,周末都是不休息的。

孙 因为您的这个成功,所以卡昂教授对您青睐有加,好像还额外帮您申请了一项奖学金吧?

阮 是的,是克罗德·班纳奖学金。克罗德·班纳是法国的一个实验医学家,在法国非常有名。他讲过很有名的一句话,就是说,一个科学工作者不仅要自己从事科研工作,而且要培养更多的年轻人来继续完成他的科研工作。他还说,科学要有继承,才能完成所制订的目标,因为生命是有限的,科学的问题是无限的,你不可能解决所有的问题,今天你解决的问题会引出很多其他问题,然后还要继续努力工作,这能够靠谁?靠后来人,靠年轻人。他的这句名言在法国,至少医学界是比较流行的,我也非常赞同。后来法国就设立了一个克罗德·班纳奖学金,而且他是可以颁发给外国留学生的。

孙 法国学生和外国学生都是可以申请的?

阮 对,卡昂教授就帮我去申请了这个奖,我一共去法国留学两年,第二年我就拿了这个克罗德·班纳奖学金。

孙 这个奖学金好像还要评选的,您当时是以第一名的成绩获评的?而且还是跟很多法国学生竞争的?

阮 我不知道是谁评选的,好像说我是第一名来着,每年全法国只有10个名额。

孙 当时那个奖学金有多少奖金?

阮 国家公派留学生奖学金给我们留法学生1500法郎一个月,而克罗德·班纳奖学金给的是3000法郎一个月。

孙 那一下子多了很多呀，您生活方面完全没有经济顾虑了吧？

阮 对，但是我们当时有这种想法，好像奖学金拿得比较多了，用不完，就觉得一下子多出来的奖学金是不是要交给我们国家的领事馆，结果我跑去问了领事馆，工作人员告诉我多了也不需要上缴，多出来的可以自己处理，他们不会收的，即使收了也没法入账的。所以那时候我就用剩下的奖学金买了些实验器材和设备。

孙 所以，您那会儿有两部分收入来源，一部分是国家给的奖学金，还有一部分是法国给的奖学金？

阮 不是这样的。拿了克罗德·班纳奖学金之后，国家奖学金我就不拿了，当时我去跟领事馆工作人员讲，我有这笔法国奖学金了，下个月就不来领取国家的奖学金了，可以给其他人。

孙 您当时能取得这样的突破，与巴黎第七大学附属医院的血栓与止血研究中心的硬软件密不可分吧？

阮 我去了那儿之后，就发现当时我们中国跟先进国家之间的差距，比如说实验室的器材、设备等，差距都非常大，我们中国的实验室比先进国家的实验室缺了很多东西。当然不仅是在物质方面，在研究技术、方法上也有差距的。比如，同位素标记技术还是我到法国之后才掌握的。

孙 因为我是文科生，所以我对实验的概念就是以前学的化学中的高锰酸钾反应之类的。我想问一下，您的实验是不是同一个步骤可能要做几十次？您会不会觉得特别枯燥呢？

阮 不会，不是同一个步骤的重复，而是同一个方法的重复，是要通过同一个方法解决不同的问题。我们每天都会问自己，今天得到的这个结果是自己预想的结果还是令人意外的结果？为什么会这样呢？需要重新设计实验吗？所以实验是做不完的，最后得到某个结论，重复一次实验还是得出这个结论，甚至我对自己做的实验结果不相信，我便请其他人再帮我做一次，得到验证的话就OK了。可以说明这样的结果是一个科学真理，然后就可以写成论文了。

孙 所以一般是先有假设，再设计一个实验的过程，然后通过这样的方式去验证它？

阮 对。所以做实验是一个不断提出假设，然后去论证的过程。

孙 我觉得做实验的科学家都是特别严谨、认真的，他们具有一步一步细致推敲的性格，您是否同意？

阮 是的,严谨和认真是科学家最基本的素养与要求。而且,诚信也非常重要。特别是我们从事医学研究的人,将来研究成果要用到人身上,倘若造假了,那不是要害人吗?

孙 您说得非常好,我很赞同。那您在法国做这些实验的过程中,是否遇到过某些困难?就比如说,阐明血小板的黏附机制这个问题,它的困难到底在哪儿呢?

阮 其实得出科学的结论是需要循序渐进的,用一个又一个方法解决以后,就不会有太大困难,除非你的idea(想法)或实验设计根本就是行不通的。科学实验,首先要有想法——要有idea。然后是验证方法要具有科学性,就是说得找到一个合理的实验方法,一步一步去做实验,拿到一个结果就分析,这应该不会有太大的困难。最后得出的结论是科学的结论,要不然就是一开始设想的、要证明的理论是不正确的。当然通过一步步实验最后证明某个理论是不正确的,这也是一个结论。

孙 还想问一下您,您在法国那两年间是怎么跟家里人联系的?那时候应该不是打电话,而是写信,对吧?

阮 对,是写信,一般一封信从寄出去到收到大概半个多月吧。

孙 会在信里聊一些什么?在研究方面的突破会不会跟家里人讲呢?

阮 这些是不会说的,其实说了家里人也不太懂的;也不会报忧说一些自己在国外遇到的困难。就像我夫人也不会把家里的困难告诉我一样,她都自己搞定,所以那两年她是非常辛苦的,两个孩子都是她独自带的。

破格获得博士学位

孙 您接下来的研究就是为了验证血小板黏附机制的假设吗？您好像还被邀请去了牛津大学的实验室吧？

阮 当时我已经发现缺乏糖蛋白Ⅰb的病人不能结合这个抗体，所以我推测这个抗体一定是结合到糖蛋白Ⅰb上面。但是要拿出证明来，不能光说是我推理、我猜测的，这是不行的。所以要把抗体做一个深化的融合，证明它是血小板和糖蛋白Ⅰb的一个结合。而要用单克隆抗体技术做实验工作，一定要找专门做单抗的研究单位，那就是牛津大学的实验室。而且牛津大学的研究者知道单抗有用后也很高兴，他们觉得那应该是一个共享的成果，所以就邀请我去。我在牛津大学待了三个月，我在这三个月里面完成了这个证明，这样我的研究结果就有了说服力，有了证据。

孙 所以那里面关键的蛋白质就是糖蛋白Ⅰb？

阮 是的。所以我的整个研究成果，到这里开始逐渐清晰起来。我们通过了一株单抗，发现它能特异性结合血小板膜糖蛋白Ⅰb，它就是冯·维勒布兰德因子[①]，也就是vWF的受体。所以血小板先依靠糖蛋白Ⅰb通过vWF介导，再与破损的血管壁黏附，启动止血过程。这一株单抗就叫作AN51，是国际上第一株抗人血小板膜糖蛋白Ⅰ单克隆抗体。有了抗人血小板膜糖蛋白单克隆抗体，便可以确认一系列血小板膜糖蛋白缺陷造成的出血性疾病。这种单抗与药物连接起来，将明显增加出

[①] 冯·维勒布兰德因子，即von Willebrand Factor，简称vWF，它是由内皮细胞和巨核细胞合成，在循环中以多聚体形式存在，分子量50万~2000万，是一种黏附蛋白，为血小板与血管内皮下组织及血小板与血小板之间相互黏附所必需的重要因子；也是在血浆中携带Ⅷ:C的蛋白载体，在循环中的Ⅷ:C必须和vWF结合才能获得稳定而不被降解。vWF的先天性合成缺陷仅限于vWF，低的促凝活性是因vWF缺乏或结构异常而引起的。

1981年，阮长耿（右）与卡昂教授（左）在英国皇家学院进行学术交流

血性疾病治愈的把握。

孙 您这项重大的研究成果真是有着开创性的意义，您的论文发表之后就立即引起了国际上的关注吧？

阮 后来很多人都会引用我的这篇研究文献。当时的情况是，卡昂教授带我去了一次加拿大，那是在1981年的7月，在多伦多，我们参加了第八届国际血栓形成与止血学术会议。

孙 这种大型的国际性学术会议，您以前应该没有参加过吧？

阮 我之前参加过英国皇家学院的学术活动，但是，国际血栓形成与止血学术会议是我们这个领域里最顶尖的会议，我确实是第一次参加，我还是走上这个讲台的第一位中国代表，向几千名学者汇报了我的研究成果《抗血小板糖蛋白Ⅰ的单克隆抗体研究》。

孙 您之前一直是身处法语的环境，突然之间转换到了加拿大，那是英语的环境——您是用英语来做汇报的吗？

阮 对。出发之前，我们在研究中心预先要一个个试着用英语演讲的。

孙 你们还要练习?

阮 对,他们觉得我讲得比法国人要好一点,因为法国人讲英语有法国腔。

孙 在国际最顶级的研讨会议上第一次有中国代表发声真是很有脸面的事。

阮 而且我是中国大陆注册加入国际血栓与止血学会成为其会员的第一人。然后我引导我的两个学生吴庆宇和杜晓平也加入该学会,所以在国际血栓止血领域,大家对苏州还是比较重视的。

孙 当选为会员有没有一些资历方面的要求呢?

阮 是有一些基本要求的,还要有国际血栓与止血学会委员推荐——我那时候是卡昂教授推荐的。

孙 成为注册会员后,会不会觉得这方面您有更多的责任和义务要去承担、引领或推广?

阮 对,所以回来以后我就在苏州建立了我国第一个血栓与止血研究室。

孙 那您还记得当时在加拿大汇报完之后,大家有什么反应吗?

阮 我记得发言完了以后,美国一位很有名的教授,叫巴里·克莱尔(Barry Coller),他马上来找我,他跟我说:"你怎么那么幸运!你是怎么做抗体的?"请教完我之后,他回美国做了世界上第二个单抗。

孙 他觉得您是幸运的,是不是指您遇到了科学研究中的一个偶然性的问题呢?

阮 是的,因为这单抗本来也不是卡昂教授亲自获得的,而是牛津大学的科研团队做实验时偶然间获得的。如果他们没有把这个单抗给卡昂教授,卡昂教授又没有把这个单抗给我,我就不太可能获得这样的突破性成果。所以科学上很多现象都是偶然的,但偶然之下,因为我有那样的基础,所以也会变成必然的事情了。

孙 嗯,偶然中有着必然。那当初我国教育部和你们这些留学生都是有约定的吧?当时留学时间限制是不是特别严格?

阮 是的,非常严格,我记得清清楚楚,我们出国前受过教育,最主要的一点就是两年内必须回国,如果定了10月1号回国,就必须在那之前回来,拖个一两天是绝不允许的。而且还要求我们在留学的这两年间不要出去游玩。

孙 所以您也没怎么去参观、旅游吧?

阮 几乎没有时间出去玩的,如果周末有一点儿空闲时间,最多也就去一下巴黎的十三区——这是中国人集中的地方。因为我们留学生一天到晚吃法国菜也难受,大家都会到十三区,那里有许多中国的超市,去买一点儿东西。都会走过周总理过去住过的一个房间，我们都顺道去参观过的。

孙　国家有没有与你们约定说这两年留学必须完成什么样的任务、达到什么样的目标呢？

阮　那倒没有，国家没有要求我们一定要拿多少荣誉、多少称号，或者说直接就拿出一定的成果来。就两年，根据个人专业的实际需求，只要是觉得国内没有的，就在那里学到、掌握到，把学到的知识和技能带回去。因为十年"文化大革命"，我们国家落后了很多，那时候我们叫"赶超"，我们亟须赶上国际先进水平。最先进的东西，特别是基础研究，是必须学回来的。所以，我们都有这样的一种责任感、一种事业心，一定要把国外先进的知识和技能学到手。

孙　所以照您之前说的，如果当时每一个大学生都是十几个农民供养出来的话，那么出国留学之后就会觉得自己是整个国家供养着的吧？

阮　我觉得第一批出国的人就觉得我们作为中国人应该为中华民族做出贡献。

孙　所以对您来说，每一分每一秒都是必争的。

阮　我当时在我的床头写下了"发奋、发奋、再发奋"的字样。

孙　这也是您激励自己的方式，时刻鞭策自己。但是，再怎么争分夺秒，也不是一定能完成博士学位的攻读吧？

阮　是的，实际上，教育部明确告诉我们这批留学生，不需要拿学位。所以攻读博士不是我们的任务。但是如果两年中间人家觉得你条件够格，给你一个博士学位，你也可以带回来。其他都不需要管，只要把国内没有的先进技术、方法等带回来。

孙　那最后怎么考察呢？这好像很难去衡量和评价，就完全靠责任感约束自己吧？

阮　是的。

孙　但您最后还是获取了博士学位，还没有攻读过硕士，直接就获得博士学位，这是怎么一回事呢？

阮　就在我去英国皇家学院进行学术活动的时候，卡昂教授也一起去的，那会儿他就问我："为什么不注册一个巴黎第七大学的博士论文？"

孙　"注册"是什么意思？

阮　现在我们国内研究生是通过考试获得了研究生的入学资格，通过读书、学习，通过论文答辩，就获得了相应的学位。但是国外入学是不需要考试的，如果你有资格，比如说你拿了大学文凭了，你可以去注册一个硕士学位；拿到硕士学位后你可以注册一个博士学位。注册了之后，你便可以选题、选老师，完成论文后，就可以答辩了，答辩通过了就授予你一个学位。

孙　这就等于说，我提出一个申请，获得通过后我就可以攻读这个学位了，是吗？

阮　对，所以卡昂教授问我为什么不去注册一个博士学位的时候，我的反应是留学的时间差不多已经过去了一年半了，若是我注册一个博士学位，是不是来得及在最后预定归国期限内完成并且答辩通过，这是个未知数。卡昂教授就问我"最后期限"是什么意思，我说国家规定我们那年的10月15日一定要回国了。如果我注册博士学位的话，我担心是否来得及完成。因为我知道注册以后要经过考试、答辩什么的。现在我们知道，一篇博士学位论文，就必须有成果，有论文的发表，那会儿也是如此，但是卡昂教授觉得我一直以来的工作肯定能够写成一篇很好的论文，完全可以拿到法国的国家博士学位。但是时间问题怎么解决呢？我10月15日就要走的，他一看当时马上就要3月了，就和我说回去以后帮我注册博士学位。我反复询问是否来得及，并强调我是一定要回国的。他信心十足地对我说一定来得及，并说他会帮我争取在10月15号之前组织国家博士论文答辩。所以就像我国教育部此前讲的，我们不能去读学位，因为时间来不及，但是如果人家要"送"我一个学位，你就可以带回来，那我这个博士学位就是卡昂教授要"送"我的。他回去以后就叫秘书帮我办注册什么的，然后我就开始撰写国家博士学位的论文，是用法语写的，这对我来说实在困难，所以他又让他最得力的秘书帮我解决文字关。我做好实验，先写一个初稿，他的秘书帮我修改语法。真的前后全靠他帮忙，要不然我那法文版的法国国家博士论文肯定是没法在这么短的时间内完成的。

孙　这个法国国家博士学位的取得，对于法国人来说，一般是不是都需要三年时间才能完成？

阮　（摇头）不，不，一般需要五六年时间。它不是一个普通的博士学位。法国有几种不同的博士学位，像大学博士学位，那个获得比较快；还有就是正规的博士；再有就是国家博士，这是最高级别的。因为我的研究成果特别突出，去英国、加拿大都进行过交流的，可以说有了一定的国际影响力，要不然也不会破格让我拿国家博士学位了。

孙　您一直很谦虚地强调是人家"送"您的博士学位，其实这也是用您的成果换来的。

阮　学位论文是在那个秘书的帮助下花了好多功夫改出来的，10月2日答辩，答辩好了以后，也没等宣布，我就直接回国了。所以我都没有参加博士毕业典礼，没有穿博士服戴博士帽什么的，因为回国特别着急，所以包括国家博士论文和证书什么的都是后来寄给我的。这就是我所谓的"送"的大致情况。

孙　所以卡昂教授在您获取这个博士学位的过程中，给了您特别多的帮助，对吧？

阮　当然。要不是他，我也不会想去注册博士学位；没有他的秘书帮忙，我也写不出这么一篇法语论文。实事求是地讲，我能够听、能够讲、能够写一些实验报告已经很不容易了，因为我本来是没有太多的法语基础的，而现在要写一个法国国家博士论文，那不是开玩笑吗？而卡昂教授一直觉得我的研究成果是国际性的，以后大家想到这个成果就会想到阮长耿。

孙　是一个特别有开创性、代表性、标志性的成果。论文最后出来有100多页？

阮　好像没这么多，80多页吧，标题为《抗血小板膜糖蛋白Ⅰ的单克隆抗体研究》，回国之后，我把它翻译成中文，发表在中文刊物《苏州医学院学报》上面。我

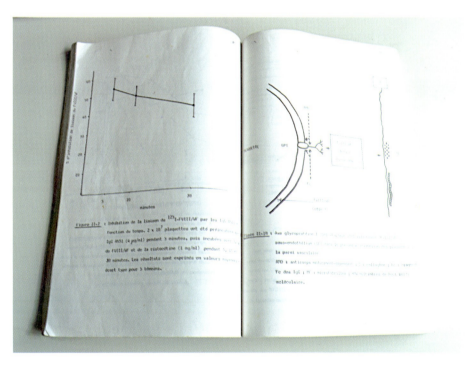

阮长耿的法国国家博士论文《抗血小板膜糖蛋白Ⅰ的单克隆抗体研究》

只是想让大家知道这个科学成就,因为我当时并没有拿着这个成就回国内来申报国家奖项——好多人都是在国外做的工作,回来申报国家奖,但是我觉得这样做不合理,因为我的工作的知识产权是属于卡昂教授的,我只是第一个完成的人。

孙 在撰写博士论文的过程中,您好像还生了一场大病,那是怎么回事呢?

阮 不算大病,因为法国人喜欢吃生的牛肉,我们现在去西餐馆吃牛排一般都是点七八分熟的,而很多法国人要三四分熟就好,最好是血还在流淌的,他们觉得那种味道好,吃起来津津有味。但是牛肉里头有一种寄生虫,叫弓浆虫。因为牛肉不煮熟就杀不死这种虫子,吃了之后就会得弓浆虫病。法国巴黎第七大学附属医院食堂提供的都是带血的牛肉,也不好让他们都帮我烧熟,因为它就是自助餐一样放在外面,大家自己去挑选的,我很可能就是吃了这些生牛肉后得了这种病。法国的孩子小的时候就得过这个寄生虫病,有免疫能力了。我平时吃这种牛肉的时候,抵抗力好,也就没事,可就在写博士论文的这一段时间内由于精神特别紧张,抵抗力差了,所以吃了生牛肉以后,就感染了弓浆虫,所以血液里面的淋巴细胞、单核细胞都特别高,人觉得乏力,然后淋巴就肿出来了。就是这样的一个经过。那么我能怎么办呢?没办法的,这个病没有方法治疗的。

孙 这种病没有相应的治疗方法吗?

阮 没有治疗方法的。既然已经得了,就只能休息,不要写论文。但是那样是不可能的,所以还是带病坚持完成了博士论文。因为知道发病机理了以后,也就不着急了,反正得了这种病,患者自己也会产生免疫,我之所以发热,之所以感到疲乏无力,就是因为这些都是免疫反应。

孙 这病一发出来就意识到是弓浆虫病,还是说是后来去医院诊断的呢?

阮 一般法国人都了解这种病,法国医生也很快就诊断出来了,问我是不是吃了生牛肉,吃了的话,我就一定是患上了弓浆虫病,然后验血结果也同样表明是生了这种病。

孙 那么发这个病要多久之后才可以好起来呢?

阮 大概两三个月后就会自愈的。其实主要是由于我当时很紧张,休息得少了,抵抗力差了,因而更加容易得这种病。

孙 所以您是拖着病体在9月底完成了论文,然后是10月2日答辩的,是吗?

阮 对的。

孙 当时答辩是一种什么样的情景,您是否还记得?

阮 我对于答辩过程已经记得不是很清楚了，但是仍记得那时候答辩完了以后大家都要喝酒庆祝的。

孙 当时有几位答辩专家呢？

阮 有一个答辩委员会，应该是有五位专家吧。现场答辩，先是由我陈述论文，然后就是我分别回答专家的提问。

孙 我在您的"院士集"里面看到，当时的答辩主席给您写了一些评语："本论文确有很高的科学水平，是由一位表现高度智慧的研究者在极其短暂的时间内完成的。主要成果如下……"他用了几个关键词，说您的"论文水平很高"，是您"在极其短暂的时间内完成的"，这更加突出了评审团对您和您论文的赞赏。好像那时候还有我国的科学参赞也去了您答辩的现场吧？

阮 对，因为毕竟中国人在法国拿法国国家博士学位的好像我是第一个，这种情况后来也不多见的。所以答辩完了以后的酒会上，当时我国的科技参赞也到场了——是卡昂教授邀请他来的。

孙 您毕业答辩完之后，卡昂教授有过直接向您表示祝贺之类的吧？他有没有希望您能继续留在法国呢？

阮 他此前一直知道我是肯定要回国的，所以他没有提让我留在法国的请求。我跟他在英国皇家学院一起开会的时候，就跟他讲得很清楚，我当年的10月15号一定要回国——因为是国家派我来的。他也表示很理解。如果我当时要有一丝留下来的意思，那么他肯定是竭力挽留的。不过，那也不大可能挽留成功，因为我毕竟在国内有一个家，还有两个孩子，另外我们都有一种事业心、使命感。所以留在法国是不会发生的，而且这也是国家绝不允许的。

孙 我看了一下，1981年这一年，对您而言是非常重要的一年。那一年，您参加了在加拿大举办的第八届国际血栓形成与止血学术会议，这是第一次有我们中国代表走上讲台；您成为当时中国第一位国际血栓形成与止血学会的注册会员；那一年您还在留学期间完成了博士论文，获得了法国国家博士学位。

阮 我相信我的血栓与止血研究室带来的意义可能远远胜于这些"第一"，该研究室的意义体现在两个方面，一是科研方面的价值，我完成了揭秘的使命；二是我对一些血液的疾病起到了一个发现、诊断的作用，这是临床方面的意义。所以我回国以后，好像也是在1981年，《人民日报》发表了一篇文章《奋发攻关——记阮长耿在法国研究血小板生理机制获得重大成就》，专门报道我的这项研究突破。

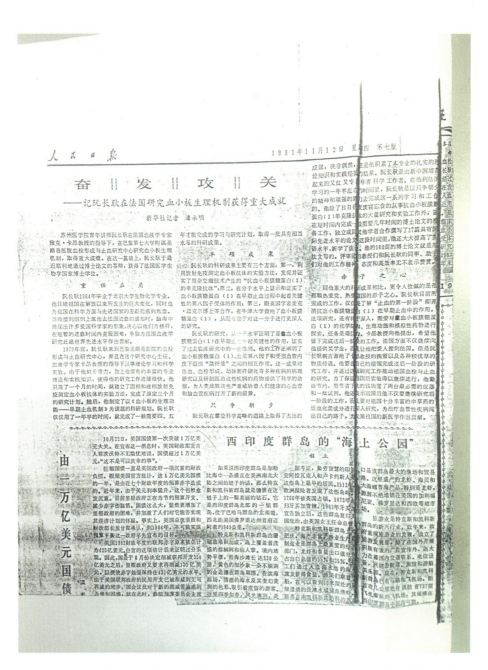

1981年11月12日,《人民日报》上刊登的文章《奋发攻关——记阮长耿在法国研究血小板生理机制获得重大成就》

自辟天地

- 有条件要上，没有条件我创造条件，也要把它做成。
- 最后我们看到报告上的结果不是在我们自己的实验室里，是杜院长的脑外科实验室里面，SZ-1号诞生了，时间应该是在1983年的10月。
- 我对苏州是比较有感情的，我从毕业以后，一直到现在都工作、生活在苏州。
- 通过这个单抗的商品化，让国际上更加知道苏州，我们这些单抗不单单造福苏州人，造福中国人，也造福全世界的人。

筹建血栓与止血研究室

孙　1981年10月8日，您坐上了回国的航班，从巴黎回到了上海。

阮　当时先到的应该是北京，那会儿巴黎直接飞到上海的航班还没有，都集中到北京了。我记得我的学生吴庆宇后来去法国留学也是先乘火车到北京，然后再从北京飞到巴黎去的。

孙　您回国之前，其实已经有了接下来要干什么的想法，都已经筹划好了吧？

阮　是的。首先是在卡昂教授的血栓形成与止血实验室从事这方面的研究，后来成为国际血栓与止血学会的注册会员，我看到很多国家都有类似的实验室，唯独我们国家没有，所以觉得回国后建实验室应该是我的责任和义务。再加上在1981年3月，我们苏州医学院邀请卡昂教授来交流的时候，他也向我提出这个期望，希望我回国后能把这个实验室建立起来。所以应该说建这个实验室是板上钉钉的事。

孙　明白了。您回国的时候，好像还从法国买了很多东西，很多都不是送家人或朋友的伴手礼，而是一些实验器材和试剂。这是怎么回事？

阮　我那个时候获得的法国奖学金数额比较大，我也用不了这么多，我就将多余的钱买了些实验室用得着的东西，首先是加样器，我买了三台，因为我们做实验肯定要有加样器；还有一台超速离心机；再有就是许多试剂——本来我还想买一个二氧化碳培养箱，但实在太贵了，所以当时就没有买成。

孙　超速离心机应该也挺贵的吧？

阮　我买的那款是台式的，费用相对来说还好。有了它，做实验时就很方便了，因为当时国内没有，但是做相关的实验是必须的。

孙　除此以外，还有些别的东西吗？

阮　还带了实验用的小鼠模型，应该还有什么打字机、收录机这类东西。有些是属于我个人用的东西。

孙　试剂主要是些什么呢？

阮　有胶原酶，然后还有一些细胞株，在带回国内的途中，因为要保温，大概要维持在三十几摄氏度，所以我就一直放在自己的衬衫口袋里面。

孙　这些国内都买不到吗？

阮　问题主要在这儿，在中国、法国、美国，做科研的条件是不完全一样的，比如美国的许多实验室，你要订某种试剂，今天申请，明天就能够到了；法国大概要一个礼拜；中国可能要一个月，甚至三个月，也因为交通不方便——那时候还没有快递业务呢（笑）。

孙　所以您带回的这些东西都是为了筹建血栓与止血研究室。我看了一下时间，您当年10月回国，12月就已经建立了我们国家第一个专门的血栓与止血研究室，给人以一种无缝衔接的感觉。至少从现在这个角度来说，建研究室应该还需要一个准备期的吧？为什么您一回国就马不停蹄地建立起了这个研究室？

阮　那时候申请建立研究室之类的也不需要打报告，也不需要得到谁的批准或者

血栓与止血研究室的铜牌

策划一个挂牌仪式。当时我们这批留学生，就是想着得快点儿把从国外学到的技术和学到的本领运用到我们自己的研究中，做我们自己的研究。这其实是很简单的一个道理，所以我在那边看到我的老师卡昂教授做的这个血栓与止血方面的研究，它其实有另外一个名字，叫作血管生物学，因为这可以解决心血管的问题，解决脑血管的问题，这些问题都是从血液工作者的角度出发寻求解决的，我觉得这个思路很好，而且当时他3月来苏州交流的时候讲的一些内容大家都很重视，所以后来真的要建研究室了，领导还是非常支持和配合我们的。

孙 那当时向学校要了些什么资源呢？

阮 当时回来以后我就跟学校要个研究室的场所，得有个场所，这样才能够开始工作；还要一个技术员和一些助教，能够配合我工作；再有呢，就是希望可以招一些学生来，这样人员就比较充足了。

孙 所以最后给了研究室多大的空间呢？

阮 那时候给了我一个房间，就是在苏州医学院后门的一个招待所里面。

孙 现在那里还留着吗？

阮 很可惜，现在已经拆掉了，看不到了。先给了我们招待所里的一个房间，到后来又扩大了一个房间，大概就这两间屋子。

阮 开始的那个房间有多大呢？

阮 那个房间可能和我现在这间办公室差不多大，十几最多二十几个平方米吧，只是我们处理了一下，中间隔断开来，挂了面帘子，然后一侧就是实验室，有一盏紫外灯，用紫外线杀菌，里头就做杂交瘤细胞的培养。

孙 那另一侧就是办公室了吧？

阮 是的，办公室是在另一侧。

孙 所以当时空间也不算大，既当实验室，又当办公室？

阮 平时呢，帘子是不拉上的，拉上的时候呢，里头就做无菌的实验。办公室这一侧我们就放个桌子以供大家开会讨论，还放了张桌子，也就这么小的一张桌子（比画出大概一米长的样子），我就在那里办公。

孙 那当时分配给您的技术员是谁？这个角色应该还是挺重要的吧？

阮 那是一个很有实验室工作经验的老师，叫李佩霞，她是我们的管家，实验室的所有工作她都能够安排好，她是一个非常得力的管家。

孙 您刚说到李佩霞老师，她之前也是在实验室工作的？

阮　她之前也是在实验室工作的，原来跟着杨汝杰①教授进行寄生虫病研究的，杨教授是国内研究寄生虫的著名教授。因为我回来以后要求能有一个能力比较强的、能够配合我做工作的技术员，苏州医学院领导很重视，当时就把临床医学基础部最好的一个技术员也就是李佩霞老师调了过来，配合我的工作。

孙　我在血栓与止血研究室成立三十周年的纪念册里，看到后来很多学生回忆当时的李佩霞老师。

阮　李佩霞老师不单单管实验，而且会关心每个学生的生活，比如到了冬天，学生们的被子有没有、够不够保暖等问题都是她在操心的，学生也确实把李老师当成自己母亲般地看待她、爱她。

孙　听上去是学生们情感上特别依赖李老师的样子，有很多学生在回忆的时候提到，李老师给予他们的是全方位的关心和照顾。

1982年，阮长耿（左五）、李佩霞（左二）携科室同事、学生与来访外宾合影

---

① 杨汝杰（1913-1986），苏州医学院寄生虫教研室的创立者，第一个发现江苏东台有钉螺及血吸虫病人，为江苏血防事业做出重要贡献。

阮 对，她会想到很多方面，但是她知道这个工作有人做了，她就不管了，她要管没有人想到的、没有人管的事情，所以我们给她一个称号——"不管部部长"，"不管部"就是没人管，却又是必须管的意思。因为实验室方方面面的事情很多，就需要有一个人能全面考虑，所以我觉得我很幸运有李佩霞老师这么一位帮手，把我们实验室所有的事情都管起来，我们实验室成了全院最优秀的实验室。

孙 我觉得，李老师她跟您特别互补。那么，除了您说的李佩霞老师，研究室里面还招了多少人呢？

阮 还招收了两个助教，万海英和奚晓东。那时候还有学生来实验室协助做实验，第一批来帮忙的有三个学生，吴庆宇、杜晓平，还有陈宏——这三个学生都是我的硕士研究生。

孙 所以这就组成了您最早的一个团队了。

阮 对，有一张照片你可以看一下。

孙 大概也就是这六七个人。

阮 对，从六七个人开始，后来就有十几个人，慢慢就更多了。

孙 这个研究室成立之前，我们苏州医学院的血液科有没有什么研究室、实验室呢？

阮 有的，在出国之前我们就有，我就是在陈悦书教授主持的血液学研究室工作，这个研究室是在1963年的时候，核工业部接管苏州医学院以后成立的。然后就是1981年12月成立的这个血栓与止血研究室。所以对我们而言，实验室或研究室并不是一件完全陌生的事情，或者说并不是一个全新的事物。出国前我就知道了，实验室可以帮助医生解决疾病的诊断问题，甚至将来的基因治疗也需要实验室，所以实验室对于我们来讲不是一个很复杂的事物。

孙 但是跟我们现在的实验室相比，包括跟当时您留学法国的那个实验室相比，血栓与止血研究室的条件在初创时期应该是非常艰苦吧？

阮 当然相差很多，相比较而言，别的实验室条件很好、设备很全。但是我们实验室后来也慢慢配置完备了，比如像超速离心机这些设备，1985年以后我们实验室也完善起来了。

孙 有了场所，有了团队，有了一部分的设备、试剂，实验室基本的条件都已经构成，但是似乎还是有些缺经费吧？

阮 当时回来没几年，我就申请到了国家自然科学基金。

孙 那很厉害呀!

阮 对,因为那时候申请,我是作为年轻的研究者,我还没有评上副教授职称,是要有教授推荐的。但是申请的批复依然很顺利,我拿到国家的自然科技基金项目,那时候一个大的项目就有三万块人民币的经费。

孙 跟现在动不动百万、千万的经费真的完全没法比。

阮 那当然,但是就是靠这个项目三万块人民币的经费,加上带回来的一些仪器和设备,我们还是做了很多成绩出来的。

孙 硬软件都是非常的艰苦,资金也不太充足,在这种环境下取得成绩真的相当不容易。

小米加步枪

孙 您最开始招的几个学生，我看了一下，其实他们本科的时候就是学医的，都是专门医学院的临床专业出身。

阮 对，他们是临床医学专业的学生，毕业以后考硕士研究生考到我这里，大学要读五年才毕业，五年以后要先读硕士，三年以后拿了硕士学位，再攻读博士学位，又得经过三年。是这么一种教学体系。

孙 如果不继续求学，他们很多人都可能在那个时候都是临床大夫了，走的肯定是临床医学这条路。

阮 是有这么两条路可以让他们选择的，一部分人可能是做基础研究的，还有一部分人就是做临床大夫的。

孙 走临床这条路明显会让他们获得更多的经济效益，而走做基础研究这条路，相对来说，不管是我们国家的制度保障还是市场化的运作，其经济效益都会弱一点儿。您如何转变他们的这种观念呢？

阮 我倒没有考虑过，我不知道怎么回答你。就我自己而言，我对基础研究非常感兴趣，而且我这个研究是跟临床紧密结合的，属于实验研究。对学生而言，确实有的人要做临床，不追求学位；但也有的人很上进，一心要读学位。而当时能够招研究生的老师其实是不多的，特别是带博士生的导师，临床医学和基础医学专业加起来也没几个，所以有些原本想要学临床医学的硕士毕业生也会来选择学基础研究。

孙 会不会一些学生在他们毕业后，就出国或者选择去更棒的环境，像北京、上海这种地方，而放弃留在苏州？

阮 肯定有，我的很多学生毕业后都选择出国深造，我也非常鼓励我的学生出国，多去其他地方看看，因为我本身就在留学方面获益匪浅。

孙 当然也有一些学生、老师留在苏州跟着您做研究，您有什么方法凝聚起这个团队吗？

阮 好像也没什么特殊的方法，从我的角度来说，我是尽可能地帮助学生出去交流、访学、攻读学位的，如果这可以算作一种褒奖的话，应该就是这样激励了大家吧。

孙 我从您周边的同事那儿了解到，好像你们大伙儿能够凝聚在一起有两方面的原因，一是您非常强大的人格魅力吸引着大家，二是您在科研方面的巨大成就给他们很大的激励，他们非常安心地在这条路上发展，您是起到非常大的作用的。

阮 谢谢大家这样说。对于个人发展而言，我从来不会命令或者强行要求他们留下来这样做或那样做的，我最多只是给大家一个建议，我是希望尽可能地帮助大家选择一条更好的路。

20世纪80年代，阮长耿（右二）与研究室成员讨论

孙 您非常开明。那我还有一个疑问,像李佩霞老师,包括后来加入的学生,他们可能之前都不是研究血栓和止血领域的,您怎么将这些人引到了您这个研究领域,这方面是不是花了一定的时间去改变?

阮 那当然,当时我们上课都不单单针对学生的,整个团队的人员也是需要学习的。像杂交瘤这项比较先进的技术,一开始当然我要告诉大家应该怎么做,是一步一步地教给大家的。

孙 那您当时为这些学生和同事开了些什么课程呢?

阮 回国以后,我觉得血栓与止血这方面内容的课程很好,所以我专门开了一门血栓与止血的选修课。因为研究生不管你是哪个专业的,包括学免疫的、临床医学的,都要上选修课,那么,血栓与止血作为一门选修课就可以让有兴趣的学生进一步了解。当时上课用的讲义什么的都是自己写的,写了以后刻成钢板印成讲义发给学生。

孙 血栓与止血这块对当时的学生来说,算是一个比较新的研究方向了。那血栓与止血研究室建立以后,您和团队开始着手哪方面的研究呢?

阮 杂交瘤的研究。

孙 当时条件成熟吗?

阮 非常不成熟,主要是硬件方面,像一些配置、设备以及试剂之类的还很缺乏。

孙 那当时如何解决这些问题呢?

阮 我现在回忆起来,还记得很多有趣的情节。培养杂交瘤细胞需要有小牛血清作为培养基,当时小牛血清要靠进口的,对我们而言,那是不可能实现的,一是价格比较贵,二是它需要的是无菌的环境,如果从外面运进来,在当时是不太可能实现的。那怎么办呢?我们就到屠宰场去,把刚刚生下来的小牛,带回实验室,我的两个学生,吴庆宇抓住小牛头,杜晓平就把小牛的颈动脉割断,马上拿只杯子把牛血接住。这便是小牛的血,然后把它离心得到血清,再经过消毒以后,就可以培养我们的杂交瘤细胞了。

孙 您的两个学生还特别不容易啊,一边做研究,一边还要干屠宰的活儿呢!

阮 (大笑)对,小牛血清放完之后,他们看着这头小牛死掉了,想着要怎么处理,想来想去最后大家还是把小牛拿回去烧一顿牛肉吃,我没吃,全给学生吃掉了。

孙 那个时候都是年轻人呀。

阮　现在想来，还是蛮有意思的。

孙　那仪器、设备方面还缺什么吗？

阮　试剂方面，像小牛血清一类的，是我们通过宰牛就可以取到的，这还是属于比较容易的。像温箱我们也有的，无菌的条件我们也还是可以做到的。但是在培养的过程中，要提供一个既无菌又得含有5%的二氧化碳的环境，这就难住了我们。其实二氧化碳培养箱①这个设备就可以提供这样的环境，但是它比一般的温箱要贵十倍，而且要从国外进口，手续就蛮烦的。那怎么办呢？

孙　一般是怎么样的手续？需要经历一个怎么样的过程呢？

阮　一般进口就很困难，假设能够进口也需要好几步的，先是要有课题批准书，并且课题中必须列有细胞培养这一项，否则就是白忙活。第二步是要自己去找外国的供应商，主要是确定规格、型号这一类细化的内容。第三步是申请外汇，因为

阮长耿带着团队成员自制的蜡烛缸

---

① 二氧化碳培养箱是通过在培养箱箱体内模拟形成一个类似细胞/组织在生物体内的生长环境，培养箱要求有稳定的温度（37℃）、稳定的二氧化碳水平（5%）、恒定的酸碱度（pH值为7.2~7.4）、较高的相对饱和湿度（95%），这样才能对细胞/组织进行体外培养。

不像国内购买可以直接使用人民币。第四步是要找外商签订合同。把这些事情都一一办妥之后，才可以报上一级的机关部门审批。很有可能辛辛苦苦弄完这些，哪个环节出现一个小小的问题就不会被批下来。即使顺利通过审批，可能还要等很久。我就知道曾经就有一个超速离心机要经18个上级机关盖18个章才算完全批下来。所以，要想申请拿到某个设备，等上一年半载都不算夸张的。

孙 那咱们是怎么解决二氧化碳培养箱缺口这个问题的呢？

阮 那会儿李佩霞老师告诉我，她做寄生虫研究的时候有一个技术，点一根蜡烛，把有机玻璃盖在培养器皿里，因为缺氧了这个蜡烛要熄掉，它在熄灭的过程中间放出来的二氧化碳大概就是5%左右，那样可以代替二氧化碳培养箱了。我们后来就照着李佩霞老师说的做，结果证明她说的完全正确，完美替代了二氧化碳培养箱。

孙 李佩霞老师果然做实验经验特别丰富，5%左右的二氧化碳这个浓度居然也能拿捏得这么准确。

阮 是的，李老师确实帮了实验室很多的忙。

孙 换成其他人，可能觉得该有的条件不具备、不充足，那就不研究了，或者换点儿别的研究。

阮 那会儿不是这样的，我们那代人不是这样想的。有条件要上；没有条件，创造条件也要把它做成。

孙 所以更加不容易，不仅自己要完成科研的那一关，还要去创造条件，甚至还要自己动手做实验器材。

阮 对，我们的条件是艰苦了一点儿——当然了，像在医科院、中国科学院这些机构的实验室，各种仪器、设备肯定是有条件购买的。后来大家都知道了，苏州的单抗都是点蜡烛点出来的。

孙 虽然已经心灵手巧地造了一个二氧化碳培养箱，但后来有没有再去申请进口呢？

阮 我们是一边申请进口，一边自己想办法解决。

孙 那真正的二氧化碳培养箱购进研究室大概花了多长时间？

阮 是1984年才到研究室的。

孙 我看到很多新闻报道里都说您和团队是"土法上马"，具有"烛缸精神"，诸如此类的，赞扬您没有条件创造条件也要上的这种精神。我也觉得您和您的团队真的有点儿"小米加步枪"的味道，虽然条件艰苦，但是能够排除万难。这方面我们得肯定您和团队的创造力呀。

阮 当然也不是说有了二氧化碳培养箱实验就一定能够做成功,还要有团队——必须有一批能干的科学家。

孙 所以说来说去,人的因素才是关键。

阮 对,我就是这个意思。

孙 我觉得还有一层关键意味是,您想要快马加鞭追赶先进的这个念头,毕竟有时候研究还是很注重领先、突破的,特别是您和您的团队在这个方面很有潜力,不可能就这么干等着各种条件成熟。

阮 那是肯定的,那时候大家心中做我们苏州自己的研究这种想法是很迫切的。

20世纪80年代,血栓与止血研究室获得的集体荣誉(一)

20世纪80年代,血栓与止血研究室获得的集体荣誉(二)

苏州 1 号诞生

孙 万事俱备,接下来就该马上开始做杂交瘤实验,也就是做血小板单抗实验了吧?

阮 不,这个单抗技术不是说今天做明天就能拿到结果的,这个要日积月累的,所以回来第一步就要做杂交瘤细胞,包括我们之前说过的把小牛血清收集起来,这是为了获得杂交瘤细胞。杂交瘤细胞做出来以后,是需要鉴定这个封闭的单克隆抗体有用还是没用,它针对的是哪一个血小板蛋白或者血浆蛋白。这样做鉴定,快的话起码要半年,慢的话可能就要两三年才能拿到一个血小板或者是单克隆抗体封闭的杂交瘤细胞。

孙 所以这段时间,咱们同时也还在做别的方面的研究,是吗?

阮 是的,我们同时还在进行一些别的方面的研究。我记得最早的一批成果里有正常老年人止血、凝血纤维机制的研究,还有一个是关于血小板糖蛋白种族差异性方面的研究,其间大概发表了四篇文章。

孙 这四篇论文好像还参加了当时在常州举行的全国血液学会议吧?当时为什么会做这些研究呢?

阮 因为以前没人做过这些,我们得抓紧一点儿,争取两三个礼拜就可以做出来形成论文。而且这些化验方法都是现成的,不需要重新设计实验方案之类的,比如我们研究的正常老年人止血、凝血纤维机制,只要把正常老年人的血抽过来,跟健康人比一比,跟文献记录上的比一比,就立竿见影。像我们中国人过去因为不太重视,都没有这个数据,包括中国人正常的血小板基数都是比较模糊的。现在很多老年人的体格检查一看血小板自己怎么只有8万,回头查了书上说的正常人的血小板应该是15万,于是就着急了,觉得要命了,自己少了一半是不是要死了。那情况真是这样的吗?不对,就拿如今很多中国正常人的数据来说,比如我们化验室主任的血小板只有5万,他身体也蛮好的，不会无故出血，所以正常的血小板肯定得有个范围的，5万到15万，或者5万到35万都是合理的。而且血小板在正常范围内，偏少一点儿会让人更长寿的。

孙 这是为什么呢？我们都知道血小板少会出血不止，怎么反而会让人长寿呢？

阮 因为血小板少了以后，它不会堵住血管，心梗、脑梗就不大容易发生，这不是很好吗？当然前提是不要低到出血不止这样的状况。那么我们就要想，过去书上说的15万是正常的值，这是怎么来的呢？那是过去根据外国人的数据而得来的，中国人与外国人应该是有差别的，但是这种差别具体是多多少或者少多少，我们都是不清楚的。所以，我觉得我们有必要做一些中国人自己的、真实的数据。因为中国人以前没有人研究过人的血象、血小板或者显微蛋白源，这些与血栓指数相关的重要指标都不精准。我们当时还横向比较了四个城市，选了哈尔滨、成都、苏州以及日本的京都这几个城市里正常老年人的血小板基数进行对比，结果很有意思，发现苏州和成都这样的南方城市，血小板数就明显比哈尔滨和京都这两个城市的要低，而且是有非常显著的差异。

20世纪80年代阮长耿在实验室做实验

孙 我还以为日本人长寿,他们的血小板会相对低一点呢。

阮 但是他们的血小板就是高,包括东北人的血小板也高。我刚说的这些研究,其实就是比较容易开展的,我们在做单抗的过程中,依然不放弃这些方面的研究。

孙 嗯,那后来,做我们苏州自己的单抗实验过程顺利吗?有没有什么困难?

阮 它是这样的,杂交瘤技术属于免疫学的技术,免疫学是医学专业之一,免疫学强调研究方法,实际上核心问题是,它要针对某个器官或血液,表达一个蛋白质。要研究这个蛋白质的话,就要用单克隆抗体去把它做出来,然后用单抗进一步去研究这个蛋白质的性质。作为一位免疫学家,不可能对心脏、对肝脏、对血液都了解,所以血小板的单克隆抗体肯定不会是免疫学家做出来的,是研究血小板的人做出来的。那么我们当时是怎么做的呢?就要先把人的血小板纯化,因为它在血液里跟白细胞、红细胞混在一起,把血小板分离出来以后,必须确保纯到不能混杂白细胞,因为混杂白细胞打到小鼠体内,小鼠肯定产生白细胞抗体,或者两个抗体都产生,不会只产生血小板抗体。所以要将纯化的血小板打到小鼠的腹腔里,那样它的脾脏吸收以后就能专门生产抗血小板的抗体。然后把老鼠的脾脏取出来、分离,把它的脾脏细胞做成一个杂交瘤细胞。完整地讲,杂交瘤技术就是这么一个过程,能不能成功,就是看这个杂交瘤细胞能不能封闭一个抗血小板的抗体。若是成功,这个抗体就是单克隆的,这个单克隆抗体就能研究血小板表面的某一个蛋白质。

孙 我们自己的单抗出来是什么时候的事了?

阮 先是拿到了抗体,这个要通过电子显微镜才能看到它的样子。我把那些抗体收集起来以后,接下来要对其进行鉴定,用放射免疫方法,看它跟血小板上面的哪个蛋白质能够产生免疫反应。这项工作是我的助教万海英做的,她是专门做放射免疫的。当时,我们做实验就在之前我说过的招待所里面,在放射免疫实验的最后阶段,能看出结果的仪器是在医院里的,就在当时我们杜子威[①]院长的脑外科实验室里,有台机器能够测定放射免疫的结果。所以最后我们看到报告上的结果不是在我们自己的实验室里,而是在杜院长的脑外科实验室里,SZ-1号诞生了,时

[①] 杜子威(1932—),脑外科专家。祖籍江苏苏州,生于日本东京。父亲是苏州人,母亲是日本人。1969年获医学博士学位。曾任日本足利市红十字医院脑外科部长。1972年回国。历任苏州医学院附属第一医院脑神经外科副主任、主任医师,苏州医学院教授、副院长、院长,江苏省侨联副主席,江苏省第五届政协副主席,江苏省第七届人大常委会副主任。是第五至七届全国人大代表。在脑神经外科、脑血管外科方面的研究有突出成就。

间应该是1983年10月。

孙 那天的心情跟您当时在法国研究突破的心情应该还是有点儿差别的吧?

阮 对,绝对是不一样的感觉,法国那会儿抗体已经在那儿了,然后由我来鉴定——当然也不容易鉴定出来。

孙 所以其实觉得国内的这次难度更大,也更加喜悦,对吗?

阮 其实也还好,开心过后就很平静,觉得还有很多工作要做,如整理报告、写论文之类的,还有后续研究也要一直推进。

孙 当时论文发表在哪个期刊上?

阮 发表在了 *Blood*(《血液》)杂志上,这是我们这个学科最顶尖的学术杂志。

孙 我看到您的一个学生,就是团队里面最初的一个成员——吴庆宇,他描述当时的感受,他觉得到现在依然印象非常深刻,尤其是那种欣喜的感觉。但是对您来说,相比他们是平静了很多。我觉得您和您的团队所体现出来的精神不仅是创造力这一方面的,还出于一种紧迫感,因为本身我们是落后于国外的,等我们的设备全配置好了再开始的话,我们追赶世界领先的行动就又要晚开始几年了。

阮 这种精神我们当时叫作"只争朝夕"。

孙 是不是出于时间方面的考虑?

阮 自然也会有的。但是,我们做这项工作不像现在很多人会有急功近利的想法,甚至会出现造假什么的。我们当时没有这种想法,唯一的想法就是我们要创造条件做自己的单抗,最后取得成功。你刚才讲的所谓压力我们好像并没有那么大。过去做血小板研究的人也不多,国际上做血小板研究最多的就是卡昂教授,而国内做血小板研究的就只有我。其实并不太担心别人明天会赶上我,我必须怎么样,基本上没人会来干预我们,我们所处的环境还是挺自由、挺宽松的。

孙 SZ-1号诞生之后,好像卡昂教授也知道这件事,特地来了苏州,您还带他参观了当时的实验室?

阮 卡昂教授是1985年来苏州的,正好他来中国参加学术交流活动,不算特地从法国来苏州。

孙 当时卡昂教授参观了您的实验室,有没有觉得不可思议,特别是在那样的条件下您还获得了这样大的突破?

阮 条件好坏其实是很直观的,一看就知道,但是我们不会跟他讲我们是点了蜡烛做实验,跟他们条件不一样之类的话,也没有必要讲,反正我们已经获得了这个结果。

孙 在跟您聊的过程中，我一直有一个疑问，就是您说到SZ-1号，这个"SZ"是什么意思？

阮 "SZ"其实就是苏州，是"Su"和"Zhou"的首字母。

孙 可以有很多命名方式，比方说以您的名字命名，以苏州医学院来命名，或者是以血栓与止血研究室的名字来命名，那最后为什么选了以苏州来命名呢？当时您是怎么考虑的呢？

阮 因为我们这个成果是在苏州获得的，苏州是个非常好的地方，是历史文化名城。我对苏州是比较有感情的，我从毕业以后，一直到现在都工作、生活在苏州。1964年就到苏州了，变成苏州女婿。

孙 苏州是您的第二个故乡，可以这样理解吧？

阮 那肯定的。从1964年到现在，你可以算算，我待了五十几年了呀。而且苏州比上海更加有文化底蕴。

孙 您也见证着苏州这座城市的变化。

阮 这个我特别有感触，越来越多的法国人到中国来旅游，其中一站都会选苏州，这就是苏州的魅力呀。

孙 所以以苏州（SZ）来命名，是您情感非常自然的一种表达。那么，我们刚才讲的是SZ-1号，后来其实还有一系列的单克隆抗体相继产生。那么现在，到今天为止，这个SZ系列一共有多少种呢？

阮 已经排到了180多号。从最开始的ＶＷ因子单抗，抗纤维的蛋白单抗，抗活化血小板单抗，到后来的内皮细胞的单抗，等等。

孙 这一系列，就像是排着队，像您的孩子一样，就这么一个接一个地诞生了。那我们是不是可以保持一种非常乐观的状态，接下来会有一百九十多种，两百多种？

阮 可以的，我很肯定。

孙 它并不是一个封闭的状态，不是说今天有了1号就守着它不继续了。

阮 是的，它是不断在发展的，而且也必须不断发展，这是无止境的。

孙 所以我们也特别希望这个SZ系列能够不断扩充，可以帮助到更多的病使之得到有效的诊断。还有就是，SZ系列在国际上有什么影响吗？

阮 我们SZ系列中有5株抗血小板单抗，从1987年起就通过了国家分化抗原委员会的鉴定，成为一种标准，也就是说，它是血小板研究中的一种标准试剂。

孙 请问是哪5株抗血小板单抗？它们的区别在哪里？

发明专利证书

第 38476 号
共 2 页

发明名称：抗人活化血小板单克隆抗体,其制备方法及应用
发明人：阮长耿
专利号：ZL 95 1 05904.1　　国际专利主分类号：C12N 15/13
专利申请日：1995 年 5 月 30 日
专利权人：苏州医学院
该发明已由本局依照中华人民共和国专利法进行审查,决定授予专利权。

局长 高卢麟
1997 年 11 月 29 日

1997年,抗人活化血小板单克隆抗体,其制备方法及应用获得国家专利的证书

阮　笼统来讲,这5株单抗就是血小板或者是诊断血小板疾病中最为有用的5株,SZ-1号和SZ-2号,都是针对糖蛋白Ⅰb的复合物；SZ-21号和SZ-22号,都是针对血小板Ⅱb、Ⅲa的；还有SZ-51号,是针对活化血小板的。我们讲的这5株单抗,现在国际上用得最多,也最为广泛。具体来说,就比如SZ-51号单抗,涉及我们之前讲过一个纤维蛋白原,通过纤维蛋白原把两个血小板黏在一起,因为单单靠一个血小板是无法实现的,要由上千万个血小板黏在一起以后才能堵住伤口,所以我们也要研究纤维蛋白原的单抗。换句话说,在伤口暴露以后,糖蛋白Ⅰb跟vWF结合,黏在伤口上面,通过纤维蛋白原形成许多血小板的聚集,然后黏着的血小板又活化,表达了一个P-选择素[①] (P-Selection),因此我们又研究P-选择素的血小

[①] P-选择素是相对分子质量为140 000 的糖蛋白,存在于血管内皮细胞的Weibe-l Palade 小体膜上及血小板α颗粒膜上,在受到组织胺、凝血酶、佛波酯和钙离子载体的刺激后,其迅速在质膜上表达,缺氧/再氧化或氧自由基也可诱导表达。P-选择素凝集素样区是配体结合部位的关键序列,其配体是唾液酸化路易斯(S-Lewis x),高亲和力的配体是P-选择素糖蛋白配体,主要表达于中性粒细胞和单核细胞,因此P-选择素主要介导中性粒细胞和单核细胞在内皮细胞表面的滚动、粒细胞和单核细胞与血小板的黏附。

1998年，SZ-51获得的国家科技进步奖的证书

板单抗,叫作抗活化血小板的单抗,就是SZ-51号。这个抗体非常有用,能够诊断出心梗、脑梗等。因为血小板要活化,一旦活化后,血小板就会明显上升,就要特别当心患者可能马上会转为病危。很多患者白天还蛮好的,晚上睡下去,第二天就起不来了。类似状况真的特别多。事实上,如果晚上患者感觉不舒服,就应该测定一下,只要这个活化血小板单抗的指标明显上升,那就赶紧将患者送到急诊室去,就不会发生上面我们说到的危急状况。所以,用这些单抗就可以起到早期诊断的作用。

孙 那我们现在临床是不是也在使用呢?

阮 是的,都在用的。但是,它是跨学科的,因为像这种心梗、脑梗患者不在我们血液科诊治,心梗患者在心内科诊治,脑血管患者在神经内科诊治。这些科室的医生首先必须产生怀疑,接下来如果明确患者得了这个病,就得马上进行临床治疗。这里有一个提前是,怎么能够确定患者得了这个病呢?那就需要我们去检测。所以卡昂教授在1979年、1981年说过好几次,今后心血管病人不会去找心内科医生,都要来找我们血液科医生了。这虽然有点儿夸张——我是研究血小板的,心脏病的许多临床表现以及怎么抢救我们也不会,但是卡昂教授其实是在强调,我们是帮助心内科医生或者神经内科医生来早期确诊某个就诊对象有没有问题,是不是需要立即进行治疗。

孙 我听上去,是学科必须融合的意思,是吗?

阮 是的,现在讲究多学科合作,以前临床是分专科的,越分越细,但是现在相反了,现在是要MDT[①],就是Multiple-Disciplinary Team(多学科综合治疗),医生多学科协作,才能给病人带来最好的治疗。

孙 这似乎是未来医疗的一个发展趋势?

阮 是的。像血小板这么复杂的东西,要心内科医生去做,他才不会做呢,他现在搭桥或者放支架都忙得要命,他没时间做血小板分析,他也不感兴趣,更弄不懂。

孙 在1985年您参加了第十届国际血栓与止血学术会议,您当时在会议上做了报告,其中是否完整地介绍了苏州单抗研究的成果?

---

① MDT是多学科综合治疗(Multi-Disciplinary Team)的简称,这种模式是由多学科专家围绕某一病例进行讨论,在综合各学科意见的基础上为病人制订出最佳的治疗方案。因其鲜明的以病人为中心、个体化治疗的特点,MDT模式已在欧美国家得到普及;2007年,英国NHS还颁布了关于MDT肿瘤治疗模式的法律文件,将其上升到法律高度。

1985年,阮长耿参加第十届国际血栓与止血学术会议时的留影

阮　介绍了。这一次汇报反响非常好,以前大家都不知道在中国也有专门的血栓与止血研究室,那一次学术会议之后,我们中国苏州医学院的名声在血栓与止血领域算是打响了。

孙　您之前其实也跟卡昂教授参加过第八届国际血栓与止血学术会议,但当时应该是以法国巴黎第七大学血栓与止血研究中心代表的身份参加的,而这一次是代表了苏州医学院血栓与止血研究室,这种身份的变化会不会带给您不一样的感受呢?

阮　简单来比较一下,就是说1981年我到加拿大,报告的是我在法国取得的成果,归属于卡昂教授他们的;而1985年我去介绍苏州系列单抗,那是我们自己的成果。

孙　自豪感方面是有差别的吧?

阮　绝对有差别。

转化医学的得与失

孙 SZ系列中的某些单抗，鉴定后成为标准化的试剂，然后被大家广泛运用，这属于转化医学吗？

阮 对，而且这些是已经被商品化了的。法国这方面做得比较好，它不像美国——美国当然也有它的优势，许多科学家自己开公司做转化医学，但是法国不是这样的，法国医学科学院专门成立了一家公司，负责所有的成果转化事宜，不需要科学家自己去做。比如说各种各样的单克隆抗体产生后，需要鉴定，然后完成论文，走一遍这个过程以后可以把抗体交到法国医学科学院，法国医学科学院再把它交到这家公司去，最后完成转化。

孙 法国这个模式挺好的，让科学家比较省心，那我们国家医学转化是个什么状况呢？

阮 我们国家不属于上述两种模式中的任何一种，比较复杂。当我们苏州第一个单抗出来以后，国家自然基金科学会政策局局长来找我，他说："阮长耿，你必须开公司。"我直摇头，我说我不会开公司，就两三个单抗要我怎么开公司？当然那时候，做房地产生意的老板还有做香烟生意的老板也都来找我，有人说愿给我投2000万——那个时候2000万真的蛮多了。我就问他们，我这个钱怎么用呢？他们说要和我们签一个协议，协议里必须注明，一年以后这个抗体转化能达到多少价值。这不是跟我开玩笑？我完全不可能知道一年以后我这个抗体能产生多少价值。我那个时候就想专心做科研，所以自己开公司的模式是不可能的。最后我采取法国的模式，因为我跟法国的交流还是比较多的，法国那边的一家公司也和我关系蛮好的，我们这五株单抗就让他们帮忙商品化了，然后合同约定他们销售的百分之几给我们研究室，作为回报。还有一个原因更加重要，那就是这么一来我们就等于是法国医学科学院下属的研究单位，如果我在研究工作中需要用到这家公司里面任何单抗，只要我告诉他，该公司就可以无偿提供给我。这一点是非常重要的，因为在我们当时国内环境下要买一株单抗也不是很容易的，需要动用外汇，时间上又不短。而这家公司能免费提供给我们，所以我们就长期跟他们保持这个约定，就等于是与法国实验室享受一样的待遇。而且也通过这个单抗的商品化，让国际上更加了解苏州，我们这些单抗不单单造福苏州人、造福中国人，也造福全世界的人。

孙 等于说这五株单抗是走出国门、为国增光添彩了。后来好像在这几个单抗的基础上，做了免疫诊断试剂，您能给我们详细说说吗？

阮 是这样的，比如说我们有两种病，一个是弥散性血管内凝血，一碰就是乌青块，或者女性例假出血量巨大；另一个是血小板无力症，人的血小板聚集不起来。所以我们用了相关两个单抗制成免疫诊断的药，可以分别帮助诊断这两种病，这种药就叫作免疫诊断试剂，是临床诊断用的。

孙 其实也是帮助单抗实现了医学转化？

2011年6月，阮长耿院士（左四）等与美国临床和转化医学学会创始人、洛克菲勒大学临床与转化医学研究院院长、洛克菲勒大学医学院血液和血管生物中心主任巴里·克莱尔（Barry Coller）教授在苏州大学红楼前合影

阮 你说得对。

孙 我想起来，您之前说在加拿大多伦多参加第八届国际血栓与止血学术会议的时候，有个美国很出名的教授巴里·克莱尔（Barry Coller）直接请教了您怎么做血小板单抗，他回美国以后，就做了世界上第二个血小板单抗。

阮 是的。美国的血小板单抗转化很快，克莱尔觉得单抗将来对治疗血栓疾病有效，就做了动物实验，然后他的抗体就变成一种治疗心脑血管的有效的药物，不仅做了很大的医学贡献，而且也赚了很多钱。所以他很关心我们的状况，有一次转化医学会在上海开会的时候，他专门到苏大来，他一直问我，苏州单抗有没有像他一样能够转化成药物。很遗憾，我们在国内并没有转化，虽然国内药厂也很想做，我们也努力想做，但这个成果转化美国做得还是比我们快、比我们好。

孙 是因为我们国内不那么重视医学转化吗？

阮 它里面有许多机制。我们也想过开公司，但是我们作为医学家、作为研究者确实也没有时间和精力；也有人愿意给我们投资，但是完全出于赚钱的目的的话我们实在也没办法给予保证结果。后来我的一个高中同学在加拿大开公司，我们尝试过与他们协作，但操作起来依然非常烦琐和困难，所以转化一直没有做到像美国这么好，这是很大的遗憾。因为像我们这些单抗，临床应用是很广泛的。

孙 您刚才说到可以帮助诊断或者转化成药物之类的，确实是可以直接帮助病人的。

阮 实际上，转化成药物更为重要，在精准医学[①]的概念里，在诊断、分析清楚病情之后，需要找到发病的关键位置，选择一种药物把它阻隔掉，这就叫靶向药物[②]。比

---

① 精准医学，是以个体化医疗为基础、随着基因组测序技术快速发展以及生物信息与大数据科学的交叉应用而发展起来的新型医学概念和医疗模式。其本质是通过基因组、蛋白质组等组学技术和医学前沿技术，对于大样本人群和特定疾病类型进行生物标记物的分析与鉴定、验证与应用，从而精确寻找到疾病的成因和治疗的靶点，并对一种疾病不同状态和过程进行精确分类，最终实现对于疾病和特定患者进行个体化精准治疗的目的，提高疾病诊治与预防的效果。

② 靶向药物（也称作靶向制剂）是指被赋予了靶向（Targeting）能力的药物或其制剂。其目的是使药物或其载体能瞄准特定的病变部位，并在目标部位蓄积或释放有效成分。靶向制剂可以使药物在目标局部形成相对较高的浓度，从而在提高药效的同时抑制毒副作用，减少对正常组织和细胞的伤害。对于普通药物而言，通常在进入体内后仅有极少一部分才能够真正作用于病变部位。这是制约药物的疗效并导致药物产生毒副作用的根本原因。获取具有像导弹一样精准靶向能力的药物是人类的一个梦想，也是药物开发的终极目标。

2009年,阮长耿(前排左五)参加血液和血管疾病诊疗药物技术教育部工程研究中心项目可行性专家论证会

如抗体也是靶向药物的一种,这非常重要。

孙　我们国内始终缺少一个适合我们国情的医学转化模式吧?

阮　所以,我们国内也一直在探索,比如我国在2010年建立血液和血管疾病诊疗药物技术教育部工程研究中心,有点儿像法国的那种模式,它是一个医学转化的平台,一方面负责转化国内研究者自己的研究成果;另一方面,因为它是个开放的平台,也可以帮助那些手里握有研究成果但是没有能力也没有精力进行转化的对象。

孙　这个平台很好,渐渐培育起来之后,一定能够促成更多的医学转化,造福老百姓。阮老师,那时候血栓与止血研究室还有横向的发展是吧?好像跟其他一些单位进行协作,我看到的信息说,这类单位中有中国科学院昆明动物所。

阮　对,那是做蛇毒研究的。

孙　蛇毒是您获得的第一个国家发明奖吧?

阮　不能这么说,这个国家发明奖是昆明动物研究所申请的,是我们双方共同所

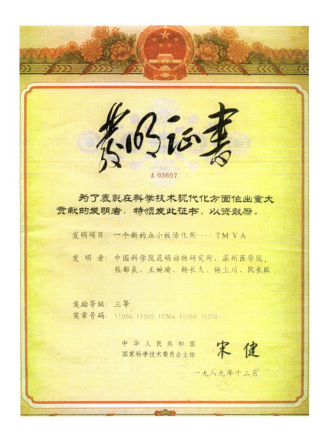

1989年,蛇毒项目获得的国家科技发明奖三等奖证书

有的。

孙 那这种蛇毒的主要成分是什么呢?它跟您的血小板研究有什么关系?

阮 简单来说,蛇毒里面有一些成分与出血、血栓相关。昆明动物研究所的人知道有的蛇毒能够造成止血,甚至引起血栓,这里面到底是血小板的关系,还是纤溶①的关系,抑或是凝血的关系呢?这个比较复杂,他们弄不懂,在获知我从法国回来专门研究这个之后,他们把这种蛇毒拿到苏州来,让我们帮助他们做实验、分析。应该讲,这个发明奖里面我们的贡献还是很突出的,所以在发明奖里面我们也是并列署名的。

---

① 纤溶,即纤维蛋白溶解的简称,是血液凝固过程中所形成的纤维蛋白或血栓在一定的条件下可以重新溶解,使凝固的血块液化的过程。血液中凝血、抗凝、纤溶三个系统之间既相互矛盾又相互动态平衡的过程是正常机体维持体内血液流动和防止血液丢失的关键。

孙　那后来还有跟上海生化所进行的合作,是什么方面的合作呢?

阮　就是这方面。

孙　是属于三个单位一起合作的吗?

阮　是的。因为动物研究所养蛇、养动物,所以能够拿到蛇毒。有的蛇毒能够止血,是因为生化酶的一个成分起作用,所以我们跟上海生化所的教授合作,进一步研究它作用于血液凝固的哪一个中间过程——是作用于初期止血的血小板,还是二期的凝血过程,这就是我们要做的工作。其中我们的工作是关键性的,因为全国当时就只有我们在做这项研究。

孙　这可能算是您的研究室成立以后最早开始进行的协作吧?虽然后来您的协作在全世界范围内都展开了,但是这一次协作应该给您或您的研究室带来一些启发性的意义吧?

阮　就是觉得协作其实也是进行科研特别好的方式之一,各取所需,但是又结合了各自的所长,所以可能给我们后面进行的协作起到一些推动作用。

孙　我在查资料的过程中发现您还做过中医方面的研究,好像是关于中草药活血化瘀方面的研究。您一直做的是西医的研究,这跟中医的差别非常大,那您当时怎么会想到去做中草药活血化瘀成分的研究呢?

阮　因为许多中草药是可以起到活血化瘀作用的,这方面我是特别想去做研究的,但没有做好。不像蛇毒研究,跟动物所、生化所协作是比较清晰和简单的。因为要做中医方面的研究,首先肯定要找一家中医研究院,因为他们对中草药更为熟悉。后来虽然我们在这方面也做过一些工作,但是做得并不好。像上海研究院的研究人员也研究过一个叫蒲黄①的活血化瘀的中药,还发表过一些相关内容的文章,但是最后未获成功。在这方面中药的现代化还是一个难题,为什么呢?首先因为中药的有效成分很难确定,一个难点是没法形成复方制剂②;另外一个难点在

---

① 蒲黄,中药名。为香蒲科植物水烛香蒲、东方香蒲或同属植物的干燥花粉。夏季采收蒲棒上部的黄色雄花序,晒干后碾轧,筛取花粉。剪取雄花后,晒干,成为带有雄花的花粉,即为草蒲黄。具有止血、化瘀、通淋的功效,主要用于吐血、衄血、咯血、崩漏、外伤出血、经闭通经、胸腹刺痛、跌扑肿痛、血淋涩痛等的治疗。

② 复方制剂则是相对于单方药物而言的一个概念,几种不同类别的药物混合而成的制剂。与单方药物相比,复方制剂具有改善服用药品依从性、提高药物疗效、减少不良反应、降低用药费用等优点,但也存在不符合个体化治疗理念、不利于调整药物剂量等缺点。它混合了不同类别的药物,复方之后的药名是指处方中的主药。

于材料的差别，采药材的区域不同或季节不同，所制成的中药的成分就会有差别，所以最后很难确定它的化学成分而使它变成一种化学药物。这跟重要的复方概念不一样。因此中医中药该怎么更好地发挥作用，这也是一道难题，也是大家今后努力的方向。

孙 我觉得中医和西医是泾渭分明的。

阮 它们肯定有区别，中医许多药都是活血化瘀的，有一些药物是有免疫调节作用的，这都是可能的，进一步深入研究中医与中药就会产生价值。

孙 所以您作为一个受过西方特别现代化的医学教育的人，其实本身还是挺认可中医的，是吗？社会上、新闻中对中医的偏见还是挺多的，因为总觉得它没有办法标准化。

阮 对，中国工程院也有好几位从事中医与中药方面研究的院士正在努力，把中医药的现代化提到议事日程上来，包括怎么用现在的基因组学、蛋白质组学的知识，来把中药的有效成分更加规范起来。这需要很多人一起努力。

孙 就是说中医与中药肯定是值得研究的领域？

阮 是这样的。

著书立说

孙 阮老师,我算了一下,从20世纪70年代到80年代,您个人或者作为团队中的一员先后共发表了一百多篇中文论文,此外,还有大量的英文论文。

阮 是的。

孙 这样的量已经远远超过几部著作的文字量。1987年的时候您出版了您主编的第一本著作《血小板》,副标题是《基础与临床》,这成了您的第一部学术著作。我想问一下,您当初专注于撰写论文,到后来撰写专著、编写教材,您的想法是如何发生改变的呢?

阮 因为我们办了好几期培训班,大家都觉得这个课题很有意义,就有人鼓励我撰写一部专著。我那时候也开始担任行政工作,没时间单独创作,所以在大家的推动之下组织各方面的教授编写了这本书。当然,这本书的影响还是比较大的,我碰到好多年轻的学生,都跟我说,他们是看我主编的这本书长大的。

孙 我还特意找来看了一下,我看到为您这部书写序的是王振义教授。他在序言里提到一句话,说的是您主编的这部著作是我们国家第一部关于血小板研究的著作,所以他认为这部著作在血小板研究领域具有非常重要的价值。我还翻了一下该书的目录,发现它分得特别细,血小板的生物学、病理生理学、血小板的临床药理学,还有它的研究方法……我看到您还专门写了一章,那就是研究方法,这是不是您对具体的研究的总结呢?

阮 是的。其实,从我到法国开始接触血小板,就是从你刚讲的这几个方面展开研究的,要了解或者解决血小板的问题,就必须一一掌握这些部分,于是我就做了个汇总。

孙 那这本书的难易程度怎样呢?它能否成为这个学科的学生入门的基础性书

阮 应该讲，临床医学的学生都可以看，都能看懂。包括我平时做的报告，我都会把太专业、太深的内容用比较通俗而形象的语言表达出来。

孙 我觉得这还是挺重要的，不论是对医学院学生而言，还是对普通人而言。

阮 如果讲的课大家都听不懂，当然这也许表明你很高深，但是这样的课又起到什么作用呢？你要把你想阐述的问题讲得让老百姓、让听众都能听懂，这才是你的本事。

孙 我发现国外的论文运用的语言相对来说都是比较简单的，尤其是在说明许多复杂问题的时候。但是在我们国内很多时候有些作者就喜欢把简单的问题复杂化。这是两种完全不一样的思路。

阮 是的，这可能跟我们国内平时的教育有一定的关系。

孙 我又了解了一下您主编的第二部书，我觉得这本书也非常重要，它是《血栓和止血——现代理论与临床实践》。我觉得它跟您第一部著作有类似的地方，它不仅有临床层面的内容，而且将基础层面的内容也都包含在里面。

阮 这本书面世得稍微晚一点儿，是在1994年出版的。

孙 这一次您的导师卡昂教授给您的书写了序。从第一部书王振义教授写序，到这部书卡昂教授为您写序，这是一个跨越吧？

阮 既然我们创建了我国第一个血栓与止血研究室，那完成这部书也是我们应该做的，而且我们确实有这方面的能力。卡昂教授知道我要出版这部书，是很开心的，所以也就用行动支持了我们。

孙 我看了一下卡昂教授的序，我觉得他着重强调的一部分内容是，您和您的团队一直保持了与世界上很多国家和地区的科研人员的密切往来。他举了很多例子，如与法国、美国、澳大利亚的科研交流，还包括与我们国内的西安、南京和上海等城市的交流。卡昂教授本身非常注重这种国际性的和国内的学术交流，他可能是在用这种方式表示对您的一种认可。

阮 卡昂教授是很注重交流的。包括写这部书的时候，我们也还是用国际合作的方式完成的。

孙 当时您的学生还有同事参与了这部书的编写，另外还有一些国外的科研人员也参与了编写。

阮 像卡昂教授也写了一部分，那是"血小板的功能异常所致的出血性疾病"。

孙 这么看来，与第一部《血小板》相比，第二部著作视野更广，您当时集合了这么广泛的力量是希望达到什么样的目的？

阮 我回来以后的重要任务就是希望我们的医学界——不管是基础医学和临床医学，能够了解血栓与止血这个领域的重要性，以及国内研究不够的地方，所以进一步宣传和教育还是非常必要的，以推动这个领域在国内的进一步的发展。

孙 后来《血栓与止血》也出版了第二版，算是更新换代吧。您其实一直在致力于这个学科不断向前发展。这些著作出版以后，都成为这个学科里非常重要的必读的书籍。

阮 也谈不上，就是参考书吧。它们不能当教材，只能是参考书。因为到目前为止，医学学科的架构里面没有设立血栓与止血科，所以就只能开设选修课。

孙 但这些对研究生，甚至对有的本科生都起到了非常好的方向引领作用。

阮 希望能够如此。

阮长耿主编的部分书籍

领导风范

- 关键是严谨、求实、创新，这是我们苏州血液研究所的传统，因为我们的研究是要解决人民的健康问题，所以一定要负责解决好每一种疾病，病人得了病以后，我们应该更精细、更精确地诊断，然后找到更有效的治疗方法来解决病人的疾苦。

- 我出国的任务就是把国外先进的、我们国内没有的技术学到手并带回国，所以我当时就请部长能够理解、支持我，我不希望自己担任什么行政工作，我没有这方面的时间与精力，我更希望把国外学到的技术能够在国内应用与推广。

- 我当院长的时候很注重发挥团队的作用，因为我知道自己的能力有限，所以尽管我是医学院的院长，我依然是不管人事和财务的。

- 当时并校的时候我抱着很大的希望，对我们跟苏大的合并我是坚决赞成的，这是强强联合。

出任血液研究所所长

孙 如果我们回顾一下整个江苏省血液研究的发展轨迹，以前是陈悦书教授领衔建立的血液科以及血液病研究室，后来是阮老师您建立了血栓与止血研究室，再往后，便是整合成立了江苏省血液研究所，是这样的情况吗？

阮 是这样的，最早就是从陈悦书教授的血液病研究室起步的。

孙 那时血液病研究室主要从事的是白血病的研究吗？

阮 不是的，它里面没有具体分这种病或那种病。其中有一个叫作形态室，现在在附一院11号楼对面的一楼，是把病人的骨髓抽出来做涂片，然后看骨髓里面白细胞有多少，红细胞有没有，血小板是多还是少，同时看白细胞等的正常形态是什么样的，所以该研究室叫作细胞形态室。还有一个研究室是生化实验室，它是做什么研究的呢？诊断一个人有没有贫血，可以从其他一些指标比如凝血时间来判断，这些都在生化实验室中完成的。我刚来苏医附一院的时候就在这个实验室里面。所以那个时候的血液病研究室主要就分这两大块。

孙 您从法国留学回国后，立即建立了血栓与止血研究室，而且像苏州系列单抗都在那个研究室里诞生的，可以说这个研究室是满载着荣誉的，那为什么突然到1988年9月成立了江苏省血液研究所？初衷是什么呢？

孙 那时候我们江苏省的卫生厅一直觉得医学健康很重要，所以非常重视。用现在的话讲，就叫组建创新团队什么的，在还没有成立江苏省血液研究所之前，我们血栓与止血研究室一直是江苏省的重点研究室。后来到了1988年，我们就想要成立血液研究所，因为我们的研究实力在全国范围来看，也是非常突出的。但是江苏卫生厅没有资格批准建研究所，所以最后是挂靠在江苏省科技厅，由科技厅发牌给我们。也就是说，我们的血液研究所是江苏省卫生厅和科技厅联合管理的，一直到现在都是这样。当初成立江苏省血液研究所的时候,人们就问我,是要成立一个独立的研究所,还是要挂靠在医院由卫生厅管理?我那时候就很明确地讲,要采取法国的模式,法国研究所就是挂靠在医院里面,而不是独立的。我不要什么人事权,也不要什么财权,那样的话我要成立人事处,还要成立财务处,那多麻烦呀。所以江苏省卫生厅每年给我拨多少钱,我就放在医院里面,给我们开个账户就行了。因为我们研究所人员和精力均有限,我们就集中全力做科研,就这么简单。

孙 当时您是出任江苏省血液研究所所长,陈悦书教授是名誉所长,好像还有一位是林宝爵①教授,他出任学术委员会主任?

阮 是的,林宝爵教授和陈悦书教授都是进行白血病研究的。

1988年9月,江苏省血液研究所成立

① 林宝爵,1927年4月生,福建漳州人。1950年毕业于上海医学院医学系。曾任职于苏州医学院附属第一医院血液科,江苏省血液研究所学术委员会主任,教授,博士生导师。在我国著名血液学专家陈悦书教授的领导下,投入白血病的研究。其"白血病诊断研究"成果获全国科学大会奖,以后又积极领导江苏省白血病协作组进行抗白血病治疗,"HOAP方案治疗急非淋白血病"获江苏省科技成果二等奖,"展流室中治疗急非淋白血病"成果获核工业部科技进步三等奖。先后主编了《血液学》《实用血液学》《血液病现代治疗》等著作。

孙 那时，研究所聘请哪些顾问来增强研究实力呢？

阮 我们聘请了当时国内外很多血液研究专家为血液研究所的顾问，卡昂教授就是其中的一位，还有很多都是我们的访问教授、名誉教授，所以我们研究所的国际交流是比较多的。

孙 当时江苏省血液研究所还专门召开了成立大会。

阮 是的，有个成立大会，1988年9月召开的。挂牌的时候美国的吉姆·乔治(Jim George)教授也来参加了，他原来也在卡昂教授那里进修过，也是做血小板研究的。那时候他正好在苏州访问，也来参加了我们江苏省血液研究所的揭牌仪式。

孙 您当时的发言稿，我看了一下很受触动。您在发言稿中说，要追求最好的科研水准、医疗技术和人文关怀。

阮 人文关怀的概念似乎临床医生会提得多一点儿，我其实做的是基础性的研究，但是跟临床结合在一起势必会有病人，哪怕说作为研究者不是那么直接地接触病人，但是从研究者角度来说，关于人的主体性、人的价值的探讨也是需要持续关注并且积极实践的。

孙 江苏省血液研究所成立之后，它所涉及的门类比以前多了，您可能得兼顾几个不同的研究方向了。

阮 对的，我们现在的研究主要聚焦于这几个方向，第一个是之前的血栓和止血，第二个就是白血病等恶性血液病，第三个是造血干细胞移植。等于说，这些都是我们现在的亮点工程了。

孙 对血栓和止血的研究我们已经很了解了，像对白血病等恶性血液病以及造血干细胞的研究也都很有优势，想再了解一下，这两方面大概取得了什么样的进展，或者取得了哪些突破性的研究成果呢？

阮 要说到我们苏州血液的发展不能不说陈悦书教授，国内最早的一本关于白血病研究的著作就是1963年陈悦书教授主编的。所以当初他在苏州的时候，白血病人不管是来自新疆还是来自内蒙古，都会跑到苏州来找他，因为大家都知道他是专门研究这种病的。

孙 哦，反而不是跑到上海、北京这些大城市。

阮 对。但是，原来他就在上海，是从上海中山医院过来的，那会儿上海中山医院叫上海第一医学院附属第二医院，现在叫作复旦大学附属中山医院，其血液科是全国最好的。而且那时候的上海医学院的情况是，得到第一名的留下来，第二名、第三名的就要分到全国其他地方去。陈悦书教授当时得了肺结核,所以他没有拿到第一名,因为身体不好,工作地点就近一点,被安排到苏州,所以他到了苏州以后就把上海高水准的血液研究也带过来了。

孙 那反而成了上海的一个损失啦。

阮 造血干细胞也是最近二十年才开始不断发展起来的。我们这里是夏学鸣[①]教授最早开始做干细胞移植,后来是吴德沛[②]教授——大家对他都比较熟悉了。在2001年,上亿华人都关注了海峡两岸爱心捐髓电视直播,把台湾的骨髓送到苏州来,然后开始做基因的移植,最后成功挽救了一个叫陈霞的江苏姑娘的生命。如果得了白血病,一种治疗方式是彻底把白血病的细胞杀死,还有一种治疗方式是完全利用正常人的骨髓移植给病人,因为它的造血功能是完好的,可以产生正常的骨髓。可以说,骨髓移植这项技术现在是治疗恶性血液病的一个很重要的手段。这项技术国内以前掌握得最好的是北京大学的陆道培[③]院士,现在是他培养的学生黄晓军[④]教授。我们这里是国内第二块牌子,全国排名第二。我们每年的骨髓移植量

---

① 夏学鸣(1937—2014),主任医师,教授,博士生导师,1963年从苏州医学院医疗系毕业,曾任中国抗癌协会血液肿瘤专业委员会委员,《中国实用内科杂志》等刊物的编委。享受国务院政府特殊津贴,后来被苏州市政府评为"苏州名医"。从事血液病的临床与研究工作40多年。

② 吴德沛,1958年生,江苏沛县人。1982年毕业于苏州医学院,先后攻读并获得苏州医学院内科血液病学硕士、博士学位。1992年至1994年在法国进修造血干细胞临床移植技术。目前是国家级重点学科——苏州大学附属第一医院血液病学科主要学术带头人之一,任江苏省血液病临床医学中心副主任,苏州大学附属第一医院血液科主任,主任医师,内科血液学教授,博士生导师。

③ 陆道培,1931年生,上海人。血液病学家和造血干细胞移植专家,中国工程院院士。1957年起主要从事血液病临床和实验研究。他在异基因骨髓移植及中药治疗急性粒细胞性白血病方面做出了具有国际先进水平的贡献。1984年以来相继被选为中华医学会副会长,中国抗癌协会血液肿瘤专业委员会主任委员和中华器官移植学会副主任委员。1995年当选国际骨髓移植登记组专家指导委员会迄今为止唯一的一名中国委员。担任国内8种医学期刊的主编、副主编或编委以及《骨髓移植》和《血液病治疗》两种国际期刊的编委。发表论文270余篇,主编专著3部,参编著作20部。

④ 黄晓军,教授,博士生导师,北京大学人民医院血液病研究所所长,亚太血液联盟常委会主任,中国造血干细胞捐献者资料库第八届专家委员会主任委员,第四届中国医师协会血液科医师分会会长,美国血液学会国际常委会委员。入选国家万人领军人才项目,杰出青年、长江学者,享受国务院政府特殊津贴。担任国家基金委创新群体,教育部、科技部创新团队学术带头人,国家重点学科、卫健委临床重点专科负责人,北京市重点实验室、工程实验室主任。任《中华血液学杂志》总编辑、Journal of Hematology and Oncology、British Journal of Haematology、Chin Med J (Engl)等杂志副主编,Annals of Hematology高级编委;Blood, BMT, Blood Reviews的Editorial Board。黄晓军教授致力于恶性血液病的诊治,造血干细胞移植、移植物抗宿主病及复发防治体系的研究。

1975年，苏州医学院临床血液医师进修班结业合影（前排教师席，前排左一为阮长耿，前排左三为陈悦书）

是相当多的，要超过五百例，所以工作量是很大的。

孙 是，就是吴德沛教授给江苏姑娘陈霞做的这个骨髓移植，当时新闻媒体报道得特别多，凤凰卫视专门全程跟踪采访。

阮 对的，从那个时候开始老百姓也越来越关注我们的江苏省血液研究所了。

孙 我查到所里的陈子兴[①]教授的相关报道，他的一篇研究白血病的文章成为1994年引用量最大的文章。

---

① 陈子兴，1946年6月生，上海人。现为苏州大学第一附属医院内科血液学教授，大内科副主任，江苏省血液研究所副所长，博士研究生导师。1970年毕业于北京中国协和医科大学，曾数次赴美国Sloan-Kettering 癌症研究中心和国家卫生研究院（NIH）癌症研究所（NCI）以及英国伦敦帝国理工学院Hammer Smith学院进修访问累计达八年。历任博士后，助理研究员，访问研究员，访问科学家。多年来在人类白血病发生的分子机理，人类白血病耐药特征、机理和逆转及其应用，白血病的靶向基因治疗策略等领域开展实验与临床研究工作，较早在国内开展白血病细胞的体外诱导分化实验研究及临床分化治疗研究。近年着重研究骨髓增生异常综合征（MDS）和白血病中枢神经系统浸润梳理。

阮 是的，是关于细胞遗传方面的文章，是研究染色体的。陈子兴是陈悦书教授的儿子。

孙 哦，原来还有这么一层关系呀，原来是出身于医学世家啊。

阮 研究所里的很多人都是陈悦书教授的学生。

孙 研究所的发展其实是几代人共同努力的结果。一直以来，这里面最出名的可能是您负责的血栓与止血实验室，现在具体了解下来，发现血液研究所在几个方面的研究也都是很出色的。

阮 实际上我们苏州血液研究最早还是陈悦书教授关于恶性血液病——白血病的研究最出名。当时全国血液科医生培训班和卫生部（今卫健委）血液科医生培训班就安排在苏州举办。所以现在全国各地比如西安、广州等城市，很多老一辈的医生是在我们苏州培训以后回去再当血液科的医生的。我们做单抗、血小板研究那是后来的事情了，是在原来恶性血液病研究的基础上加了血栓、止血研究以后，成为一个血液研究所。不要搞错了，不是因为有了血小板研究、有了单克隆抗体研究，才把苏州血液研究发展起来的。

孙 好的，我明白了。研究所聚焦的几个方向，都各有所长，您认为这里面的关键是什么？

阮 关键是严谨、求实、创新，这是我们苏州血液研究所的传统，因为我们的研究是要解决人民的健康问题，所以一定要负责解决好每一种疾病，病人得了病以后，我们应该更精细、更精确地诊断，然后找到更有效的治疗方法来解决病人的疾苦。这是我们作为医学研究者或者医生最重要的职责。

孙 根据这几个聚焦方向，其实我们还是没有办法很直观地了解江苏省血液研究所的完整架构。

阮 是这样的，江苏省血液研究所成立之后，分成几个不同的部门，每一个部门都有下属的实验室。有临床的血液病研究室、血液学诊断研究室、恶性血液病研究室，主要就是研究白血病、淋巴肿瘤等，还有我之前的血栓与止血研究室（或者称为血管生物学研究室），一共是四个研究室。每一个研究室都有相应的小团队以及负责人。此外，我们还有四个很典型的实验室。血红蛋白如果异常，就像地中海贫血，它的血红蛋白结构就不一样，带氧气功能就不一样，就造成贫血，这个就是蛋白组学；后来基因组学出来了，先有二代测序，这个叫作分子生物。所以上述两者一个构成了形态实验室；另外一个构成了分子生物实验室。第三个实验室是流式细胞实验室,就是用流式细胞技术[1],把每个细胞分离出来,然后根据流式细胞表面的这些受体,我们可以诊断它是B细胞淋巴瘤还是T细胞淋巴瘤。第四个实验室叫促凝血实验室,它主要针对的是出血性疾病,而现在致命的心梗、脑梗、肺血栓等血栓性疾病的诊治,要依靠促凝血实验室的实验研究。

孙 我们刚刚说到的这几个方向,几个研究室和实验室彼此之间会不会有大规模的协作或者说互动呢?

阮 因为毕竟研究的分别是不同的课题,白血病怎么跟血小板去协作?不可能的。但是我们有一些公用的仪器,包括离心机、显微镜,现在还有基因组学、二代测序,就是进一步把疾病发生的最基本的基因(不是一个基因,是一系列的基因),用第一代测序的办法解决,如果解决不了,就要用第二代的测序方法。这个方法现在我们苏州就是由陈苏宁[2]教授建立起来。最早是用于白血病研究,后来也用于淋巴瘤研究,最近开始也研究出血类疾病,所以这些研究是相互促进的。虽然这两个方向没有共同点,是不同的疾病,是发生在不同的细胞上的疾病,但是其研究方法可以互相借鉴。

孙 现在,整个苏州的血液学科发展架构是挺完善的吧?

阮 是的,还有唐仲英血液研究中心,它是做基础研究的,就是临床提出问题,我不可能拿病人做实验,那我们就在动物比如小白鼠身上造个白血病,造个淋巴瘤,然后看它跟正常小鼠有什么不一样,有什么明确的标记物。这样就可以拿来作为实验诊断的指标了。或者对这个淋巴瘤动物,我们用一种靶向药物,针对这个缺陷进行治疗。等基础研究有效了,就拿到临床来使用。所以这就是转化医学的概念,

---

[1] 流式细胞技术的工作原理是在细胞分子水平上通过单克隆抗体对单个细胞或其他生物粒子进行多参数、快速的定量分析。它可以高速分析上万个细胞,并能同时从一个细胞中测得多个参数,具有速度快、精度高、准确性好的优点,是当代最先进的细胞定量分析技术之一。光源、液流通路、信号检测传输和数据的分析系统是流式细胞仪的主要组成部分。目前临床中运用流式细胞仪进行外周血白细胞、骨髓细胞以及肿瘤细胞等的检测,是临床检测的重要组成部分。

[2] 陈苏宁,1973年生,苏州大学附属第一医院血液科副主任、主任医师、教授、博士生导师,中华医学会血液学分会青年委员会副主任委员、实验诊断学组副组长,江苏省医学会血液学分会副主任委员。主持美国白血病淋巴瘤协会、江苏省杰出青年基金、国家自然科学基金、863子项目、973子课题、江苏省重点项目等9项,荣获国家科技进步奖二等奖1项、省部级科技进步一等奖3项,作为通讯作者或第一作者在*Blood*、*Leukemia*、*Cell Reports*、*Haematologica*等刊物上发表SCI论文40余篇,主编著作1部。

就是由我所提到过的教育部工程中心在具体操作的。江苏省血液研究所下属机构有卫健委的血栓与止血实验室,还有中华骨髓库干细胞移植实验室,这些基础机构配合在一起,确实让我们苏州的血液学科比较完善,而且研究人员相处比较和谐,能够相互协调。所以这一点是我们的优势。从全国角度来看,大家都是认可我们苏州的血液学科的,而且血液学是我们苏大最一流的学科。当然跟上海、北京这些大城市的研究者相比,我们拿的大项目或经费不如他们,因为他们有地理优势。

孙 此外还有一个实验室,叫作核医学生物技术重点实验室。这个实验室是在我们原有基础上建的,还是后来新建的?

阮 因为苏州医学院从1963年开始由国防科工委的核工业部管辖,所以苏州医学院重点发展了两个专业,一是我们血液专业;二是放射医学专业。其中,放射医学专业是我们和日本合作的,着重研究核辐射对人的健康有多大影响。我们知道核电是最先进的能源,而且在这方面法国做得最好。因为法国南部地区,如巴黎郊区,都有核工业或者核医学的研究所,就像我们北京的原子能研究所一样。苏联切尔诺贝利曾经发生过人类历史上最严重的核事故,法国也高度警惕、预防,所以法国在核医学方面发展还是很快的。核医学主要研究两个方面,一是放射性对人体的危害;二是主要对哪些器官造成危害。因为放射肯定会抑制造血,所以放射病与血液的关系是非常密切的。苏州医学院就将血液学和放射医学结合起来,国防科工委批给我们一个核医学生物技术重点实验室,叫我做负责人。我认为,这个实验室对我们学科的发展以及对整个苏医的发展都起到了很大的作用。

孙 我看到您还另外承担了IAEA的项目?

阮 是的,就是国际原子能机构(IAEA)的项目,它也是围绕核安全的一个国际型组织。但是这个国际原子能机构,一方面交流讨论怎样充分利用核能,另一方面聚焦在怎样预防核的灾难。它有许多课题,我们也申请到一些,包括血液的保护等。像流式细胞仪是我们血液研究以及临床很多学科研究如免疫学研究中非常有用的一个器材,但是它的价格很高。我用国际原子能IAEA的科技经费买了全国第一台流式细胞仪。所以这个项目全国做得最好的就是我们苏州。

孙 真的是特别有意义、有价值的一些研究方向。对了,您江苏省血液研究所所长办公室所在的这个11号楼,是从1988年9月建所之后就挂牌在这里了吗?

阮 这幢楼本来是苏州医学院附一院的图书馆。附一院本来空间就比较挤,大概是在2000年以后,苏州医学院就将这幢楼划给了附一院。本来是用作图书馆和档

江苏省血液研究所所在的11号楼

案室,后来全部图书、档案资料之类的都并到现在苏州大学的南校区。这幢楼腾出来以后就用作江苏省血液研究所的办公场所。

孙 那血液研究所自挂牌以来,就一直在我们现在的这个地方?

阮 是的,当时的血液研究所就在我们现在11号楼的对面。最早在我毕业来苏州的时候,也就是在1964年,楼下是尸体解剖室,楼上才是血液室。成立江苏血液研究所以后,尸体解剖室就搬到苏州医学院里面去了,然后整幢楼就用作我们江苏省血液研究所的办公场地了。

孙 那幢楼我们现在也还在用的吧?

阮 是的,血液研究所现在已经有好几个办公场地了,苏州医学院也就是现在的苏州大学南校区,是我们血液研究所的大本营,附一院的血液研究所办公楼是主体部分,同时在附二院也设有一个实验室,因为当时附二院院长也是神经内科的医生,觉得我们这个血栓与止血的方向跟他们神经内科很有关联,也很重要,所以附二院那边也就建了我们的血液研究实验室。等于说,我们江苏省血液研究所由几个部分组成。当然,这都是慢慢扩充起来的。

执掌苏州医学院

孙 您一方面专注于科研,另一方面也在20世纪80年代末开始担任苏州医学院的行政领导职务了吧?

阮 是的,我是1987年年底开始担任苏州医学院副院长的。但实际上,我从法国留学回来,他们就想让我担任苏州医学院的副院长,但我当时拒绝了。

孙 那时是谁来跟您提这个想法的呢?而您为什么拒绝呢?

阮 我那会儿出国留学,第一批的留法名额全国只有38个,为什么苏州医学院依然能够拿得到呢?这个跟国防科工委是有很大关系的,等于说经国防科工委推荐,苏州医学院的阮长耿才有资格成为改革开放后第一批出国留学中的一员。后来联系卡昂教授来苏州交流,再加上1981年《人民日报》报道我突破性研究的那篇文章,国防科工委对我在法国取得的工作都很清楚,他们也都很赞赏。所以回国的时候国防科工委下面的一个部长来找我,说我回国以后,一定要好好地、充分地发挥我的作用,所以就想请我担任苏州医学院的副院长。但是我一想,这很有难度,因为我出国的任务就是把国外先进的而我们国内没有的知识、技能、理念等学到手带回来,所以我当时就请部长能够理解、支持我,我不希望自己担任什么行政职务,我没有这个能力和精力,我更希望我把国外学到的东西能够在国内实现,包括建立血栓与止血研究室等。部长听了以后,表示理解和支持,采纳了我的意见,这事后来在几年内也就没人再提起过。

孙 好在部长还是支持您的,要不然您也没法在回国之后的那几年里集中精力研究单抗了。

阮 对,只要讲出道理来,他还是支持的,这样你就能够更好地发挥作用。

孙 后来,在1987年的时候,您怎么又同意出任副院长了呢?

阮　到1987年，我们当时的院长是杜子威，因为他父亲是爱国华侨，是日本东京华侨商会的会长，那年其父亲去世了，杜子威必须回日本继承父亲的遗产，所以杜子威就和前面所说的那位部长一起来找我，说自己得回日本了，能不能请我出任院长。我说我表示理解，但是他对整个学校的情况比我更了解，我希望他继续担任我们苏州医学院院长。因为他还是我们苏州大学的教授，所以每年肯定还得到苏州来（至今他每年也都还来），我就觉得他在日本担任我们院长完全也是适合的，再加上我们有常务副院长，我可以当个副院长。我就问他们能不能让我先熟悉一下，先做几年副院长再说。那时候最头疼的就是开始要评教授、评职称什么的，大家都比较怕，因为我比较懂这一块，我就提出来让我来管这一块，同时兼管国际交流，这一块我也比较熟悉，所以最后我就担任了主管教学、科研工作和外事工作的副院长。而杜院长和部长也都很支持我。

孙　但是，毕竟担任院长，跟您之前的研究室主任相比，肯定会有一些差别。您刚才也说过，不太熟悉，没有管理方面的经验。在出任副院长之后，您是不是觉得身上的担子重了很多，有很多的压力呢？

阮　我觉得压力也不是很大，因为我对我主管的这几项工作还是比较熟悉的。当然时间方面变得比较紧张一点，那是一定的。给学生上课啊、交流啊什么的就只能利用我休息的时间了。比如说，我们有报告会，我实在协调不出时间，只好利用周末去跟学生进行交流。除了平日，周六、周日我也还得到实验室上班。所以应该说，当上副院长后我更加对不起我夫人，因为家里的事情我管得就更少了。

孙　您是属于几边跑，学校行政那头，血栓与止血研究室这头，学生那头，还有家里头，都在"抢夺"着您的时间。但我觉得，您在血栓与止血研究室里，已经显露出非常棒的管理能力，而副院长这个职位，实际上也是对这种能力的放大，给了您一个特别棒的展现舞台吧？

阮　管理的能力也是慢慢培养起来的。

孙　后来处理行政事务的时候，您的眼光可能需要放得更长远，而不只是关注您自己所研究的领域，那您是怎么去联动各个部门的呢？

阮　我举个例子来说，人的全身都有血液，很多疾病都会通过血液反映出来，所以我们现在强调多学科协作，就是因为人是一个整体。比如，现在我国工程院副院长樊代明①就强调整合医学，也很赞同中医的理念。中医说的是，人是一个整体，所以中医并不主张头痛医头、脚痛医脚。头痛的毛病是从什么地方来的？病人不一定是头出现了毛病，也可能是脏器里面出现问题，所以头痛只医头就有失偏颇了。我们借用中医的观点，人是一个整体，那么血液在全身到处流，跟人体各个器官或者许多疾病都是相关的，这就很复杂了。我们现在完全可以由血液出发去研究疾病，至少两大类。第一类是什么呢？就是现在一般老百姓都明白的血液出现的毛病，其中白血病和淋巴瘤是很常见的两种恶性疾病，而一旦血液与白血病和淋巴瘤这些恶性疾病联系在一起，这是要命的。另外一类就是我们所研究的出血与血栓的问题，实际上我们要通过血栓止血，把出血的问题、血栓的问题与心血管、脑血管、肺联系起来，这些也都是可能危及生命的。所以，你看看，重大疾病很多跟血液相关。

孙 听上去恶性血液疾病、肿瘤疾病之类的似乎比血栓、脑栓这类疾病要可怕得多呀。

阮 随着现代医学的发展，肿瘤变成一种慢性病后是可以治疗的。根据肿瘤的恶性程度区别对待，如果是高度恶性的肿瘤，就要及时治疗；如果是惰性的肿瘤，其恶性程度增生的速度就不是太快，不一定要花大力气把它消灭掉，甚至控制之后可以和平共存，病人可以照样上班。随着现代精准医学的发展，我们把每个肿瘤的性质、恶性程度分层次，就可以各个击破。

孙 我们说回到您举的这个例子，是想用整合医学说明什么问题呢？

阮 我一直非常看重整体的思维，我觉得整体和部分的关系是需要好好处理的。当然，在成为苏医副院长之后，我更加需要从全局的角度去考虑整个学校的布局。所以我会跳出血液研究领域，从更广的角度入手，做到通盘考虑，效率优先，不偏废其一。而且，在我的主张下，像血液科与心内科、神经内科等这些科室的互动更频繁，互动效果也很好。

孙 那您当时是怎么开展外事工作的呢？您本身与法国之间的联系应该是不少的。

阮 是这样的，除了法国以外，我们还有与日本的交流——这主要是杜子威院长

---

① 樊代明，1953年生，重庆市人。1972年12月参加中国人民解放军。消化内科专家，全军消化病研究所所长，肿瘤生物学国家重点实验室主任，国家临床药理基地主任。博士生导师，中国工程院院士，原第四军医大学校长，中国工程院副院长，专业技术少将军衔。

建立起来的。此外，与美国的交流也很多。

孙 与美国的交流是怎么开展起来的？

阮 原来附一医院最早是美国人创办的，有跟美国交流的传统，像跟洛杉矶等城市，都建立了联系，都有互动。总的来说，我们主要还是与美国、日本、法国这几个国家展开交流。

孙 那除了这部分的对外交流以外，您还主管学术科研这一块。因为您本身就是从事科学研究的，所以应该说这方面的工作您上手还是挺快的吧？

阮 是的。

孙 1983年，《健康报》采访您，您就说过临床和基础这方面的结合首先要从医学的教育入手。您那时候还不是苏州医学院副院长，但是已经一针见血地看到我们国内那时候医学教育方面存在的问题。所以当您上任之后，这些看法有没有化成具体的行动呢？

阮 我觉得这其实说了两个概念。第一个是从更广、更大的方面来讲，我在法国第二年得到一项奖学金，说科学家不仅要自己从事科研工作，而且要培养年轻人来继续他从事的科研工作，这个是教学的概念。第二个呢，就是临床医学和基础结合起来，也就是我们一直倡导的转化医学的概念。转化医学概念在我身上体现得特别好，因为我最早就想做医生却没有做成，后来到北大学了生物化学，然后很幸运地又回到医学领域，把北大学的基础知识进一步和临床结合。对于科学的不断发展而言，怎样把科学最新的成就运用到医学中来进一步提高诊断和治疗水平是非常关键的。所以，我上任后，一方面注意培养年轻人，鼓励年轻人超过老师、超过之前的标杆；另一方面就是促进转化医学观念的普及。

孙 那您上任之后，有没有采取具体的方式，激励大家，促成临床和科研的相融呢？

阮 苏州医学院很早就有血液学研究的博士点，我上任以后也是比较强调这方面科学研究的。当时正好在进行教授、博导的资格评审，我们就规定在苏州医学院，要想拿到教授职称的话，必须有科研工作和科研能力，要有发表在SCI[①]的论文，

[①] 美国《科学引文索引》（Science Citation Index，简称 SCI）于1957年由美国科学信息研究所（Institute for Scientific Information，简称 ISI）在美国费城创办、1961年出版的引文数据库。SCI（科学引文索引）与EI（工程索引）、ISTP（科技会议录索引）并称世界著名的三大科技文献检索系统，三者均是国际公认的进行科学统计与科学评价的主要检索工具，三者之中以SCI最为重要。

所以当时的苏州医学院教师的科研水平和质量普遍是很高的,在江苏省我们超过南医大而排第一,全国138个医学院校中我们排第16位。后来还组织一些青年教师的培训,设立青年教师的基金,用奖励的形式激励他们做科研。

孙 您也提过,培养这些科研能力,其实最主要的是对科学思维的培养。

阮 科研工作是要在前人研究的基础上发现问题。前人能够做这些研究工作,并发表高水平的论文,说明他解决了问题。那他是不是全部解决问题了呢?若是没有全部解决,其中的关键在哪里呢?这是我们科研实际中常提到的说法,一个idea是要想出来、提出来的。那什么叫科研工作?要能够想出问题来,且问题具有一定的科学性,这叫作科研。另外想出来的问题要有可行性,倘若你一天到晚想了很多问题,可都是根本没法实现的,而且不实在,那就没有意义了。

孙 您在接受《健康报》的采访时还提出过一个设想,就是您发现科研人员的交流和组合方面的制度不太灵活,所以您那时候希望医疗单位可以邀请一些科研机构的人员到医院兼任一定的工作,参与一些临床问题的研究。医疗单位的人也可以到科研单位兼职或者工作,利用科研单位的仪器去完成一些临床的科研工作,或者是组建一些研究组、实验室进行多学科的实践。不知道您后来有没有实现这个想法呢?

阮 这方面的设想国家也在努力去实现。我在法国留学的时候看到,法国有个法国医学科学院研究中心,从事非常基础的研究;还有一个法国医学科学院研究所,它所有的下属研究所或者研究单位都设在医院里。我当时就是在卡昂教授的一个研究单位专门研究血小板以及血栓止血的。他们和临床结合得非常密切,因为临床上面经常碰到血栓病人、出血的病人,像我们研究血小板,就是专门与得血小板毛病的患者打交道。法国的患者非常好,他知道自己这个病现在还没有解决,所以他每三个月都会来找卡昂教授一次,到医院来献血,把自己的血给卡昂教授,帮助卡昂教授研究这个病的成因和治疗方法,希望今后得这个病的人能够得到更好的治疗。这让我很感动。那么国内有一些单位,包括上海交大附属瑞金医院和上海科学院组建上海健康所,因为受法国人的影响比较多,所以基本上模仿法国医学科学院的模式。我们的江苏省血液研究中心最终也设在学校里。

孙 刚才您提到的,杜子威老师曾经担任过苏州医学院院长,但是他实际的身份其实跟之前的很多学院院长和党委书记很不一样。

阮 对的,他是无党派人士,也是归国华侨。

孙 他是研究脑血管的专家，所以跟您的研究还是稍微有点儿联系的吧？

阮 他主要是做胶质瘤研究的，不是专门做血栓或者是脑梗、心梗研究的。

孙 因为他是从国外回来的，您正好也留过学，您跟他在这方面的思维方式更吻合一些吧？

阮 是的。他主张外科医生不能只做一个开刀匠，专门拿手术刀在病人身上划一道口子。他回来以后做了很大的贡献，在我们学校里办了一个脑外科实验室。就是说，对于临床上遇到的许多疾病，他要到实验室来进行研究，以提高诊断与治疗的水平。

孙 我记得您之前说过，SZ-1号诞生那会儿，后来跑去杜子威院长那边那个实验室看结果，说的就是这个脑外科实验室吧？

阮 对，杜子威院长那里有仪器设备，他父亲给了他一笔钱，买了很多新设备支持他回国，所以他父亲也是很伟大的。

孙 杜子威院长的父亲是华人，那他母亲是日本人吧？

阮 是的，他母亲是日本人，他父亲真不容易，慢慢通过努力成为一个成功的商业人士，是东京华侨商会的会长。因为他是苏州人，所以最后还是要儿子回到苏州。

孙 等于是杜院长替父亲回来报效祖国，报效苏州。

阮 是的，所以他父亲是挺伟大的。

孙 当时您出任苏州医学院副院长的时候，党委书记是印其章，他好像也是上海人？

阮 是的。除此以外更重要的是，他是从法国人办的上海震旦大学毕业的，从那里毕业的人都会讲法语，他也会讲。而且当初我在法国的时候，他也到过法国，是由我负责接待他的。

孙 是您在法国留学期间？

阮 是的。此外，还有前面咱们提到过的王振义教授，他1981年第一次到法国，也是由我负责接待的。王振义教授法语讲得特别好，卡昂教授的秘书都不相信他之前没有到过法国。

孙 那个时候苏州医学院党委书记、院长跟您之间有特别多的共性，您跟他们一起管理学校还是很合拍的。那您后来在苏州医学院的副院长岗位上历练了多久之后再出任院长呢？

阮 到了1993年，杜子威院长60岁，组织上又找到我说，如果杜院长在国内的话，我们也要请他卸任了,所以你一定要出任院长。我就在1993年开始担任苏州医学院的院长,一直到了2000年。2000年的时候苏州医学院跟苏州大学合并,而且我也已经超过60岁了,所以江苏省教育厅领导让我就不要再担任并校以后的校领导了。我答应了,并且我问是不是需要我继续担任江苏省血液研究所所长。省教育厅领导说那可以担任的,所以到现在我还是江苏血液研究所所长,就是这么一个情况。所以我实际上是苏州医学院与苏州大学合并之前的最后一任院长。

孙 苏医其实是很有历史的,那时候您接任院长的时候苏医都已经有八十多年的历史了,每一代苏医人都在不断努力,以成就更棒的苏医。当您成为苏医的院长后,您应该比任副院长的时候有更多责任感吧?

阮 我当院长的时候很注重发挥团队的作用,因为我知道我自己的时间、精力有限,所以尽管我是苏州医学院的院长,可我依然还是不管人事和财务的。我们当时有一个常务副院长顾钢同志,他非常能干,所以人事和财务都是他在管的。我实际上还是主要抓学术和国际交流。

孙 当时的副院长帮您承担了一部分的职责压力,对吗?

阮 不,应该说苏医的领导集体大家分工明确,因为一个人的能力有限,他这方面的能力比较强,他就应该去主管这部分事务。所以我们苏州医学院的整个领导班子是很和谐的。每周都召开一次党政联席会议,解决当前工作中的问题。我很注重发挥团队里每一个人的作用,把大家团结在一起,而不是实行家长制,不是什么事情都由我一个人做决定——那肯定是不行的。

孙 这一点特别重要,尤其是在您担任院长之后,这个理念其实也影响了其他很多人。您担任院长之后,行政这一块的任务压力应该比以前更大了。那您怎么去分配时间与精力,包括带学生、做科研呢?

阮 那时候,有一次电视台来到我家里采访,我夫人就直接和他们说,我年初一都要去上班的。

孙 所以您每天的时间都排得特别满,都没有什么业余生活,也没法陪伴家人了。您以前的那些爱好,比如戏曲、运动之类的还有在继续的吗?

阮 早就放弃那些爱好了。从法国回来之后,基本就全部投入工作了。

孙 您出任院长是从1993年到2000年,大概是七年左右的时间。我发现这段时间内有两个亮点工程,第一是教师团队的建设。

阮 是的,学院院长工作中一项很重要的内容就是要把教师队伍建设好。

孙　在那个阶段，苏医已经拥有了博士生导师的自审权，副教授、副主任医师的评审权吧？

阮　是的，在并校之前，我们苏医就已经有了基础医学、形态学、临床医学、内科、外科等学科的教授评审权。

孙　这其实是非常关键的。这是衡量一个学校发展非常重要的指标，也是完善教师团队建设非常重要的体现。

阮　在并校之前，在江苏省八所医学院校中我们苏州医学院都是排第一的。

孙　另外一个亮点工程就是教育。这期间，您做了一件非常重要的事情，就是进行专业架构的调整吧？

阮　从学校层面来说，原来本科专业是两个，后来扩展到十个；专科一共是五个，被称为"九系二部"。"九系"是指临床医学系、放射医学系、预防医学系、医学影像系、药学系、儿科医学系、生物技术系、护理系、外语系。

孙　哦，怎么学校还专门有一个外语系的呀？

1999年，阮长耿（左三）与苏州医学院其他党政领导的合影

阮 你要知道，那时候的苏州医学院不像那些综合性的大学，在医学院里我们不仅要从事繁重的教学工作，而且要跟法国、美国、日本等国家进行交流，所以语言的学习还是比较重要的。

孙 大概从您出国后，苏医对外的学术交流活动也开始活跃起来。我这边搜集到一些数据统计显示，苏州医学院与苏州大学合并之前二十年左右的时间里苏医大概派了两三百名教师和科技人员出国访学、进修和进行学术交流。

阮 对。

孙 不仅是我们送教师和科技人员出国，而且还有法国的医生到我们这儿来学习，那时候他们来苏州医学院主要学习什么内容？

阮 就是来参与住院医生培训。法国有好几个医学院，包括巴黎的大学、蒙贝利亚尔的大学，他们都有学生到我们这里来进修、实习。

孙 是因为我们的水准也提升了很多吗？

阮 对，而且也会因为我们的病人多，在我们这里可以接触到更多不同的病人。外国的学生到苏医来学习胃镜操作，我们有一个消化科的主任，自己当病人，告诉留学生应该怎么插管子，这样插不对——因为他感觉到这里不舒服，应该怎么做……留学生还是很感动的，回去以后还宣传——"苏医的老师自己当病人给学生做临床实习。"

孙 真的是手把手地教呀。

助力苏州医学院与苏州大学合并

孙 有一个非常重要的转折点是2000年的4月,苏州医学院和苏州大学合并。这样的合并,从专门的医学院,变成一所综合性的大学,您觉得对苏医来说是一件好事吗?

阮 当然是件好事。哈佛大学为什么出名?对于哈佛大学来讲,它有一个医学院;对哈佛大学医学院来讲,它是在university(大学)里的。因为医生的培养不是单单靠数理化科学知识的教育,更主要的是靠人文教育,医科生在university(大学)里面会接触到文科的学生,比如说法律系的学生,这对于他们怎样处理医患矛盾、怎样跟人打交道是很有帮助的。医生的人文教育应该是非常重要的,因为医生首先要接待病人,让病人觉得医生在帮他,彼此是一家人。病人相信了医生,才能把许多事情甚至包括隐私都告诉医生,帮助医生进一步明确诊断。医生给病人治疗的时候,他首先要取得患者的信任,我们称之为依从性[①]。病人会听,会相信医生的话,就会按照医生的治疗方案去做。很多医生开了药给病人,病人回去也不吃,那样的话,治疗效果肯定不会好。所以处理好人跟人之间的关系是很重要的,医生要能够很耐心、很仔细地倾听病人的话,同时也要善于交流,取得病人的信任,病人才会做进一步的检查,或者进行手术治疗……医患双方都要有这样的配合意识,这样最后才会取得满意的疗效。所以医学院应该而且也必须办在综合性的大学里面。

还有一个原因是,医学院也要对学生进行基础教育的,医学院学生也要学习

[①] 依从性(Patient compliance/Treatment compliance)也称顺从性、顺应性,指病人按医生规定进行治疗、与医嘱一致的行为,习惯称为"病人合作";反之则称为非依从性。依从性可分为完全依从、部分依从(超过或不足剂量用药、增加或减少用药次数等)和完全不依从三类,在实际治疗中,这三类依从性分别占1/3。病人对于具体用药的依从性,即为该具体药物的依从性。

物理、化学的。我在担任苏州医学院院长期间就有一个学生来告状说，物理老师上课讲的内容有错误，我问他怎么判定是老师讲错了呢。他告诉我，他高中的老师就已经告诉过他们那个应该是怎么样的，而今大学物理老师明显就是讲错了。怎么会这样呢？因为苏州医学院的数理化教师其实在大学生里面的都不是优等生。你想想，优等生肯定是到科学院或者到大学里面去，比较差一点的才会到医学院。但是从刚才讲的我们知道，医生的培养，人文知识与数理化知识同样重要，只有这样，现代科学技术才能更好地被运用到病人身上，用到医疗中。所以我在担任苏州医学院院长的时候就希望参照北京协和医学院——他们的学生在校期间，前面的三年，就到北大生物系来上课，这样他们就有机会听到全国最好的教授上课，能够得到最好的数理化的教育。所以苏州医学院与苏州大学并校以后我们医学院的学生，上物理课的时候能跟物理系的学生在一块儿，上化学课的时候跟能化学系的学生一块儿。

当时苏州医学院与苏州大学并校的时候我抱着很大的希望，我们跟苏大的合并我是坚决赞成的，这是强强联合。并校以后我希望苏州大学、苏州医学院好好整合在一起，能够办成中国的斯坦福大学。但是当时其实还有很多不同的声音，有人就觉得苏州医学院在全国同类院校中的排名很靠前，如果合并在一起，能不能兼顾到两边的平衡发展；还有一些人更为直接，他觉得并校之前，苏州医学院是全省第一，现在一并就是落后了；再有一些人觉得合并到一起之后苏州医学院就会失去了独立性，本来对外的交流，还有附属医院什么的都是属于医学院领导的管辖范围，非医学专业的领导是不是能够管理好医学院；等等。类似的争论和担忧，在当时是特别多的。

后来王卓君[1]书记和朱秀林[2]校长上任以后，就与我们交流。特别是在2007

---

[1] 王卓君，1958年3月生，江苏宜兴人，江苏省政协委员，国家自然科学基金通讯评审专家，国家社会科学基金通讯评审专家，江苏省人民政府咨询专家、江苏省人民政府研究室特约研究员，中国高等教育学会地方大学研究分会副会长，中国地方大学协作会会长，Frontier of law in China、Springer Press 特约审稿专家。历任东南大学党委副书记兼副校长，南京工业大学党委书记，苏州大学党委书记。

[2] 朱秀林，1955年10月生，博士、教授、博导。先后于1982年、1985年和1987年在浙江大学分别获学士、硕士和博士学位，1994年获国务院政府特殊津贴。历任苏州大学校长助理、副校长、校长。现任苏州高博软件技术职业学院院长，兼任中国学位与研究生教育学会副会长。曾任教育部高等学校化学工程与工艺教学指导分委员会委员，江苏省化学化工学会第十届理事会副理事长、高分子专业委员会主任委员。

年举行了一次苏州大学医学教育研讨会上,他们说到他们去欧美交流和访问的时候,发现在国外最有成就的都是苏医的毕业生,但是这些毕业生不大愿意接待他们,他们说得很直接,他们不是苏大的学生,他们是苏医的学生。我就和王书记、朱校长他俩说,你俩放心大胆地请他们回来,然后我再来跟他们说,我来做他们的工作。因为我一直主张,苏州医学院伴着苏州大学,好处是很多的,所以我们必须认可这一点,而且我们必须团结一致,专注于怎样努力把苏州大学的医学教育搞上去。所以从2007年以后,我们就成立医学部——苏州大学医学部,从那时候他们两位校领导就开始实践了。于是医学部获得进一步发展,现在我们基本上能够赶上或者超过南医大。这样的话,我们整个苏州大学的排名,也因为医学这一块而有很大的上升。

孙 这是我们要一起继续努力的方向。

阮 对。

孙 听到您刚所说的,我才知道,当时苏州医学院与苏州大学合并的时候,有很多

2007年,阮长耿(前排右四)与参加苏州大学医学教学发展研讨会·血液学专业代表合影

不同的声音。那当时的合并就是受到了2000年前后的那波高校合并潮的影响吧?

阮 所有的学校在发展过程中都经历过并校—分校—并校—分校,我们之前分校的原因就是1957年的时候向苏联学习——苏联有很多专门的学院,所以1957年像浙江大学和北京大学等高校就把医学院分出来了。在那时候都把综合大学的制度视作是美国式的制度,是要不得的,我们必须学习苏联的。后来李岚清同志觉得应该把综合性大学搞起来,我认为这个想法是很好的,我很赞同。当然有一些大学包括医科大还坚持独立着,那是因为找不到很合适的大学去合并。应该讲,医学院在综合性大学里面一定发展得更好,能够学到更好的数理化知识,能够打好更扎实的基础,能够接触到人文学科,更容易跟患者沟通。因为医生不是看病,是看病人,这是关键。

孙 落实到最后还是需要跟人来沟通的。

阮 对,医生不是只要单独专门看他的肺、胃等患病的器官。这个器官是病人的,是病人的器官出了毛病,还是必须从整体的角度出发去诊治病人。

孙 我们看到,现在很多新闻报道、电视剧里都讲医患关系紧张。撇开病人这个角度,医生本身也是需要接受更多交流、说服、沟通的技巧训练,这是非常重要的一件事。

阮 对,医生必须尊重病人,把病人当作自己家人一样,去帮他们解决问题、祛除疾苦。有的人看到医生以后自己就觉得病好了一半,所以医生还是必须有善于沟通并让病人相信自己的能力。

孙 那您现在依然非常看好苏州大学医学部的发展吧?

阮 对,最近几年苏州大学医学部的发展特别好,这正是我所期盼的。

结识唐仲英

孙 阮老师,我关注到对于江苏省血液研究所以及我们血液学的发展来说,实际上有个很重要的人物,他叫唐仲英①。

阮 是的,非常重要。唐仲英先生是一位美籍华人,他是苏州吴江人,小时候都是待在吴江的,所以他对吴江、对苏州的感情很深。唐仲英先生早年出国,在美国发展事业,取得很大成就。1995年以后,他也退休了,随着我们国家国际地位的上升,他觉得应该落叶归根,便一直惦记着家乡,想着要回来。他在美国设立了一个唐仲英基金会,然后他跟美国政府讲,他是中国人,因此他这个基金会一半的经费要用到中国来,所以他回来后就先开始办希望小学,投资到教学方面,再投入大学的科研,然后投入中医、中药方面的研究。所以他的基金会主要关注希望小学、大学科研以及中医中药研究这三个部分。有一次唐仲英到苏州来,想要资助中药方面的研究,同时他想在苏州的大学设立奖学金,就首先来到了我们苏州医学院。他来找我的时候,我就和他说,我们苏医,包括欧莱雅在内的很多园区的公司都给我们的学生设立奖学金。我希望他给我们另外设立一个青年教师基金,来鼓励我们青年教师,除了教学以外能够从事科研,如果能够发表SCI论文,我们给予奖励。我记得,当时发表一篇SCI论文,我们就奖励1000元或者2000元——现在人们觉得这个数目并不多,但是在那时候这些钱还是不少的。他觉得我这个院长对老师还不错,所以他在见了很多学校的校长、院长之后,对我阮长耿印象特别深

---

① 唐仲英(1930—2018),江苏省苏州市吴江区人。为避日本侵华战乱,自幼随父迁至重庆,后辗转到了香港。美国唐氏工业集团董事长,美国唐氏工业集团创始人,唐仲英基金会董事长。知名慈善家,资助南京大学建设南京微结构国家实验室。唐仲英基金会已在南京大学等18所国内高校和1个地区设立了"唐仲英德育奖学金",先后已奖励3200多名品学兼优、家境贫困且热心社会公益的大学生。

刻。后来就一锤定音,在苏医设立了一项青年教师奖励基金。

2000年苏州医学院合并到苏大以后,当时的朱秀林副校长就说,唐仲英先生在上海、在南京的大学投了好几个亿,却没有投到苏州来,然后朱副校长就去拜访了他。唐仲英先生就问苏州大学哪个科研项目需要他投。后来朱副校长就把我请过去,唐仲英先生一看见我就很高兴,他叫我阮院长——我已经退下了他还叫我院长,他问我需要什么,我告诉他我们需要设立一个血液研究中心。因为我们临床不错,病人也很多,在血液学教授的指导下我们实验诊断的水平也很高,许多人家诊断不出的病,我们都可以诊断出来。但是就像陈悦书教授当初说过的那样,许多发病的机理医生和研究人员还弄不清楚,所以应该从基础研究着手,临床提出问题,再到实验室里来解决,解决以后进一步提高临床的诊断与治疗。唐仲英先生就答应给我们设立一个血液研究中心,后来挂牌叫作唐仲英血液学研究中心。成立以后,就在欧美招聘了12个科研人员,每个科研人员答辩以后审核通过,就成为苏大的特聘教授,享受一定的待遇,然后给其一笔启动经费。在唐仲英血液学研究中心成立两年以后,我们办过一次总结会,我记得这12个科研人员做了总

苏州大学唐仲英血液学研究中心

2011年，阮长耿（后排左五）和唐仲英（后排左六）等在血液学研究中心成立两周年仪式上的合影

结汇报，他们取得的成果都非常了不起。那次总结会上唐仲英先生当时就表示，他是一个商人，很讲究效益，在苏州医学院他只投了1000万人民币，产生的效果比他在上海交大和南大投的钱产生的效益还高，所以他当场决定要给苏州大学再投1000万美金，希望能够建立一个唐仲英医学研究院，也就是后来我们所叫的唐楼。这个医学研究院将以血液研究为中心，进一步发展医学各方面的研究。唐仲英先生虽然对我这个单抗没有怎么投钱，但是对我们苏州大学，包括医学方面，尤其是血液方面做出了很大的贡献。

孙　所以唐仲英先生的贡献从一开始对我们江苏血液研究领域扩展到现在整个医学领域，是这个意思吗？

阮　对，唐仲英先生现在的贡献是在整个医学领域。唐仲英医学研究院是模仿美国哈佛"HOWARD HUGHES MEDICAL INSTITUTE（霍华德·休斯医学研究所，简称HHMI）"的模式。就是我刚才说的，每年他们都要招聘一个团队进入该研究院，然后制订好计划，在接下来的两三年之内要达到什么目标，两三年以后就要根据计划一一核对。如果完成了目标，就可以继续留下来，享受唐仲英研究院提供的各种条件,然后继续做研究;如果没有完成目标,团队只能退出研究院,然后研究院重新招聘新的团队。

孙 那也挺残酷的。我发现您在唐仲英血液学研究中心、唐仲英医学研究院这些项目里起到的作用其实是特别关键的。

阮 反正我和唐仲英先生一见面就特别投缘。他是1930年生的,我是1939年生的,差得不多。如今只要他到苏州来,第一个电话肯定是打给我的。干什么呢?就要来看看我,告诉我他回来了,问我接下来这一两个礼拜有没有时间,约我一块儿吃顿早饭。

孙 呀,是吃早饭,这么特别?

阮 对对,就吃早饭,吃点儿馒头、稀饭什么的,就是他要看望一下我,我要看望一下他。

孙 唐仲英先生现在每年都回来吗?

阮 是的,因为他现在主要住在美国芝加哥,芝加哥的冬天实在太冷,虽然他在美国的时候也到拉斯维加斯过冬天的,但是他始终觉得在苏州过冬天比在美国要好,所以他每年肯定会回苏州的。

孙 算是定期跟您见面、聊天吧。

阮 对,他今年夏天也回来过一次,还约我到他家里去吃饭了。

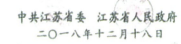

2018年获得"为江苏改革开放做出贡献的先进个人"称号

春华秋实

- 哪里开会什么的都要请我去,好像请了院士就能提高会议的档次。我现在很简单,会议题我不懂的,我绝对不会去。
- 通过我和卡昂教授的联系,巴黎卫生局局长愿意跟我们苏州医学院建立合作关系,这也算是我对中法交流做出的一点儿贡献。
- 当时很激动,这里有很多情感的问题,因为卡昂教授对中国比较友好,我们两个家庭之间关系也很密切,他还专程过来代表法国总统给我授勋。
- 我希望学生将来取得的成果会超过我,比我更好,青出于蓝而胜于蓝。

开启院士生涯

孙 我知道，参评两院院士是需要一定的准入门槛的，就您的了解，有一些什么基础性的要求吗？

阮 其实国外评选院士主要由院士推荐。只要院士认为这个专家的工作在国内外同行中间是开创性的，对这个学科、这个专业的发展有益，就可以了。现在我们国内院士评选有两个渠道，一个是由院士推荐，另一个是科协系统推荐。因为院士是学术界最高的荣誉称号，它主要需要参评人员在科学领域得到国内外同行的认可。我们在20世纪90年代推选院士是通过组织推荐。当时，核工业部觉得我的工作比较好，希望苏州医学院的人能够组织材料，然后推荐去中科院或者工程院评选院士，就像当年我出国要考试一样。由单位组织整理好材料以后，在单位公示，让大家看看院长准备报院士去了，他的材料是不是能够反映他的真实情况，有没有不合适的。这其实是一个很认真的、负责任的状态和过程。

孙 您当时是属于组织系统推荐的。

阮 对，是通过核工业部报备国防科工委推荐的。

孙 所以并不是之前的院士推选您的。

阮 那时候还没有院士之间推荐这种评选方式。刚开始是由各单位推荐，后来慢慢过渡到由院士推荐。推荐到了中科院、工程院之后，院士们都会在一起讨论参评人员，这一点还是比较重要的。

孙 好像现在也都是要经过院士讨论，然后还要经过院士投票之类的？

阮 那当然，过去也要投票的。只是申报的途径、申报的渠道不一样。那时候实际上科协可以报，学会也可以报——比如说我们中华医学会也可以申报，但是没有像现在组织得那么好或者说那么规范。

孙　申报材料提交之后，大概得经过多长时间才知道自己有没有评上院士？

阮　这个就记不得了，不像现在大家都很清楚，如果要参评院士，是要在当年3月之前提交材料，当年9月之前要将参评人的书面材料发给各个院士，接下来就是投票了。那时候因为院士的数目不多，不像现在有几百，那时候大概一百都不到。所以原来是每年评选一次，而现在是每两年评选一次。

孙　现在每两年评选一次，叫增补名额。

阮　是的，国外也是这样，比如说法国医学科学院有的院士老了、走了，大家觉得这个队伍人数少了，就要增补一些。

孙　那每年增补的名额，并没有固定数量的吧？

阮　不是，按照具体的情况增补，每年都不会一样的。

孙　1997年12月4日，您应该不会忘记这一天，从北京传来了当年两院院士评选的结果，您荣膺中国工程院院士。当时这消息是谁第一时间来告诉您的呢？

阮　我也不清楚，是由学校里面通知下来的，但是到底是工程院通知学校的，还

阮长耿的中国工程院院士证书

是国防科工委通知学校的，我也没去问过。

孙 您接到这个消息的时候，当时的心情是什么样的？

阮 说实话，心情也没有什么很特别的。以我现在的心境来说，我也很难回忆二十年前我的心情是如何，因为确实不是发生在当下，而人的感受还是会有变化的。

孙 我看到过1997年苏州电视台对您的采访，当时记者也问了这个问题，您当时表达了开心、喜悦的心情，同时更有鞭策自我的一种想法。但是我在后来的一些报道里发现，您好像表现得比较平静，没有觉得有多大的变化。我就有些好奇，您也是非常平淡地把这个好消息告诉您的家人吗？

阮 对，反正家里什么欢庆之类的仪式或活动都没有举办。

孙 那学校里得知这个喜讯是什么反应呢？因为毕竟对苏医来说，您是首个本土培养起来的，又长期在苏医工作的院士。

阮 学校知道这个消息后当然就都很振奋了，特别是常务副院长顾钢同志，因为这对学校的排名，对学校的声誉肯定会有很大的提高，对大家也是一种鼓舞。所以，学校里就组织召开了庆祝会什么的。

孙 院士也是分不同的学科门类的，如生命科学医学类的，以及其他学科类的。那您认为您能够当选的重要原因是什么？

阮 就是你的工作得到国内外同行的认可，然后对这个学科的发展有推动作用，就是符合评选院士的条件，很简单。

孙 我找到了当时的入选评语是，对您长期从事血液这方面研究的认可，特别是在血小板、血栓与止血这个细分的领域取得了非常重要的成就。我觉得一是长期，二是显著，这两者都是非常关键的。

阮 是的，两者都很重要。

孙 做科学研究好像是无止境的，假设我今天完成了某个研究，我接下来可能要去做另一个研究，就是永远不知道我停下来这个点到底在哪里。那么让您保持这种非常长久的科研热情的动力到底是什么？

阮 可能就是因为兴趣吧，它一直驱使着我，让我一直面向前进的方向，不停下来。

孙 现在对院士的新闻宣传报道特别多，您那个时候可能还不像现在这么夸张吧？

阮 没有，没有什么仪式，就是说你要承担院士的义务和责任。

孙 这重于荣誉吧?

阮 对。

孙 院士需要承担哪些责任与义务呢?成为院士之后,您的工作会有一些改变吗?

阮 有。哪里开会什么的都要请我去,好像请了院士就能提高会议的档次。我现在很简单,我不懂会议议题的,我绝对不会去。我懂什么?就懂血小板,我觉得跟我这个专业有关的话,我就能够发表意见、提出建议。我对这个会议或对这个单位有帮助的,那我应该去,因为这是我应该承担的义务。现在不是还设立院士工作站嘛?像内蒙古呼伦贝尔,上次我们去过一次,那边有血液科,主要研究在出血类疾病、遗传性疾病这些方面怎么提高诊断。我们苏州还是有些办法的,那我们就去帮他们建立一个工作站,提高那边的诊断水平,这是我应尽的义务。像其他有些项目或会议跟我研究领域关系不大,只是因为我是院士就邀请我去,那第一我对他们也没帮助,第二我毕竟这么大年纪了,就没有必要了吧。所以我觉得我在这方面的处理还是比较恰当的。

2019年荣获国际血栓与止血学会"终身成就奖"

中法交流结硕果

孙 阮老师,我发现您一直致力于促进中法两国之间的医学交流,这一定是跟您早年留学法国的经历密切相关。

阮 我在留学法国期间,中途曾回国了一次,当时很多人出去就不回国了,因为国内没有条件。我为什么要回国呢?因为卡昂教授在1981年3月来我国访问,我们苏

1981年,卡昂教授(左三)访问苏州医学院时与陈王善继院长(左四)、杜子威副院长(左一)、陈悦书教授(右二)、阮长耿教授(右一)合影

州医学院给他安排了对苏州、北京、上海等地的医学院校和医院的考察，主要是对血液研究方面的考察。我就陪着他参观我们苏州医学院，当时卡昂教授就和我们苏州医学院签订了一个协议。

孙 这个协议是关于什么方面的呢？

阮 关于巴黎第七大学与苏州医学院两所学校在血液研究方面进一步交流和合作的一些事项。

孙 所以主要是您帮着联系和安排的吧？

阮 对。那时候外国人来中国一趟不容易，我们苏州医学院可以直接通过核工业部，报备国防科工委审批下来，所以比其他单位报批要方便一些。如果是地方的话，要先后报苏州市，再报江苏省，江苏省还要获得我国外交部的批准，这其中的手续是非常烦的。包括后来我们苏医的对外交流都很频繁，主要原因，是我们能直接与国防科工委联系，这样一来，我们苏医开展国际交流就特别容易，出去签证什么的都方便多了。

孙 1982年的时候，法国巴黎的卫生局局长巴莱士也来苏医交流，正好还参观了当时刚建立不久的血栓与止血研究室吧？

阮 这个完全是卡昂教授发挥的作用，因为巴黎卫生局局长是卡昂教授很好的朋友，而且卡昂教授觉得1981年来访的时候，签订的那个协议只是双方关于血液研究方面的交流，后来他觉得中法医学交流应该要放在更高的层面上，完全可以从苏州医学院综合性的层面需要来进行交流。这样一来，中法双方在包括心血管、脑血管在内的内科与外科方面就可以有更高层次的交流。所以，是卡昂教授牵头促成了巴黎卫生局局长来访苏医的。

孙 这也为后来双方在一系列大范围内的交流和合作打下了良好的基础吧？

阮 对，巴黎卫生局局长来了以后就看到，苏州有这么一所医学院，而且苏医的历史悠久，给他留下了特别好的印象。通过我和卡昂教授的联系，巴黎卫生局局长愿意跟我们苏州医学院建立合作关系，这也是对中法交流做出的贡献。

孙 这个合作具体是关于什么内容、什么方面的合作呢？

阮 巴黎有很好的医院，他们可以创造条件让我们苏医有前途的年轻人去培训、学习。当时签订合作协议的时候，约定不管是哪个科的优秀青年，都有这个机会。然后机票由我们院里负责承担，接下来到了巴黎以后，对方负责解决吃、住的问题，以及尽力为我们的年轻人创造培训与学习的条件。以一年为期限，这些年轻人掌握技术以后就回国,若是特别优秀的年轻人,可以继续学习两年。所以自1982年跟巴黎卫生局签订这个协议以后,苏州医学院就培养了一批高水准的临床医生。很多留学医生到了一些国家比如美国,外科医生是不能上台开刀的,因为他没有执照,内科医生也是不能行医的,但是苏州医学院派去法国的年轻医生,如果其学的是神经内科,巴黎卫生局局长就把他分到巴黎最好的神经内科医院,让他在这家医院里跟着老师一块儿查房;如果他是外科医生,那他就可以跟着老师一块儿上手术台参与做手术。

孙 这些年轻人回国以后,都成为骨干了吧?

阮 对的,而且都能讲法语,对法国很有感情。所以我对这件事非常感动。

孙 卡昂教授接下来一次来中国,是在1982年,那年他是来参加学术交流活动的吧?

阮 我们那年办了一个中法血栓与止血交流日的学术活动。

孙 这个交流日的活动只是针对我们苏州医学院的,还是针对全国的?

阮 是针对全国的。后来在1985年的时候,我们还办过第二届中法血栓与止血交

1982年,第一届中法血栓与止血交流日活动中的阮长耿(右一)和卡昂教授(左一)

1985年，阮长耿（第一排右一）在第二届中法血栓与止血交流日上同与会代表合影

第二届中法血栓与止血交流日（1985年）和第二届苏州血小板免疫学学术会议（1992年）日程

流日的学术活动，当时卡昂教授还请他在澳大利亚的学生，也是一位非常出名的研究者一块儿参加的，所以1985年的第二届来参加的人更多。

孙 在1985年那会儿，我们国家举办的这种血液学科领域国际性的学术会议还不多，所以这是一个很宝贵的机会，特别是对那些平时很少接触到国外前沿医学信息的人来说。

阮 是这样的。我们希望为大家接触国外前沿医学信息尽可能地创造条件。

孙 我看到当时的会议小册子还保留着，上面有日程安排，有很多外国专家来做报告，但是他们的资料都是中文的，那时候是您翻译的吗？

阮 有我翻译的，但不只是我一个人——我组织了一个团队来翻译的，那时候学校外文教育组的法语老师也帮我们翻译了不少。

孙 会议涉及的内容是非常丰富的，不仅是血栓与止血领域里的专家和学者来做报告，还有像脑外科之类的专家和学者也来参加汇报。

阮 是的，我们通过血栓与止血研究议题牵头，将大家聚集起来，从不同的角度

1987年，阮长耿（第二排右八）在苏州医学院第三届血栓与止血学习班上与学员们合影

1984年，卡昂夫人（右三）在苏医的法语培训班上讲授法语

探讨血液研究中的问题。

孙 我发现您一开始教学的重点放在研究室的内部人员身上，后来就慢慢着重于国内整个学科的发展上。您接连不断地办了六期全国性的血栓与止血学习班，其实也是将血栓与止血这个细分领域逐渐介绍到国内了吧？

阮 对，也培养了不少人。我会尽可能将血栓与止血这个领域出色的国外研究者邀请来，给我们讲一讲血液研究方面最新的进展，让更多的中国人了解这些知识、这个领域。

孙 您特别无私，您还给大家开设了法语培训班。

阮 那时候因为我们要送很多优秀的年轻人去法国参与学习与培训，那是要马上进医院的，不能有翻译，所以我们通过中国驻法国领事馆邀请愿意到中国来的法国人当老师。而且这些法国人的要求很低，只要给他们解决住宿问题。这促进了我们苏州医学院与国外的交流，因为这种交流首先得有一支能讲外语的队伍。

孙 我听说卡昂教授的夫人也来培训班上过课。

阮 对，她是作为志愿者自愿给苏医的年轻人上法语课的，同时她自己又在学中文。那个时候，每个星期四晚上我就请她到我家里吃饭，她就用我家里的电话跟卡昂教授交流。后来，她还去北京语言学院系统地学中文。

1992年，阮长耿教授在中法友好医院成立庆典上致辞

孙 那她的中文水平应该比较好了。

阮 她中文讲得不错，而且她的儿子在中国企业里工作，她的外孙现在也讲中文——他们全家人对中国都很有感情。

孙 可以说，接下来在您和卡昂教授的推动、促成下，中法双方取得了更重要的交流成果，那便是在1992年，苏州中法友好医院建立。

阮 当时送到法国学习的医生回来以后，我们都集中安排到苏州医学院第二附属医院，就是现在的苏州大学附二院，而且这所医院也能够接受来自法国的进修生，所以该医院变成中法医学交流的一座桥梁。1992年的时候我们就通过中国外交部、驻法国使馆正式给附二院挂上了苏州中法友好医院的牌子。这个医院在法国也很有影响力。在挂牌二十周年的时候，我们办过庆祝仪式，卡昂教授和法国大使也都来参加了。而且法国医学科学院代表团2017年10月也来中法友好医院访问了。

孙 因为这种模式和苏州以前其他医院的模式是不一样的,这个医院建立之后,它的国际化特色会更加突出吧?

阮 对,附二院的医疗技术也进步得比较快。像现在很多外科手术不需要开大刀了,都改用微创了,开个小口就能根治患者的病。这种微创技术就是从法国回来的附二院的副院长吴浩荣[①]教授最早带到国内的,给国内病人带来很多好处。

孙 所以这种交流提高了国内的医疗技术,最终造福了很多病人。另外,我还看到,中国苏州医疗紧急救护中心好像也是您促成其建立的?

阮 过去我们也有救护站,哪里有病人,就去那里把病人赶紧拉上救护车,然后就近送到医院去。但是现在我们整合了,救护车里不单单有一个驾驶员,也有医生,医生能够初步诊断,而且也能施以临床急救,比如给病人做人工呼吸之类的。因为像心梗、脑梗的病人,在救护车上可能还没断气,但是等其到了医院之后就很可能错过最好的抢救时机。而有了医生在救护车里,就会及时地在救护车上抢救病人,并且也能初步判断患者得的是什么病,从而送到合适的医院以让病人得到最好的治疗。这个方面的工作法国做得比较好,其医疗紧急救护系统是相对独立的,是由当地卫生机构直接领导的。我在法国的时候觉得这个系统有很多优点,所以后来就把这个理念引进国内来,大概1994年在附二院建起了苏州医疗紧急救护系统。现在苏州市市立医院的洪院长,我曾请他到法国专门去学习,因为单单靠我们附二院做整个苏州市的医疗紧急救护,是不够的,还是要通过整个苏州市的卫生系统来实现。

孙 它形成的是一个救护网络,并不单独是某个医院的责任?

阮 对,至今它已经抢救了很多生命,这是一个很好的系统。

孙 后来苏州市和法国的南特市还结成了友好城市。

阮 苏州跟好几个法国的城市都结成了友好城市,有格勒诺布尔市、南特市等。其中的南特医院跟苏医附二院建立了密切的联系,我们很多医生,包括吴德沛教

[①] 吴浩荣,教授,主任医师,博士生导师,苏州大学附属第二医院副院长,享受国务院特殊津贴,亚太地区内镜、腹腔镜协会委员,法国医学创新协会副主席,中华医学会江苏省外科委员会委员,卫计委内镜专业技术培训基地主任,卫计委内镜专业技术考评委员会普外科内镜专业技术考评专家,江苏省医学会腹腔镜学组组长,江苏省医学会乳腺内分泌学组副组长,苏州市普外科学会主任委员。

1994年,阮长耿院长(左二)接待苏州医学院客座教授法国南特大学J.L.Haroussen博士

授就是在南特进修的,还有我们原来苏州大学的副校长张学光[2]也是在南特培养的。格勒诺布尔市和南特市等城市与苏州的友好关系都是在中法友好医院的推动之下建立的。

孙 友好城市之间从医学交流出发,后来整个城市都开始交流,这是由您这一个点带动了整个面的交流,这样的交流显得更有价值、更有意义。所以,之后友好城市之间的经济等各方面也都开展了交流吧?

阮 是的,就像欧莱雅,它是法国的拳头品牌,因为法国的化妆品在全球都有名,欧莱雅本来准备把中国公司放在上海浦东的。

孙 上海好像是一般跨国公司首选的地方吧。

阮 是的,但是那时候的法国领事,就劝欧莱雅没必要非把公司放在上海不可,

---

[2] 张学光,1951年11月生。教授,博士生导师,江苏省临床免疫研究所所长,苏州大学医学生物技术研究所所长,江苏省和卫健委共建干细胞与医用生物材料重点实验室主任。1990年8月在法国蒙贝利埃科技大学获得博士学位,1993年3月在法国南特医院继续博士后深造。

1996年,阮长耿院长(左二)参加苏州中国L'OREAL公司奠基典礼

问他们知道不知道苏州,欧莱雅公司的总经理说从来没听说过苏州。法国领事就跟他介绍,苏州就在上海旁边,非常近,而且苏州这座城市代表美,化妆品不是要讲究美嘛?那就应该把公司总部设在最美的城市。那时又恰逢中国改革开放期间,苏州建立了一个工业园区,法国领事就劝他们把欧莱雅公司放到新开发的苏州工业园区最为合适。法国领事还给他们推荐我们苏州医学院,鼓励他们跟我们合资,因为当时合资企业可以享受很多待遇。所以后来欧莱雅公司再做决定的时候,就到苏州医学院来访问和交流,他们知道了苏州医学院的院长是法国培养的,是法国国家博士,那时候他们就下定决心要一起合作了,之后就跟苏州政府具体谈了相关合作事宜。

后来欧莱雅公司还要求,希望苏州医学院帮助欧莱雅公司从事皮肤方面的研究,专门针对亚洲人、中国人来研究。比如亚洲人的皮肤跟欧美人有什么不同?他们的化妆品对中国人或者亚洲人的皮肤是不是有用处?又比如中草药里有很多有保护皮肤的成分,是不是可以利用这个机会,利用我们苏州的力量,来研究哪些成分可以加入,或者重新研发一个对亚裔皮肤更有保护作用的新产品?然后我们苏州医学院投资了5%,一起共建欧莱雅皮肤研究中心,所以我们苏州医学院本来有欧莱雅公司5%的股份,倘若保留到现在,那就不得了啦。

孙 后来没了?

阮 后来苏州大学与苏州医学院合并的时候,欧莱雅公司总部很关心,马上就来问我是不是还会当校长。我说我肯定不会再担任了,他们再进一步了解,觉得苏州大学不适合他们,而且那时候合资的待遇他们也享受过了,所以他们就最后决定把股份都给我们并终止了合同。我们5%的股份折合七八千万人民币,当时我就建议把这个基金作为欧莱雅的医学发展基金。这有什么好处呢?每年我们发放奖学金时,欧莱雅公司还来参加,而且还可以不断给我们补充奖学金。

两次授勋

孙 自20世纪90年代开始,您的各种荣誉纷至沓来,国家颁发的如有突出贡献的中青年专家、五一劳动奖章、全国先进工作者等,省部级颁发的如劳动模范、优秀共产党员等,我都没办法一一列举。这些荣誉对您来说,意味着什么呢?其实很多荣誉它也没有什么物质方面的奖励,您觉得对您来说会有很大的激励作用吗?

阮 那当然有了,就像读书时学校表扬三好学生似的,这些荣誉还是能推动大

阮长耿获得的五一劳动奖章和全国先进工作者奖章

家，给人以正能量的，对不对？

孙 您觉得这类荣誉还是需要宣传和报道吗？

阮 应该宣传，肯定要宣传好的、宣传典型、宣传模范，这样才能让大家学习，推动大家前进。

孙 那在您所获得的这么多荣誉中，有两项荣誉是很特别的，因为它们不是国内颁发的奖项，而是法国政府颁发给您的。

1994年，阮长耿参加法国国家功绩骑士勋章授勋仪式

1994年，阮长耿参加法国国家功绩骑士勋章的授勋仪式，卡昂教授代表法国政府为其佩戴勋章

阮 对，我1994年得过法国国家功绩骑士勋章①，由当时的法国总统密特朗授予我的。

孙 法国国家功绩骑士勋章是一项什么性质的荣誉呢？

阮 像金庸、贝聿铭都得过。

孙 所以它不是局限在医学领域的吧？

阮 它会授予法国公民，也会授予那些促进法国与其他国家合作交流的国际友人。

孙 那次举办过一个隆重的授勋仪式，是在1994年9月17日，在苏医的杏林堂里举办的，好像各方来参加仪式的人不少？

阮 那个仪式其实很简单，国防科工委领导、苏州市副市长陈浩先生，还有苏州市外办主任、欧莱雅集团代表、法国使领馆代表都来参加的。另外，卡昂教授是

---

① 法国国家功绩骑士勋章是法国的一种荣誉勋章，由拿破仑创立，原来主要用于奖励在战争中立下功勋的法国公民。1963年，在法国总统戴高乐倡导下，重新设立"骑士勋章"，成为法国政府的国家级最高荣誉。除了奖励为国家做出杰出贡献的法国公民外，还增加了奖励在为法国发展良好对外关系中做出杰出贡献的外国公民。给外国公民颁发法国国家功绩骑士勋章，首先要由法国外交部长提名，再由法国总统签发颁布。比法国国家功绩骑士勋章更高级别的勋章是军官勋章和将军勋章。

法国国家功绩军官勋章获得者，他可以代表法国总统给骑士授勋，所以是卡昂教授代表法国总统来给我戴上勋章的。

孙　您之前的导师卡昂教授给您佩戴勋章，意义也会有所不一样吧？新闻报道里说您非常激动，眼泛泪光。

阮　对，当时很激动，这有很多情感方面的原因，因为卡昂教授对中国一直比较友好，我们两个家庭之间的关系也很密切，他也专程过来代表法国总统给我授勋。而且对于苏州医学院来讲，他做出的贡献和给予的帮助，是完全可以获得点赞的。

孙　隔了17年之后，在2011年，您又获得了一枚勋章，这次的叫作军官勋章，与骑士勋章是一个体系里不同的级别吧？

阮　对，在法国，它有三个级别，一是骑士勋章，二是军官勋章，三是将军勋章。

孙　那么，这一次是谁授予您勋章的呢？

阮　是法国前总统德斯坦，德斯坦总统是我1979年到法国的时候在任的总统，我们第一批留法的学生留法期间会在圣诞夜看到总统对全体法国民众的讲话，而德斯坦总统也知道我是那个阶段去的法国。实际上法国总统授予我军官勋章是2010年5月7日，但是2010年德斯坦没有时间来华，所以为我授勋的仪式推迟一年，2011年5月德斯坦到中国来的时候顺便举办授勋仪式，给我佩戴勋章的时候德斯坦已经86岁了。

孙　那您真是特别的荣幸。

阮　是的，他还专门准备了讲稿，说我是"三好学生"；讲我到法国去留学，取得了什么样的成就；等等。

孙　所以这确实挺让人感动的。

阮　法国人还是比较有人情味的，他会将各方面因素都考虑到，而且整个仪式举办得也非常让人感动。

孙　当时拍的照片特别棒，把他给您佩戴勋章的那一瞬间都记录下来了，是特别宝贵的记忆。当时授勋仪式好像还不是在苏州举办的？

阮　是在上海，在法国驻上海总领事馆。

孙　那仪式的级别也比之前那次授勋高了很多。

阮　第一次获得勋章，是跟我血小板的研究有直接的关联；第二次主要是为了表彰我在中法之间的交流，特别是在中法友好医院这方面所做出的贡献而授予我的。大概法国有三千多个骑士勋章获得者，有两三百个军官勋章获得者，将军勋章

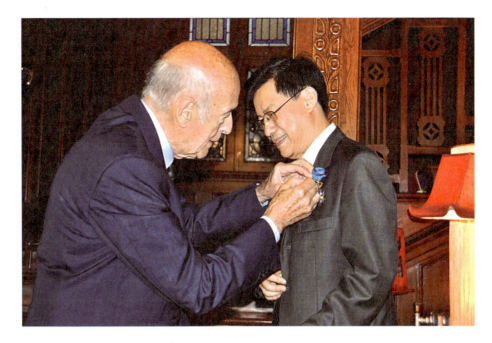

2011年，阮长耿（右一）在法国驻上海总领事馆被授予法国国家功绩军官勋章，法国前总统德斯坦（左一）为其授勋

阮长耿获得的法国国家功绩骑士勋章（左）和法国国家功绩军官勋章（右）

阮长耿获得的法国国家功绩骑士勋章证书

阮长耿获得的法国国家功绩军官勋章证书

获得者就更少了，它是作为一种精神鼓励，对给法国社会、国家做出贡献的人的一种奖励，它没有奖金，完全是精神上的荣誉。特别不容易，因为华人能够获得两次法国国家功绩勋章的是非常少的。

孙 其实，在2009年还有一件喜事，当年12月的时候，法国国家医学科学院举行院士会议，这个似乎有点像我们国家两院院士会议，当时进行了外籍院士的增补，您也当选了。

阮 我们国家也会有外籍院士，卡昂教授就是我们工程院的外籍院士。

孙 这也是对您的一种认可。当时对于得知这个消息的感受您好像说得特别简单，说您觉得所获的这些荣誉，都是中法交流的结果，非常简单地把您所做的这些贡献给总结了。

阮 全靠邓小平同志推行的改革开放政策了，把我们送出去，如果没有这一步，我们一直在国内，那样肯定不会取得这些成就啊、荣誉啊，做出贡献啊什么的。改革开放还是对我们整个国家、对培养年轻人非常有帮助的。

2009年，阮长耿获得的法国医学科学院外籍院士证书

Académie nationale de médecine

En vertu de l'accord signé entre l'Académie nationale de médecine de France
et l'Académie des ingénieurs de Chine pour l'attribution
du prix 2014 Académie nationale de médecine-Servier,
le jury réuni à Paris le 12 mars 2014 à l'Académie nationale de médecine a décerné au

Professeur RUAN Changgeng

le Prix de la coopération scientifique et médicale franco-chinoise

Le Secrétaire perpétuel,
Raymond Ardaillou

Le Président,
Yves Logeais

Xi'an, le 14 septembre 2014.

2014年，阮长耿获得第二届法国医学科学院"赛维雅奖"的证书

引领中华医学会血液分会

孙 阮老师,您是中华医学会血液分会的主任委员,这中华医学会是一个什么样的组织?是学术性的组织吗?

阮 中华医学会是我们医学界比较关注和重视的而又比较权威的一个学术机构,所以当选主任委员,就代表着这个人在这个领域里是被公认的。而且我当选的时候,是江苏省在全国当选主任委员的第一人。至少在血液学会里,一般都是北京、上海的人会被选为主任委员,其他地方就很少会有人能够当选主任委员。像苏州虽然不是省会城市,但是苏州血液研究的水准还是得到大家公认的,所以我当选也是很自然的事情。

孙 您在任期间,主要推进了一些什么方面的工作呢?

阮 我是从2006年到2010年担任中华医学会血液学分会主任委员的,这四年期间我花了很多精力推动了几个方面的工作。第一方面的工作是,整理了我们国家血液研究的历史,出了一本《中华医学会血液学分会成立三十周年》纪念册。以前从来没有人做过这方面的整理,但我觉得必须把我们中国血液学的发展简史好好整理一下。把发展过程中的几件大事,把历届委员会、每个主任委员的工作都介绍一下,然后再把我们几个不同的学组,比如白血病学组、血栓与止血学组等也都分门别类做了介绍,还记录了我们的各次会议。这本册子是2010年出的,对这之前的信息,我们都做了记录。这样一来,中国血液研究的发展,以及我们苏州血液研究在全国起的作用,便一目了然。像陈悦书教授,他在血液病研究领域里也做了很多工作,血液学发展之初就有他的身影,比如1970年在苏州举办的全国白血病治疗会议就是陈悦书教授组织安排起来的。"文化大革命"时期,大部分学术会议都不能正常举办,只有肿瘤方面的学术会议是可以正常举办的,所以我们就以白血

2006年，阮长耿（中间）当选中华医学会血液学分会主任委员

病的名义筹备了学术会议，那时候我就担任大会秘书长，专门安排这些教授的食宿之类的……现在看着这些纪录，回想当时真的是很不容易的。

孙 都是珍贵的回忆，而且都是您和老一辈的教授、专家们一步步探索出来的发展道路。

阮 第二个方面的工作呢，非常重要，在我任中华医学会血液学分会主任委员期间，我还建立了一个青年委员会，因为我特别重视继往开来。

2010年,阮长耿主持出版的《中华医学会血液学分会成立三十周年纪念》

孙　是给那些青年研究者一个交流的机会吗？

阮　是的，青年委员会对血液研究的发展还是非常重要的。我反复强调过，血液里的很多问题不是靠我们一代人就能解决的。

孙　我看到您好像还建过一个中华医学会血液学分会的网站。

阮　是的，这个网站主要以学习、信息交流为主，因为我们以前对这方面的关注不够。事实上，随着这个领域不断地发展壮大，这些配套的方面是必须跟上的，反过来其实也能帮助我们更规范、更好地向前发展。

孙　另外，您好像在这个阶段也牵头举办了很多国际会议。

阮　是的，2006年在苏州举办了第四届亚太血栓与止血会议。这是国际性的会议，举办得特别成功，是大家印象非常深刻的一次会议，我还留着当时的好多录像。另外还有一些国际性的讲学，比如说美国血液学年会中国巡讲。2011年在北京，我们就成功举行了第一届"Highlights of ASH in China"，就是第一届美国血液学年会中国巡讲。这是我第一次把该巡讲会议引到中国来举办，后来该会议在亚洲每年都要举办一届。

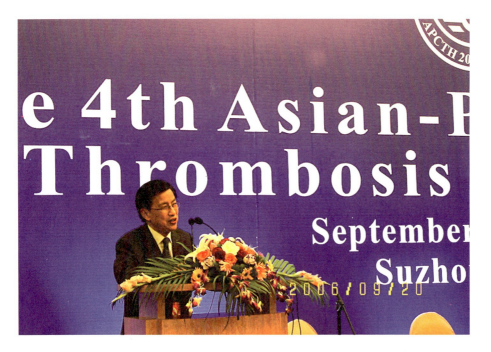

2006年，阮长耿在第四届亚太血栓与止血会议致开幕辞

2011年，阮长耿（右三）担任"美国血液学年会中国行"大会共同主席

青出于蓝而胜于蓝

孙 您觉得老师这个角色必须具备哪些能力?

阮 作为老师,得掌握一技之长,这一技之长必须对社会(比如说对病人)有用。老师其实无所谓好与不好,我觉得老师最重要的是要努力发掘每个学生的长处,然后在这个团队里或者班级里创造条件,发挥每个人的长处。像我们科研队伍的话,若把每个人的积极性都调动起来了,那肯定就会创新。当然,每个学生都有缺点,有的老师抓住了某个人的缺点不放,看不惯学生,师生关系弄得很紧张。我对这个很不理解。既然选择了这个学科,我们一定是希望这个学科能够更好地发展。就像我们的陈悦书教授,他觉得很多问题没解决,甚至医生解决不了,那就要找一个生化专业的人帮他解决,转换一下,这样才是真正在为这个学科、为病人考虑问题。如果有了一个解决方法,我们希望可以有更完善、更完美、更理想的结果,让病人能够健康起来,能够脱离肿瘤,这就需要有团队、需要有学生。我希望学生将来取得的成绩会超过我,比我更好,青出于蓝而胜于蓝。现在我们苏州血液研究领域,我希望像吴德沛教授,甚至更年轻的"80后"这些人,能够在全国或者在血液学科领域拔尖出来,把担子承担起来。

孙 您的很多学生都说起过,您在国际上知名度非常高,很多人出国,一说自己是阮长耿老师的学生,国际上知名的研究者就都会对他们刮目相看,觉得您的学生一定差不了,这使得知名的研究者都非常了解您。

阮 我有很多国际朋友,经常在我开国际会议的时候,突然跑到我面前,就来问我,吴庆宇是不是您的学生,杜晓平是不是您的学生,都想来求证一下。因为我从来没去美国进修、学习或者工作过,但是很多美国专家都知道阮长耿的学生了不起。有一位专家是吴庆宇在美国学习期间的老师,有一次专门跟我说,等咱们开全国血液会议的时候能否邀请他。后来他告诉我，他主要不是想看我们这里的专家，而只是想到我的研究所里看看，看看我是怎么培养出这么多优秀学生的。我觉得这是很有意义的，也是对我非常高的认可。那时候正好我在担任中华医学会血液学分会的主任委员，所以2010年在武汉开会的时候，我就邀请这位专家先到苏州来给我们讲课、交流，然后他还要看看那些从中国出去的，现在在美国都很出名的血液学专家们的师弟、师妹是怎么学习和研究的，换句话讲，看我是怎么培养他们的。

孙 因为您培养出了很多特别优秀的学生，而且通过这些学生，很大程度上也提高了我们苏州医学院包括江苏省血液研究所在国际上的声誉，是有这样一种作用吧？

阮 希望是这样的。

孙 您的学生都觉得您特别亲切，完全没有院长、教授的架子，我不知道您这样的话会不会有很多学生爱找您交流？像吴庆宇、杜晓平那时候的学生常常会来问您问题吗？

阮 这两个人是我带的最早的硕士研究生，而我是1986年才做博导的，因为他俩毕业的时候我还不能让他俩继续跟着我读博士学位，于是我把他俩一个送到澳大利亚去读博，一个送到法国去读博。这两人都非常出色，我印象最深刻的是，有一次我带着他俩到比利时开会，杜晓平在大会的每一个专家做报告以后，都能提出问题来，这不容易的，提出的是这个科学家在从事这个科研课题之后还没有解决的问题。我记得美国一个专家教授在做完报告以后，杜晓平就提了三个问题。那个专家就回答了他的两个问题，他说杜晓平第三个问题提得很好，但是因为会上没有时间，就让杜晓平找个其他时间再来谈一谈这个问题。后来杜晓平也真的去找他谈了，他告诉杜晓平，那第三个问题是他接下来想做的一项工作，就问杜晓平现在在哪里，想不想一起做。杜晓平说是我的硕士研究生，正在澳大利亚读博士学位，第二年毕业。那个专家就直接说，毕业以后就到他那里去做博士后，而那第三个问题就是杜晓平在博士后期间要解决的问题。杜晓平博士毕业的时候正好是1989年，学校、医院都要求他回来，他这个美国教授跟我也认识，正好我们在美国开血液学年会的时候他找我，问我杜晓平是不是我的学生。美国教授就说杜晓平的idea很好，很希望他明年能来美国做博士后，也希望我能够支持。所以我回来做了杜晓平的工作，然后杜晓平到美国之后的第二年，他的那个问题就解决了，发表在 *Cell* 上。大家都知道，*Science*、*Nature*、*Cell*，即《科学》《自然》《细胞》，这三大期刊是全球最顶尖的学术期刊。像吴庆宇不会什么都来问我的意见，我印象中他有一次专门来找我，因为那时大家都在做血小板的单抗抗体研究，他这个人比较特殊，他觉得这么多人做就没有意思了，他觉得应该做一些不同的，所以他问我能不能做内皮细胞的单抗抗体研究。

孙 如果有一些学生跟您表达不一样意见的时候，您是怎么处理的呢？

阮 我有一个特点，在跟人家交流和谈话过程中，我不是一定要把我的意见强加于人，包括我的学生，他讲过这句话后，我就在想他为什么有这个想法，这个想法我应该支持还是应该反对，包括刚才讲的吴庆宇，当他问出那个问题后，我会告诉他什么地方要怎么做，还要做些什么准备，等等。他有这个创新思维，我肯定是要支持的。

孙 所以有时候学生表达不同意见，就代表着一种创新的可能？

阮 一般在他们表达不同意见或表达他们自己独特想法的时候，我不会马上否定他们，我会认真地倾听，而且当我觉得有意义的，我会支持他，或者创造条件帮他去实现。

孙 您大学毕业进入苏医之后，就开始上讲台了，那您上课是什么样的风格？

阮 我的观点是，上课最成功的老师不会是专讲深奥理论的，讲得大家都听不懂的老师，也许能表明老师水平高，但其实这是最失败的。因为某位老师研究的东西大家可能都不懂、都不了解，能够使这一堂课里三十个学生，或者五十个听众，或者两百个与会代表都能听懂，说明其讲解深入浅出，这是非常有意义的，因为大家都掌握了。我就有这个本事，包括现在人家让我去讲课，我都是讲授普及类的内容，大家的反响都是不错的。所以给我们医学专业的学生上课，也要让他们听得很明白，听完课以后对他们有用，能够让他们根据学到的内容救治病人，这才是最重要的。

孙 我很赞同您的观点，有些人可能是一个好的研究者，但不一定是一个好的老师。您为了上好课有没有特别下一些功夫呢？

阮 在实验室里就要研究，到教室里面就要交流。但是交流这个本事是要从小培养的。我小时候的、求学期间的种种经历使得我有大量机会跟人交流，与人沟通，我知道这个话怎么讲他能够接受，或者对于他的反应、反馈，我也学会了应该如何去理解。

孙 您在培养学生的过程中，会不会专门鼓励他们去表达自己，有没有给他们这样的机会?

阮 我们每个礼拜都有一堂交流课,每个学生结合自己的学习与科研,找一篇自己完全看得懂的,而且觉得最有意义的书或者论文,与大家当面交流。有点儿像读书交流报告会,会上基本都是学生在讲。我要是在苏州的话,我也很喜欢参加。年轻人还是要抓紧学习的,20岁或者30岁的他们是最容易吸收新知识的。这样,一篇文章,他们看了以后有什么样的体会,告诉大家。通过读书报告会,培养他们的交流能力,我觉得还是要重视这样的过程的。像我有一个学生叫夏利军,他不仅科研能力很强,而且组织、安排、协调能力也非常强,因为最主要的是他有很好的沟通、交流能力。

20世纪90年代,阮长耿(左二)参加学生的读书交流报告会,右二为夏利军

孙 指导学生们学习或者科研,您的方式方法是一步一步手把手教,还是让他们自己去体会呢?

阮 最早比如像吴庆宇那几批学生,也是我刚回国的时候,就跟他们在一起做实验,后来学生也多了,教授也多了,就成立一个课题组。比如说一位教授带领两个博士生、四五个硕士生组成一个课题组，这个课题组每个礼拜都会开一次会，讨论这个礼拜课题组遇到了哪些问题，然后交流一下各自的观点，或者对在最近一个阶段我们应该集中力量做什么，大家碰到什么困难等，再交流一下。现在大家管这样的课题组叫团队，就跟以前很不一样。

孙 如果遇到一些学生，因为各种原因半途而废了，您是鼓励他继续去完成他应该完成的任务呢，还是支持他转向别的方向呢？

阮 有过这么一个学生，他本身就是临床大夫，他又跟我读硕士学位。可是因为临床比较忙，他就放弃了写论文。他实际上也可以结合临床写论文，然后拿硕士学位的，但是他觉得自己前后没有认真在我阮老师这里做科研，也实在没时间再做下去，他就选择放弃了。用他的话说，是不想去混一个硕士学位。我觉得这也是可以的，因为我们都是比较实在的。

孙 您会不会觉得这样挺遗憾的？

阮 没有什么遗憾的，不要弄虚作假，为了这个找人家帮忙代写一篇论文。这样做就没意思了。学生们也知道我不会同意他们这样做的。

2000年教师节，阮长耿（前排右一）、顾慧玉（前排左一）夫妇与学生的合影

2004年，阮长耿的学生戴克胜的博士论文获得全国百篇优秀博士学位论文

孙 您好像特别反对弄虚作假这种事。

阮 是的，这是因为生活中真实地发生了一次弄虚作假的事件，那是我的一个硕士生去了国内一所大学念了博士学位，然后在美国研究期间弄虚作假了，大家一下子都知道了。我记不清《新华日报》还是《人民日报》登了一段批评内容，我就把这一段批评内容拿来和学生们一块儿学，学了以后告诉大家，论文一定要实实在在的，实事求是，不能造假。所以从那个时候开始，我们论文开题报告就定在每年的3月15日——毕业论文"打假日"。我们苏州血液研究就是要严谨求实，这是我们几代人的传统，所以借这个机会进一步强调。

孙 有些学生获得了非常重要的荣誉，比如戴克胜，他的博士毕业论文就获得2004年全国百篇优秀博士学位论文。

阮 也是苏州大学零的突破，这个奖项的获得也是特别不容易的。

孙 戴克胜在一篇文章里讲过，他写过一篇毕业论文的致谢，您觉得那篇致谢里对您有溢美之词，您让他换了一版致谢。但他说，其实那些也都是他的心里话。

阮 我觉得他把我讲得太伟大了，没这个必要——我就做了那么一点儿事情。

孙 现在这些学生跟您有联系吗？

阮 很多，像吴庆宇现在是苏州大学医学部主任，夏利军每年都要来回跑美国和苏州，也在我们研究所担任职务……我们都会经常联系的。

老骥伏枥

- 我有一个坚持了三十多年的梦想,就是想通过我的研究与诊疗,让每一位血友病患者都能够得到预防性的治疗。
- 科学是创新,不能只有热情。事实上一般科学家最有创造性的年龄,应该是30岁到50岁。
- 我希望年轻人能够再继续,我在这里起一点儿协调作用,给他们鼓励,来看看他们做的研究,我觉得这很有意思,也希望他们继续研究,期待我们苏州血液研究团队能够不断创新,不断发展,给病人带来最好的治疗。
- 现在我基本上对很多新鲜事物都要学习了,很多年轻人包括学生做的工作,我不一定都懂。不懂的,我就从他们身上学,这就是教学相长吧。

呼唤关注血友病

孙 有一种病叫作血友病①,您好像一直在努力要去解决这个病。这是一种什么病呢?

阮 我很早之前就讲过,我有一个坚持了三十多年的梦想,就是想通过我的研究与诊疗,让每一位血友病患者都能够得到预防性的治疗。血液里面要形成纤维蛋白凝块,才能够堵住大血管的伤口,那么要形成这个纤维蛋白凝块的时候中间需要有个第八因子②,没有它就不能形成凝块,血友病就是缺乏这个第八因子。如果大的关节一旦有扭伤、碰撞,就会出血不止,关节里面都是血,以致这个关节就废了。

孙 这是一种遗传病?

阮 对,遗传病,是基因缺陷导致的。因为这种基因是携带在X染色体上面,所以只有男孩得这种病。因为关节老要出血,特别是膝关节,所以很多得这个病的孩子都是畸形、残疾的,那么家长就很害怕,让他们的孩子在床上不要动,时间久了,患者腿就细得要命,一碰就可能骨折。在我出国之前,我所了解的是,在我们国家,得这个病的人基本上是残疾的,是要坐轮椅的,小孩都非常痛苦,没办法上学。我去法国留学的第二年,也就是1980年,和我一起工作的来自卢森堡的一个同事,他对法国也比较熟悉,就带我去了一个夏令营,是血友病患者的夏令营。我

---

① 血友病是一组遗传性凝血功能障碍的出血性疾病,其共同的特征是活性凝血活酶生成障碍,凝血时间延长,终身具有轻微创伤后出血倾向,重症患者没有明显外伤也可发生"自发性"出血。没有治愈的方法,输新鲜血浆可以暂时止血。血友病是一种终身携带但并不会恶化的疾病。目前没有根治办法,但只要采取替代治疗,即注射凝血因子,就可以正常生活。

② 第八因子,又叫抗血友病球蛋白A,在肝脏中合成,有2332个氨基酸残基,在人体内的半衰期为8~12小时。作为凝血过程中的辅助因子参与凝血。

一看法国的血友病患者都能打篮球，我觉得很奇怪，他们怎么会没有残疾呢？我就问他们的关节出不出血，他们说也要出血的，但是已经有预防治疗了，他们每天把正常人的第八因子血浆打进静脉里，保证血液里含有第八因子，这样就不会出血了。

孙　需要每天都打呀？

阮　是这样的，假设正常人血液中第八因子是百分之百的话，这种病严重的人可能第八因子只有百分之一或者连百分之一都不到，超过百分之五的人就是中度患者，超过百分之十的人就是轻度患者——中度或者轻度患者很少有残疾的。所以当初欧洲的研究者就提出来，既然缺少第八因子，那么就把正常的第八因子给他们输进去，让第八因子的活性、浓度超过百分之五，患者就不会有残疾了。这就叫预防治疗。其代价蛮高的，因为要把正常人血浆里面的第八因子提纯出来，然后在保证不感染病毒的前提下，输给患者，而且第八因子输给患者以后不是终生管用的，可能第二天第八因子就没有了。

孙　那一般的家庭可能承受不起呀！

阮　对，等于每天都要输，或者一个礼拜起码两次，或者要出去运动之前就一定要输。我就看到那些小孩子在参加夏令营时做预防治疗。他们从小就学会给自己打针。万一受伤了，要出血，包里面就有，掏出来赶紧打上一针。当然，现在每个月只需打一次的药已经发明出来了，这样一来，这些小朋友基本上可以跟正常孩子一样，不会残疾，还可以参加运动。

孙　当时我们国内没有像欧洲的这种预防治疗，是吗？

阮　因为这个预防治疗的代价很高，那时候中国的经济条件是不可能达到的，所以我在20世纪80年代初就有这个梦想，希望中国的血友病孩子就像欧美国家患血友病的孩子一样，得到预防治疗。到了2010年，基本上我们国内血友病的病人，特别是我们苏州地区血友病患者的医药费都能到卫生部门报销，慈善总会也能够给予补助，所以基本上不用自己花钱就能够得到预防治疗。苏州地区16岁以下的血友病小孩，多数像正常孩子一样，基本没有残疾。当然，血友病是遗传性出血性疾病中的一个典型，国际上有个叫作血友病世界联盟的组织，它把血友病的治疗经验用到其他一些出血性疾病的治疗上，比如现在我们研究的血管性血友病，这个病人数目比血友病病人多十倍，对血管性血友病的诊断治疗现在大大落后。所以目前我们要从临床角度努力提高血管性血友病患者的诊疗水平。

孙　这种病在我们国内也很多吗？但我们好像很少有听说的。

阮 有不少，但是我们国内诊断力不够，有许多漏诊、误诊，等到开刀以后发现出血不止，这才知道。应该要提早知道，那这个病人开刀的时候，就给他做好第八因子的输入准备，这样他就不会在手术台上下不来。

孙 所以这个病之前大家都没怎么关注？

阮 其实血友病还是很容易了解的，因为给大家的形成的印象就是出血、残疾，但是它的问题在哪里呢？中国血友病病人可能有10万，很多病人都在农村，他找不到医生，也有相当多的病人在城市里，虽然找到医生，但是有的家长也很奇怪，怕自己孩子得了这个病让大家知道之后受到歧视，家长就不告诉别人。当年在兰州就发生过这样一件事情，因为小孩是血友病患者，家里特别宠他，他也特别调皮，上课老讲话。有一次，老师就很生气，想着为什么每次都是这个小孩捣蛋，再加上这个小学老师是刚刚从学校毕业的，没忍住火气，就打了小孩的头。其他小孩可以打，这个小孩不能打的，一打脑子就出血了，赶紧送去抢救，还好给抢救回来了。但是在抢救期间，老师的压力很大，就自杀了，非常可惜。这事引来很多人的关注，因为实在是太令人震惊也太令人遗憾了。

孙 所以我们确实要呼吁让更多的人知道这种病，关注这种病。

阮 在相当长一段时间内，哪怕家长知道这种病要找血液科医生，但是相当多的血液科医生把主要精力放在白血病、淋巴瘤上，都不太关心这种病的，也不会治疗。而我们是知道这个病的，就想着要去找这样的患者，但是不太容易找到。所以，在2009年年底，卫计委（今卫健委）建起了全国范围内的血友病病例信息登记管理制度，把信息搜集起来之后就可以共享资源了。如果有人得了血友病，就把他登记下来，登记下来之后需要明确，是属于重度、中度、轻度里哪个级别的，重度的应该怎么治疗，中度的应该怎么治疗，轻度的又应该怎么治疗，都是有明确规定的。比如重度患者在儿童时期就应该得到预防治疗，轻度患者就不一定马上接受治疗，因为治疗会带来很多副作用。

孙 建立这种档案的优点就是方便把信息对称起来。

阮 还有最关键的，我知道国内有好多基因治疗的药物比较贵，而正常献血的血浆里是可以提取第八因子的，这就比较便宜一些。但是做生物制品的公司，都不大愿意做这项工作，因为其利润低，他们更愿意去生产一些利润高的产品，比如像白蛋白——我们下礼拜就要到贵阳去参加他们血浆制品的会议，就是要去呼吁一下。有的药品厂家即使愿意做第八因子的血浆制品，万一在一段时间内没有病人将

2008年,阮长耿在全国血友病诊疗中心启动会上致辞

药品使用掉,这药一个礼拜之后就失效了。所以有了信息登记管理制度,就可以告诉制药公司、企业所在的这个地区,可供应的范围内有多少病人,至少要保证这些病人得到第八因子的预防治疗。所以当时我们和卫计委一起做了这个工作,我们统计了一下,现在全国大概登记在册的有两万多的血友病患者,至少一定要保证登记病人的血浆供给。

孙 后来我们研究所和苏州大学附一院血液科联手,成立了苏大附一院的血友病诊疗中心。

阮 现在全国大概有将近60个血友病诊疗中心,江苏省是分级诊疗做得最好的。在江苏,我们有15个诊疗中心,包括扬州、南京、盐城这些都有地区性的血友病诊疗中心。原本这些病人都喜欢跑到北京、上海,现在不需要了,就到苏州来,我们水平不比北京、上海差,我们给他们登记好以后,如果病人是盐城来的,在给病人介绍完这个病应该怎么治疗之后,我们就推荐他到盐城去,因为盐城的血液制品比我们还丰富,患者完全可以在那边得到治疗。万一出问题了,比如它产生抑制物了,患者需要回到苏州来由我们给他做进一步的诊断,提出更有效的治疗方案。所以我们现在就是这样处理的,疑难的病人或者危重的病人来苏州明确诊断,提出治疗方案以后,患者回到当地的社区医院进行治疗。然后我们定期会在盐城、淮安、南京、扬州等地举行病友学习会,组织学习班,包括患者家属,都一起参加。同时,我们与全国性的诊疗中心也都一直有联系,我们经常在一起开会、讨论,血友病高峰论坛也已经先后在北京、上海举办过两届了。

孙 您还参与过中华慈善总会与拜耳公司一起设立的一个援助项目,叫"中华慈善总会拜科奇血友病儿童援助项目"。

阮 对,我们要从娃娃抓起,因为小孩还没发生畸形。现在很多大人患血友病的都已经残疾了,包括血友病中国总会的会长就是坐轮椅来参会的。所以那些刚刚出生的,或者在12岁以下的出血次数还不多的,关节没有畸形、没有残疾的患者,我们就要尽早保护他们。

孙 相对于以前,我国现在对这种病的预防治疗应该说是提高了不少。但是预防治疗始终是治标不治本,这个病是不是就没有方法可以根治了呢?

阮 还是有希望的,可以采用基因治疗,就是因为没有这个基因,才会得病的,那我们可以把合成的这个蛋白基因给它转移进去,孩子父母没有给孩子的,那我们给他。一次性把所缺的基因注入他的染色体内或细胞里面去,但目前这还只是停留在理想阶段,还没成功。

孙 未来我们是可以期待一下的吧?

阮 完全可以,它有三种,一种是血友病甲,另一种血友病乙,还有一种是血友病丙,血友病甲患者的第八因子比较大,而血友病乙患者的第八因子比较小,那么这个基因就比较容易做,所以血友病乙患者的临床实验已经开始了。

孙 我感觉这种病在您的推动和呼吁下已经取得了很多实质性的进展。

阮 也不光是靠我一个人,这是大家一起努力的结果。

创新创业创优

孙 我注意到一个数据,仅1993年这一年,您就有十五篇论文被SCI收录。一年十五篇,这个数字很恐怖呀。而且高产的同时又保持持续,我觉得这不是普通的研究者能够达到的状态。

阮 科学是创新,不能只有热情,事实上一般科学家最有创造性的年龄,应该是30岁到50岁。为什么呢?因为大学毕业了,他找到了课题研究的方向,而且打开这扇门后发现里面有很多大家都不知道的财富、宝贝,他就得把这些财富、宝贝让大家都知道,拿来改善提高,用我们的学科来说,就是提高对疾病的诊断治疗的水平。而再进一步深入的话,就会比较敏感地发现新的东西,会找到更多的问题,所以这个就是要在前人的工作基础上把这些问题导向深入,导向进一步的发展,所以创造力最强的应该就是这个年龄段。到了50岁之后,当然有的人还是一样有热情,还是一样敏感,还是能不断深入地想问题,也会继续做科研,但大部分人到了一定的年龄以后,可能活力、想象力、积极性都要差一点儿。所以你看我在1993年,或者说在50岁之前吧,科研成果比较多,这之后我也基本上就是带研究生,让研究生去做科研,慢慢地又加上了一些行政工作。

孙 其实做科研的人并不一定是为了获得多么大的经济利益,他们更看重国家、民众。我觉得我们硬是把很多科技人才圈定在高校里,其实这样做也不合理吧?我们是不是应该也让他们到企业里面兼职,而不应该像以前那样使研究者和经济利益完全脱离的模式?是不是在如今的这种市场经济条件下,我们应该给予他们一定的经济方面的刺激?

阮 这个问题这样讲太空了。我们谈到过,在美国,很多科学家都开公司,他们强调科研成果的转化。我们做医学科研的,发现一种新的事物,这叫创新,如果想要将来能够把这种创新变成诊断的手段、药物、试剂，或者变成某种靶向药物而能够治疗病人，那么就不能在发表完相关论文之后就停下脚步，而要继续把它变成产品，这个过程叫作创业。创业以后，假设有了一种新药治疗白血病，但是治疗白血病也有其他药，这种新药是不是最好的呢？这个时候就需要在创业基础上还要创优。有个博士联盟的组织，北京大学有一个，苏州也有一个，它的目的就是不但要追求创新，还要追求创业，更要追求创优。创新不容易，创业更难，而创优则是最难的一件事。

当然每个人的想法不完全一样，清华大学生命科学院的院长施一公[1]、北大生命科学院的饶毅[2]，还有美国科学院首位华人院士王晓东[3]，这三个人在我们医学界是非常有名的，他们经常发表自己看法和意见。

施一公认为，作为一名科学家，就应该在大学里面做学问，开公司不是我们的事情。他反对科学家出去开公司，他是比较传统的，认为一旦产生了科研成果，这个成果可以申请专利或者可以转让出去，让公司或其他组织把它变成一种产品，这应该在公司里面实现，而不应该在高校里面实现，因为科学家还要继续从事教学和科研。若科学家有了产品以后不做科学家了反而去开公司了，那大学还要不要办？可王晓东认为，让那些不懂科学的人来创业办公司，那他们生产的产品能够解决问题吗？能够对病人带来好处吗？所以应该由谁来创业呢？应该就是我们这

---

[1] 施一公，1967年5月生，河南省郑州市人，1989年毕业于清华大学，1995年在美国约翰霍普金斯大学获博士学位。中国科学院院士，结构生物学家，清华大学教授。现任中国科学技术协会第九届全国委员会副主席，清华大学副校长。

[2] 饶毅，1962年生，江西人，北京生命科学研究所资深研究员、学术副所长。1983年，自江西医学院本科毕业后考入上海第一医学院攻读硕士研究生。1991年获加州大学旧金山分校神经科学哲学博士。1991年进入哈佛大学生物化学和分子生物学系做博士后，研究脊椎动物神经诱导的分子机理。1994年在圣路易斯华盛顿大学解剖和神经生物学系任教并领导独立的实验室。2004年起任（美国）西北大学医学院神经科教授、（美国）西北大学神经科学研究所副所长。2007年回国，受聘出任北京大学讲席教授、生命科学学院院长，2013年9月卸任。2016年4月，任北京大学理学部主任。

[3] 王晓东，河南新乡人，1980年考入北京师范大学，41岁入选美国科学院院士，成为新中国培养出来的第一位获此殊荣的科学家。是跑在分子生物学研究的最前沿，试图解密细胞凋亡的终极规律的人。2013年入选中国科学院外籍院士。长期从事细胞凋亡规律的研究，现任北京生命科学研究所所长、资深研究员，霍华德—休斯医学研究所研究员，美国得克萨斯大学西南医学中心生物医学科学杰出首席教授。

些做科研的人，用我们的成果去创造财富。对健康事业、健康中国真正有用的财富就是我们科研工作者。饶毅也是赞同科研工作者创业的，并且也在身体力行，他好像建了一个科学教育平台。

所以不同的人对科研人员办公司有不同的看法。从法国的情况来说，他们比较倾向于施一公的想法，研究单位支持研究者做科研，将来有成果了就交给公司，公司把这个产品商品化，然后再做市场。所以一个好的产品，除了科学家不断地研究（大部分公司都有一个CSO，就是首席科学家），还需要CEO（就是总经理），从经济层面、市场层面去协调。到底谁对谁错我也弄不明白，也不想去辨析，但是我的概念很清楚，这三个步骤都需要由不同的人去完成。

创新，肯定应该以科学家为主；创业，单单靠科学家肯定不够的，要有学经济的人员，还要有具备经济头脑的人员；创优的话，就要有科学家，要有鉴定书，还要能够收集临床资料。所以临床医生看完病人就没事了吗？不，临床医生更重要的是做临床实验。一般来说，我给病人看病吃药，吃好了、吃坏了我都要去关注的，病人这次看完病回去以后，我要跟他联系，我的助手就会经常给病人打电话，隔一段时间以后还请病人回来再做一些检查。我们把这些信息都搜集起来建成病人的资料库，用药以后还会看看病人用的这个药是不是最好的，我们要为病人、为这个病选择最好的治疗方案。我说的创优涉及更多的层面，创业需要搞经济，创优则需要有病人，需要有使用者，需要有社会公正的治疗评价。这是生命科学或者说健康产业中非常重要的三个部分。

我现在的主要工作还是集中在学校，如同施一公说的那样，因为我精力有限。我希望年轻人能够继续，我在这中间起一点儿协调作用，给他们鼓励，听听他们的研究——我觉得这个有意思，也希望他们继续研究。期待我们苏州血液这个团队能够不断创新，不断发展，给病人带来最好的治疗。

孙 您刚才说到的创新、创业、创优，涉及的主体其实还是稍微有所区别的。我们现在是要促成健康产业中三个部分之间协调互动、沟通的状态，找到一种平衡的处理方式吧？另外我想问一个问题，您是否觉得我们应该给予科学研究一些空间和活力呢？

阮 这个问题跟我的关系不大。实际上科学家总归要有一个研究对象。建筑师造房子，选择在什么地方造、造什么样的房子，这是他们研究的对象；我们从事生命科学研究的人员要研究生命、研究人。人不可能永不生病，那么生病了该怎么办？

不同科室处理不同的病,我是专门做血液研究的,就了解与血液相关的疾病;做肾脏研究的就专门研究肾病,对象很明确的。像血液的三种细胞,白细胞跟白血病有关系,淋巴细胞跟淋巴有关系,红细胞与贫血有关系,血小板会引起出血或者血栓。研究之前有没有可能做计划?可以的,我研究这个对象我就应该知道其现状,然后我要在我有生之年,或者根据我申报的科研项目,制定目标,明确今年应该做什么,五年后我要拿出什么成果来,这些都是可以预测的。

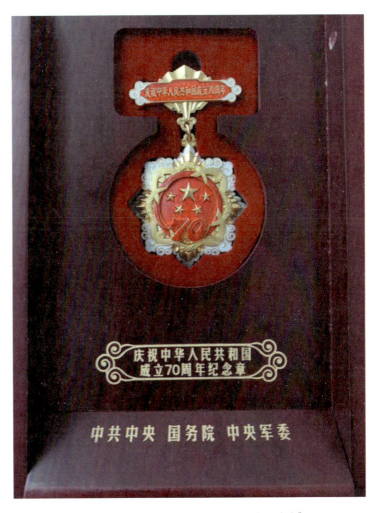

2019年,阮长耿荣获"庆祝中华人民共和国成立70周年纪念章"

活到老学到老

孙 阮老师,我知道您2018年就八十岁了,换成一般人,肯定是退休在家,享受天伦之乐了。但是这两年您依然很忙。

阮 每天都有各种事情的。

孙 您已经不出门诊了,但是只要有义诊什么的,您还是会积极参加?

阮 2016年8月我们苏州大学附一院新院举办了大型义诊,还有2016年的浙大国际医院,2014年的苏北人民医院,2013年的南通大学附属医院等地的义诊我都参加了。像苏北人民医院组织的针对血友病患者的义诊,我也积极地参加了,由于他

2002年中秋,阮长耿抱外孙

2012年，阮长耿参加血友病日大型义诊活动

们做得比较好，所以我与其说是去参加义诊，还不如说是去学习了。

孙 您好像自己也不直接带研究生了，但是我看到您的案头还垒了好多学生的毕业论文，您现在还参加这些论文答辩？

阮 对，他们叫我参加论文答辩，这也是我学习的过程，此外我还参加每周的读书会，这些都是让我学习、让我进步的。现在基本上很多新事物我都要学习了，很多年轻人包括学生做的科研工作，有很多我都不懂，我就向他们学习，这就是教学相长吧。

孙 所以在今天访谈之前，您翻阅的就是最新的、最前沿的研究论文吧？

阮 是的，是我们研究所的同事刚刚去德国参加国际血栓与止血学术会议的资料，他们带回来给我的。

孙 您好像对新兴事物，比如微信之类的掌握得也都很熟练。

阮 因为大家都在用微信，它还是比较有用的，也容易掌握，这样便于交流。

孙 您真的是活到老学到老，这一点我们得向您学习呀。

阮 虽然我这两年也不直接带研究生了，也不出门诊了，但是我觉得我还是有用武之地的。医学的发展需要病人诊疗的临床研究和实验室基础研究之间相互紧密配合、交流和协作，所以非常需要一个协调员，英文里叫Coordinator，我就扮演这个角色。我，阮长耿，既懂临床，也懂实验诊断，还做基础研究——我是北大毕业的，我有基础研究的能力。很多单位都有内部矛盾，但是我们江苏的血液团队是最和谐的，实在遇到难题的时候他们就会来找我，让我从中给他们各方说一说，我说了之后，他们觉得确实是这么一回事，觉得我讲得有道理。我很清楚我们团队里每个人的长处，各自的缺点我不去管，只要不影响大局。我的任务就是把团队成员的优点充分发挥起来，对我们这个团队的科研工作能够起到推动作用就OK了，所以我现在从事的就是这类工作。每天会有一些事情，每周我也还要到病房去跟他们一起开例会，探讨病例。我觉得这项工作还是蛮重要的，也挺有意义的。而且比起待在家里，这么做心情要舒畅得多，很有成就感。现在许多老年人退休了以后很快便会衰老，甚至患上老年痴呆症，至少这么一来，我离老年痴呆肯定还有一段距离。

孙 您看上去真的特别年轻。

阮 是这样的，我很多以前的学生一见到我就说："哎呀，阮老师，您跟我在学校的时候一样，一点儿都没变。"我说："那不可能！"我非常感谢他们的鼓励，但是我知道自己确实一年年都在老去。

孙 我跟您这些天聊下来，觉得您反应非常敏捷，思路非常清晰，真的不像您这个年龄的人。您是不是也有什么养生的秘诀呀？

阮 没有什么秘诀，年轻的时候我喜欢运动，长跑和简化太极拳，现在有空的时候也会活动活动筋骨。关键还是摆正心态，别追求不实在的东西，也别要求别人对你有多少帮助。此外也别这个看不惯、那个看不惯的，看人不要只看缺点。这样就会觉得生活太美好了。我就感到很满足，我觉得像我这样并不算太聪明的人，能够做到今天这样已经蛮好了。

孙 知道您两个女儿现在都在国外，大女儿在美国当医生，研究恶性血液病；小女儿在法国从事商业管理工作，所以其实一年中的多数时候，只有您和您夫人两个人相互陪伴。会不会很期待女儿两家回来，见见孙辈之类的呢？

阮 没有，我知道他们都很忙，而且我自己也忙。我们需要的时候就用手机联系一下、交流一下。主要是对我夫人抱歉，因为她最近髋关节做了手术，置换以后就不太能动，只能一个人待在家里。

孙　那您夫人会不会觉得您现在这个年纪还得这样工作,会有点儿意见呢?

阮　当然有点儿意见了。她就跟我说:"人家退休了老两口就在一起互相陪伴,你呢,一天到晚上班,比年轻人还忙!"而且她一个人还不能出门。所以我特别内疚,我知道她也是担心我的身体,希望我能够好好休息。

孙　真心希望您二老身体健康、幸福平安。好了,阮老师,我们的采访到此就告一段落了。非常感谢您这么长时间以来的配合。然后我看到您的日程表上,接下来的工作排得满满的,衷心希望您能够健健康康,这样才能一直学习下去呢。

阮　好的,也谢谢你们,前后一直这么努力地完成采访。

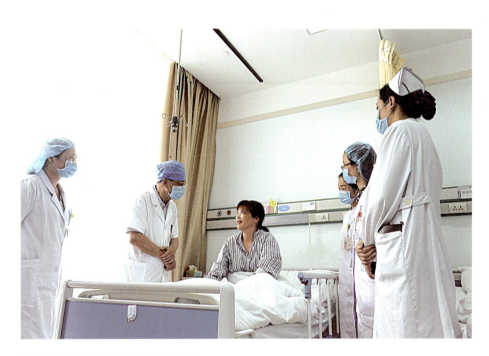

每周,阮长耿都去病房参加病例的讨论

他人看他

顾慧玉[1]：他的工作永远是第一位的

孙 顾老师好！很开心，今天能够采访到您。之前在和阮老师聊的过程中，已经对您和阮老师的过往经历有了一些了解，今天想听您来说说看。

顾 好的。

孙 您是土生土长的苏州人吧？

顾 是的，我是1940年出生的，以前家就住在苏州的凤凰街上，离苏州大学附一院（当时还是苏州医学院附一院）非常近。

孙 您退休前是从事什么工作的？

顾 我退休前是在三机部的长风厂工作，离家不太近，也只能骑自行车上下班，那时候没有更好的交通工具。我在单位主要做的是飞机仪表盘的检测工作，可能也是由于从事这份工作的原因，我比较细心。

孙 那时候是不是因为家里人对于医生这个职业特别钟情，所以找人给您介绍苏州大学附一院的医生呢？

顾 真是因为巧合，苏大附一院就在我们家附近，很多医务人员也住在那边，我的朋友也有很多在苏大附一院工作，就有了很多交流，就有人要给我介绍对象。

孙 您那个时候会不会对于自己未来的另一半有一些设想，说到底，您想要找一个什么样的人呢？

顾 那个时候的人和现在的人观念不一样，那时候就想要找一个老实一点儿的，品德要好一点儿的，至少不会像现在追求"高富帅"，或者要求对方有多少工资收入，可以说，跟现在人的追求完全不一样。

---

[1] 顾慧玉系阮长耿院士的夫人，江苏省苏州市人，从事飞机仪表盘的检测工作，现已退休。

孙 那当介绍人第一次让您和阮老师见面的时候,您是否还记得当时是什么感觉呢?阮老师是不是符合您的标准呢?

顾 其实当时也没想那么多,也没有什么特别的感受,真的。但是,用现在的眼光来看,他是不够格的。(微笑)

孙 那您觉得阮老师哪个方面不够格呢?

顾 (笑)不符合"高富帅"的标准。

孙 我看了阮老师年轻时的照片,用现在的眼光来看,他也是一位大帅哥呢。

顾 "帅"还是可以的;"富"肯定不是,当时每个人的工资都只有那么多;"高"呢,也算不上,你看他现在脊椎有点儿压缩,所以人矮了很多,颈椎也有点儿毛病——工作那么多年,对他的健康确实也是有影响的。按道理这个年纪,身体好的话,应该还是可以的。

孙 您和阮老师第一次见面之后,就开始谈恋爱了吧?阮老师那会儿浪漫吗?

顾 见面之后就一起约着出去玩啊什么的,那时候年轻,他还有一点儿浪漫的味道,但他现在没有了。

孙 您跟阮老师是哪一年结婚的?

顾 我们是1968年结婚的。

孙 那时候结婚是不是挺简单的?

顾 我们就是旅游结婚,到杭州去玩了一次,回来就是和自己亲戚一起简单地吃了两顿饭——在苏州吃了一顿饭,在上海吃了一顿饭。

孙 还是旅行结婚呀,搁现在来说,也是非常时尚、非常新潮的方式呢!那您从什么时候开始发现阮老师是个事业心很强的人?

顾 其实那时候还不像现在竞争那么激烈,尽管这样,他还是时时刻刻要看书,要充实自己。平时去买早餐、买菜之类的,他还要带着书本去,一边排队一边看书。他那时候不是下乡巡回医疗嘛,闲来无事的时候,一般女同志就打打毛衣,男同志就聊聊天什么的,他就是一声不响地在一边看书。这样一去就是半年,所以这段时间也打下了扎实的基础。类似的例子很多。

孙 嗯,我记得阮老师提过,"文化大革命"时期,实验室被封了,但在晚上他还是偷偷去实验室做实验。您当时是不是特别担心他?

顾 我知道的,但是我想他对自己的事业很专注,这样多学一点儿、多努力一点儿是非常好的,而且为他今后事业的发展打下很好的基础。对他的担心肯定是会有一点儿的，但是因为他不是走资派，他不是什么"头儿"啊，要找就找"上头"的人，轮不上他，那会儿他还年轻呢。

孙 所以，您会不会觉得阮老师有点儿工作狂的倾向呢？

顾 他的人生主要就是工作，一直在工作，他没什么特别的爱好，除了工作就是工作。

孙 但是，我知道阮老师年轻的时候还是文娱和体育的积极分子呢！

顾 他年轻的时候挺好，体育方面、文艺方面都非常好，但是自打从法国回来以后，他已经坐上了一班飞快的列车停不下来了。

孙 很可惜呀，被迫放弃了以前那些特长和爱好。

顾 后来没有爱好了，他以前是北大文工团团长，高中也是一个非常好的体育苗子，学校800米的纪录保持者，很久都没有人可以打破。

孙 这个形象放在现在，绝对是那些学校女生最痴迷的男生形象。那后来，当您得知阮老师要出国留学，而且一去就要两年时间，您有什么想法？

顾 总的来讲我还是支持的。改革开放以后能够得到这样一个机会，很不容易的，所以还是挺支持他的——我和他的家里人都很支持他。那时候我把小女儿阮小琳放在上海，所以小琳小时候起初是在上海的学校念书的，在上海念到小学三年级，那时阮老师回国了，就把小琳给接回来了。我一直留在苏州带着大女儿阮嘉。阮嘉在苏州的沧浪实验小学读书，她成绩很好，每年都是班上第一名，一直当班长，担任的学生工作也很多。因为她爸爸常常出差不在家，我中午也不能回家，所以我一般就提前把饭菜烧好了，她自己中午放学回来热一下就能吃。我记得有一次，阮嘉热汤的时候不小心把汤打翻了，把自己烫到起泡，她知道我一下赶不回去，就先打电话给她舅舅，让舅舅帮着对付了一下，等我回去再把她送到医院里去好好处理。阮嘉那时候非常不容易，父亲常常不在家，母亲要上班，她一个人要照顾自己的生活。我现在想想还是很愧对我的两位女儿。

孙 嗯，您也特别辛苦，尤其是阮老师在法国的那两年吧，那会儿您和阮老师主要靠书信联系吗？

顾 是的。

孙 一般会在信中聊一些什么？阮老师会不会说一些自己遇到的困难？

顾 他的困难之类的我都不知道，他在信中不会讲的，他生病什么的我也不知道。我记得他留学中途跟着他导师回来的那次我看到他的样子，那时候他非常非常瘦，瘦得吓人，我就想他肯定是身体出问题了。你看看他当时的那些照片，也都能看出来，人很瘦很瘦的。

孙 我们都在关注阮老师在法国取得了什么成果，但是您最先关注的是阮老师的身体。那在往来的信里面您和阮老师基本上都是报喜不报忧吧？

顾 是的，我们双方都是报报平安的，讲讲小孩子的情况，其他就没什么了。其实也不是写信，就是明信片，明信片也写不了什么内容，大家看得见的，而且就这么一小块地方。这个明信片好像都寄到我妈妈家里，我就去我妈妈那里拿。一个月最多也就写两次的样子。

孙 那后来，阮老师的研究取得了重大的突破，他也是写明信片告诉您的吗？

顾 他一般不太会跟我说他研究方面的事儿，因为我不是这一行的人，对他的专业不是很了解。

孙 阮老师1981年10月从法国回来，因为他在法国留学期间表现特别好，申请到了一项法国的奖学金，后来他好像把这笔奖学金省下来买了好多仪器、设备和试剂，他给您和两个女儿带一些什么吗？

顾 没什么，也就带一些圆珠笔——那时候圆珠笔小孩子特别喜欢，彩色的那种。我们那一代人也不追求什么礼物的，所以也没给我带什么。

孙 您家跟卡昂教授一家的联系特别多吧？好像卡昂教授带着他的家人好多次来到苏州，甚至他夫人在苏州的那段时间内每周都会到您家里做客是吗？

顾 对，因为卡昂教授是国际上有名的血栓与止血研究方面的专家，阮长耿有幸跟着这样的专家学习，获益是非常大的，所以阮长耿是非常感恩的，只要老师来，老师有什么困难，老师有什么需要，阮长耿随时随地都要照顾老师。卡昂教授的夫人到苏州来，也是帮我们附一院的法语班做了好事，做了很大贡献，所以每周都到我们家里吃吃饭、聊聊天。

孙 您刚才也说了，阮老师从法国回来后，似乎更忙碌了，那是不是家里的事儿更加顾不上了呢？

顾 说实话，一直以来，家里的活儿他基本都不做，到目前为止，他还是不太会煮饭烧菜之类的，他很多生活上的事都做得不太好，比如他煮饭的时候放水还要拿给我看，问我放这么多水是不是差不多；切菜也过来问我，切这么长可以不可以。

孙 所以您一直在生活上细致地照顾着阮老师吧？

顾 反正基本上全部的家务活儿都是我在干的，他完全一心扑在工作上。一方面是因为他没有时间，另一个方面是因为他对这种事情没有兴趣。我想，既然这样，那就由我来做吧。而且我们的小孩很早就不在我们身边了——两个女儿都是20岁离开苏州的，现在都40多岁了，在国外的时间多于在国内的时间，我们两个人生活上也比较简单，家务活儿也不算复杂的。

孙 那是不是阮老师对您很依赖呢？像整理行李之类的都要您帮忙吧？

顾 这个他非常肯干，他自己要带什么，基本上他自己整理得非常好。

孙 因为阮老师后来出国留学一段时间，他独立的能力应该也挺强的吧？

顾 独立能力是非常强的，自己能管自己，就是家务活儿干得不太好。

孙 但是阮老师其实在实验室里的动手能力非常强，阮老师生活中难道不是这样心灵手巧的人吗？

顾 但是他生活中不是这样的人，完全不一样，他的精力全部放在工作上了。

孙 那阮老师工作上、科研上的事儿您会关心吗？比如，他在研究中取得了一系列的重大突破，大量的新闻争相报道阮老师了，您会关注吗？

顾 当然，关注还是会关注的，新闻报道什么的我会看的，但是具体而言，我对他的帮助还是不多，因为毕竟不是同行。我也有很多机会接触到他们的工作、科研、成果之类的，包括他们整个团队，但我都是稍微知道一点儿，也不太会过问。我只能管我和他两个人，管管他生活啊、身体啊之类的。

孙 随着阮老师的角色和身份越来越多，特别是后来又去执掌苏医，是不是时间对于阮老师来说更加不够用呢？

顾 确实是这样的，他做院长的时候，他把人事权、财权这两项关键的权力都给了副院长，他就掌管教学、科研和外事，那时候我们苏医在全国138所医学院校中能够排到第16名，在江苏排到第一名，这是很不容易的。

孙 其实，您对苏医的了解绝对不亚于苏医人。

顾 那时候工作对于阮老师而言是处于最重要的地位，包括外事、国际交流，他都做得很好。我们苏州医学界的科研人员到法国去进修、交流等所有的事情，刚开始都是阮老师牵头的；和法国巴黎卫生局的联系，我们医院很多医生到法国去学习，都是阮老师在中间撮合的，比如年龄最大的董天华教授到法国交流，也是阮老师促成的。

孙 所以阮老师其实特别无私，他拥有了这方面的人脉资源之后，不是为自己所用的。

顾 是的，惠及整个苏医、苏州的事业。

孙 所以，阮老师两次获得了法国国家功绩勋章，与他这么多年在中法两国之间的努力是密不可分的。

顾 他真的是无私奉献。我有一个最简单的想法，他是上海人，上海人在一般人的印象里是非常精明的，我一直跟他讲，他不像上海人，真不像上海人，他完全没有上海男人那种精明的感觉。而且我觉得他宽容性很大，对任何人，不管是对上还是对下，不管是对同事还是对家庭，从来没有一句负面的话，都是笑脸相迎的。我有的时候对他这种做法也不太认同，该严格的时候还是要严格，该抓的时候一定要抓好。

孙 那在教育两个女儿的时候也是很宽容的吧？

顾 也比较宽容，所以她们想要什么，想做什么事，追求什么样的生活方式，我们都没有干预。像有的家长，利用自己的人脉关系，把自己的子女安排得非常好，我们两个孩子都是自己走自己的路，没有一点儿依赖自己的家庭。

孙 后来两个女儿都选择出国留学，您会不会比较担心呢？

顾 我是担心的，但是我们家还是比较民主，尊重小孩的选择，尊重她们选择自己的路。像我的大女儿阮嘉在美国做临床医生，她是完全靠自己的努力换来的奖学金读完的医学博士。她现在非常辛苦，像她这样华裔的女孩子，在美国最顶尖的医院当临床医生，那是凤毛麟角的，而且她的工作能够得到国际上的认可，2016年还在全世界最顶尖的《新英格兰医学杂志》上发表了文章，是非常不容易的。

孙 您大女儿其实很像阮老师，努力上进，事业也很成功，而且同时还要照顾家庭，更加不容易。

顾 我们两个做长辈的也很愧疚，人家的父母都会去帮忙照顾子女或者是孙辈，但是我们两个做长辈的一个都没去国外帮着照顾一下。真的也是由于阮老师没退休，还得每天上班，我们也只能在苏州，很难有时间到美国和法国去。这确实是我们非常遗憾的事情，两个孩子在他们的生活当中，一直缺少来自我们做父母的帮助和照顾。

孙 后来她俩分别留在了美国和法国，从您的角度来说，会不会更加希望她们回国呢？会把这种想法跟她们交流吗？

顾 当时自己身体感觉还行，所以尊重她们的选择。现在就觉得小孩要是留在自己身边，会有更多的好处。

孙 现在您的几个孙辈，跟您和阮老师的交流多不多？

顾 也不多，因为每次回来时间也不长。但是有一点好处，就是小孩懂中文，至少回来能够听得懂中文，把中文这个根要留住。

孙 从您的角度来说，其实您还是比较希望她们多回来陪伴您和阮老师的？

顾 这只是一个美好的愿望，是不现实的。

孙 按理说阮老师到这个年纪应该是安享生活的时候了，但是由于工作的原因他依旧停不下来。

顾 所以我真的希望他能够在忙于工作的同时注意自己的身体——身体是自己的，谁也帮不了你的忙，你只有身体条件好，才可以继续努力工作。

孙 您有没有尝试着去提醒阮老师，不要总是一忙起工作就忘记了休息？

顾 提醒过，但是没有用，真的，像现在，他回到家里也还是工作，我们家庭很少像普通家庭那样，回家以后大家一起享受天伦之乐，讲一下家庭生活上的乐趣。

孙 也没有围在一起看电视之类的？

顾 从来不看电视，他就自己在一边工作。

孙 最后，希望您能够总体评价一下阮老师，从您这样一个生活中陪伴者的角度看，阮老师是一个什么样人？

顾 他是一个非常勤奋的人，他有今天的成就都是靠自己一步步努力得来的。他的事业心非常强，是他对自己事业的热爱，使他能够一贯地坚持。他也是一个没有架子的人，很多人以前都觉得院士高不可攀，但是他们和阮老师相处后，就觉得阮老师是平易近人的。阮老师平时不讲究吃穿，也没有什么特别的要求，给他什么他就拿什么，不讲这个好或者那个不好。所以，总的来说，在他眼里工作永远是第一位的，别的什么事情都不如工作重要。

孙 也是因为您解决了阮老师所有的后顾之忧，他才能全心全意地扑在工作上。

阮 我是支持他的事业，希望他能为世界、为中国多做一些有用的事情。

孙 您希望阮老师哪方面现在可以好好提高和修正一下呢？

顾 健康第一，真的，人的一生工作至关重要，但是身体是革命的本钱，为了今后自己的晚年生活和自己重视的这个事业，还是要保重自己的身体。

孙 好的，今天特别感谢您，希望您和阮老师都能够保重身体，也希望两个女儿和她们的先生、孩子，可以经常回来看看您和阮老师。

顾 谢谢你们。

阮嘉[1]、阮小琳[2]：他是温柔的慈父

孙 谢谢阮嘉老师和阮小琳老师在回国的间歇接受采访，能不能先简单介绍一下自己？

嘉 我是阮长耿的大女儿，1969年出生，1988年进入复旦大学的生物学专业，学习了大概两年后，就转去美国圣路易斯市华盛顿大学读生物系。因为我一直对医学比较感兴趣，希望自己最终的职业归属最好与医学有关，后来就去了纽约康奈尔大学医学部学习，修了医学博士和哲学博士双学位，毕业以后做了一些进修工作，现在在美国纽约长老会医院从事血液肿瘤的临床工作。

琳 我是阮长耿的小女儿，1973年出生的，在国内长大，进入大学一年后去法国留的学。毕业后，回到中国，在欧莱雅工作三年后又回到法国，接下来就很自然地在法国工作、结婚、生子、定居。从我出生到现在，一半时间我在中国度过，另外一半时间在法国度过。我学的是经济学，之前我是在本地的一家法国化妆品公司做国际市场推广工作，因为工作的需要，也经常去国外出差，所以我需要与不同文化背景的工作人员进行交流。最近我和中国的一家跨国公司接触了，我成为这家跨国公司在法国分公司的总经理。

孙 这样看来，你们两个人的专业差别非常大，一个是学医，一个是学经济。那

---

[1] 阮嘉系阮长耿院士的大女儿，1969年生，现为苏州大学附属第一医院血液科海外部主任。1999年获得美国康奈尔大学、洛克菲勒大学和斯隆卡特林肿瘤所联合的MD-PhD双博士学位。现为美国纽约长老会医院血液肿瘤科副主任医师，美国康奈尔大学威尔医学院临床医学系副教授。研究专业为淋巴瘤诊疗，尤其在血细胞淋巴瘤领域具有丰富的临床经验和很深的科研造诣。

[2] 阮小琳系阮长耿院士的小女儿，1973年生，留学法国，学习经济学，曾在法国知名跨国公司欧莱雅工作多年，后定居法国，现为中国某跨国公司法国分公司的总经理。

么，想问一下，阮嘉老师走上血液肿瘤的临床工作主要是受到您父亲的影响呢，还是出于自己的兴趣？

嘉 我觉得可能几个方面因素都有吧。首先，我觉得是受到了我父亲的影响，包括多读书、刻苦勤奋、忠于自己的兴趣这几个方面，好像是一个很自然的、潜移默化的影响过程。所以也没有想太多，我觉得每个人在成长过程中总是会受到来自家庭或者社会环境的熏陶，这是潜移默化的。其次，从我自身来讲，我对学习数理化非常有兴趣，觉得好像生物或者医学方面的一些教科书或课外书籍对我有着非常大的吸引力。然后呢，这个可能跟我的个性也比较相合，比如我妹妹，她并没有选择生物学、医学，她选择的职业也是与她的兴趣爱好相符的，所以我觉得这个也是因人而异的，但是我觉得，家庭和社会环境的引导是重要的影响因素，如果你能够把家庭和社会环境的引导作为对自己的影响与鞭策的话，那我觉得还是挺幸运的。当然也是要经过自己的努力，因为很多事情光有兴趣的话，也不一定能够达到自己所期望的目的，所以要花很多的精力和努力，去得到所希望的结果。

孙 想问一下小琳老师，怎么会选择经济学，这与生物学、医学有些远呀？（笑）

琳 因为经济学在我读大学的年代也是比较热门的一个学科，我在对医学没有特别敏感的状况下，就选择了经济学作为我的专业。所以关于工作方面的交流，我姐姐和我父亲之间的探讨，要比我和父亲之间的探讨频繁得多。

孙 因为阮老师事业上非常成功，会不会让你们觉得有些压力，有没有阮长耿的女儿也必须很优秀的念头呢？

嘉 好像没有，我只是觉得我的父亲很伟大，是我学习、工作中的一个楷模，可以不断地激励自己努力向前，并没有觉得他的那些成就会给我压力，我是以成为他女儿而自豪的。

琳 我也没有这方面的压力，我觉得每个人的工作方向和生活方向都是根据自己的情况来设定的。我父亲的成功，其实帮我把稳了方向，也给我创造了一个把学习、工作都做好的环境。因为我的工作内容和性质跟我父亲的工作完全没有关系，所以我个人的成功其实是由我自己所选的目标来决定的，我个人的意愿、我个人的意识、我个人的自信才是决定我工作成功与否的关键。我父亲给我树立了一个榜样，但是走与他一模一样的成功之路其实是不可能的，所以我在按照自己觉得成功的方法，走我自己的成功之路。

孙 那让我们回到两位的孩童时期，对那会儿的父亲存有什么样的印象呢？

嘉 我总会觉得我父亲很忙，记忆最深的就是我很小的时候他就出国了，大概有两年时间，基本上我们就是通过写信来交流，我大部分时间主要是由母亲带着。虽然我特别想他，但是当时觉得挺光荣的，因为不是很多人都能出国的，就觉得那确实是对我爸爸的一种肯定。因为他的学术研究很好，这也是为国家做贡献，把西方一些比较发达的科技、知识、理念学习回来，然后把它投入国内建设当中去。

琳 记忆中我父亲就是一个慈父，一直面带着微笑，是很会说笑话的一个父亲。比如我们一起吃饭的时候，他经常会说一些好玩的事儿，把自己作为一个笑点，或者把我们小辈作为一个笑点，以一个善良、有趣的方法来舒缓一下家庭的气氛，让大家能够在一个愉快的环境中生活。我能感觉得到父亲每天都比较忙碌，我半夜醒过来，总是看到我父亲书房里有灯光，他一直都是很晚才睡觉的。虽然父亲一直非常忙碌，但他还尽可能地抽空陪伴我们。我印象中父亲会送我上学、接我放学，会陪我一起运动，那时候住在苏州大学附近，我们常在苏州大学的操场上打羽毛球。在学业方面，他也给我很多指点，我记得一有困难，一碰到不会做的功课，我第一个找的就是我父亲，给我的感觉是，再难的问题、再难的作业我父亲都会，数学、化学、物理等，好像没有他不会的。

孙 因为父亲常常出差，常常不在家，是不是特别期待父亲回家的那一刻？

嘉 我本身也比较独立，我从小学的时候开始，就懂得如何照顾自己，所以对于父母的依赖不是很重，当然我很盼望父亲能够在家多陪伴我们，但是我知道工作对于他来说是很重要的。

琳 我有印象，在年龄偏小的时候特别希望父亲早点儿回来，父亲回来的时候我就躲在门背后，会激动地流下眼泪。后来慢慢年龄增大了，父亲还是保持之前的出差频率，那时候就觉得父亲出差好像成为家常便饭了，父亲不在也就成为正常现象了，就希望父亲回来能够给我带来一些他去过国家的礼物，所以父亲回来我就会比较兴奋和高兴。

孙 一般会给您带些什么类型的礼物呢？

琳 主要是学习用品，因为在20世纪80年代末90年代初，国内发展速度还没有现在这么快，所以如果我父亲给我带来一些先进的学习用品，我就觉得能够在同学面前炫耀。（笑）

孙 所以，家里的事主要是母亲一个人操持的吧？

嘉 确实是，因为父亲的忙碌，母亲不得不把自己的重心放在家庭上，但是母亲也是有自己的工作的，她还是尽可能地协调好家庭和工作的关系。父母之间也相互配合，慢慢地，我们这个家庭的模式就稳固下来了。

琳 是这样的，我母亲对家庭贡献特别大。我以前体会不到，后来自己当了母亲之后就有很多的体会，在有自己的事业、有自己工作的条件下把家庭支撑起来，我如今对那些困难能理解了。所以这也是一个遗憾，当时的自己没有到达一个年龄，没有相关的经历，思想是不成熟的，是感受不到的，也没有自觉性和敏感性去帮助父母分担一些。

孙 你们对家庭、对生活的感受其实是比较直观的，那对于父亲的事业可能了解得就不那么直观了吧？是从什么时候开始在父亲的事业和伟大之间画上了等号的呢？

嘉 这个比较难说，很小的时候，我就知道他是在医院里工作，因为我们家就住在医院后面，所以放学以后，会经常到他的办公室或者实验室去玩，他工作周围的所有的同事我基本上都认识，然后我就一直有这样的印象，这个学科的人都是比较繁忙的。我知道他有的时候看病人，有的时候坐实验室，还有的时候他会写很多的文章……我眼里的他非常用功。除了我直接看到的以外，我发现父亲的工作性质与我的同学、朋友的父母的工作性质是不一样的，父亲从事的是一项投入量非常大的工作，有多少耕耘就有多少收获。

琳 主要是从他获得到一些奖励、证书这个角度来体会到的，因为我父亲拿到这些奖励和证书，就说明他在某个领域里是比较出色的。也是经常可以看到我父亲接待国外来宾，与来苏州考察和交流的外宾交流，伴随着频繁程度的加大，我感觉我父亲是在从事一份非常不平凡的工作。

孙 我发现两位都在读大学的中途选择了出国留学，为什么会做这样的决定呢？阮老师的出国留学经历是不是给两位很大的影响呢？特别是阮嘉老师，读书的时候成绩非常优秀，好像还是保送上复旦大学的吧？

嘉 对的，我是1988年被保送进的复旦，可能是耳濡目染的关系，从小对医学还蛮有兴趣的，虽然可以直接选医学院，但是我觉得读数理化或者生物这些课程，好像能够得到更广泛的训练，也能够再做一些科研方面的探索，这对我当时非常有激励作用，所以我就选了生物学。两年以后，我选择去美国留学，其实也是因很多方面的共同影响而决定的吧。第一，出国是时代性的产物，那个时候我国各领域逐渐开放，就有一部分学子开始追求去国外进修。一般都是从读研究生的时候开始出国，小部分是在本科阶段出国的，我觉得本科有这样的一个机会就应该抓住，能够更早地去欧美国家接受一些生物课程方面的训练，对我来说，好像是一个很理想的方向。第二，是来自家庭的熏陶，因为毕竟在我成长的启蒙年代，我父亲很多时候都是在国外进修，或去国外交流之类的，慢慢地就觉得异国他乡好像有一股吸引力，因为想探索嘛，年轻人总归有一些追求，觉得越远或者越大的未知数，好像更有挑战性。

琳 我觉得父亲的经历给我的影响很大。姐姐去的是美国，而我去的是法国，一方面父亲也是学过法语的，可以给我很多建议；另一方面我觉得英语以外再学一门法语可以让我在语言方面获得更大的优势。

孙 那父亲直接教过您法语吗？听说他的法语也是非常不错的呢。

琳 父亲本人没有时间和精力教我法语，但是去法国之前我稍微学习过，有一点儿法语基础，至少我到了法国不会迷失方向，至少我可以生存下来。但是真正成为一个能够把法语作为第二母语的人，绝对是要在法国当地才可以培养出来。而且我当时觉得要学语言的话，不能够等到30岁，一定要趁早。另外呢，我们在20世纪90年代初，确实有一个留学潮，看到一些朋友已经去国外留学了，也自然而然地想我是不是也要去经历一下。

孙 父亲其实都没有干预两位当时的决定吧？应该都是支持的吧？

嘉 我觉得主要还是看自己吧。我们家的家教就是不强求、顺其自然，因为自己的学习、就业之类的是必须自己来做主的，必须找到自己喜欢做的事情。家庭是作为一种支持和后备力量，这样的氛围我觉得反而对我们成长有更大的促进作用，一方面就是感受到一直有家庭的支持，自己也必须对自己负责，一定要做最好的决定；另一方面就是要和自己的特长或者爱好相结合，也不觉得外界有很大的压力。我觉得我们非常幸运，我们的父亲常常表达的是对我们决定的支持，也不将他的意见强加于我们。我觉得这种教育理念很好，我自己深有体会，我现在也成为母亲了，我也会把这种新的体会和做法传给我的下一代。

琳 因为我是家里的小女儿，父亲在法国也有一些朋友，如果需要的话确实可以给予我一些帮助，所以从这个角度来考虑，我父亲更放心让我去法国。我母亲呢，肯定更加担心我一个人出去，但是我们家的家庭教育氛围就是比较宽松，我自己的路由我自己决定，父亲和母亲还是非常尊重我们的。

孙 阮老师以及顾老师的教育方式并不是强压式的。

嘉 我觉得特别是我父亲，教育我们的方式很巧妙，他不会直接指出我哪里哪里不对，而是让我们从他身上看到正确的是什么样的。这种耳濡目染的教育方式比强压的教育方式有效多了。像我父亲，做事严谨细致，这对我来说，是有非常大的影响和促进，慢慢地，我办任何事情也都非常认真，不管是大事或小事，自始至终考虑非常严密，一定要把事情做得非常完美。我觉得这样的话，一方面能够做很多事情，另外一方面能够把事情都做到位。这一点对我来说非常受用，因为有的时候自己会很忙，面对很多事情一下子就有点儿理不出头绪，这时我就会想到我父亲好像做再多、再细致的工作，也不会手忙脚乱，会细致入微地把每一件事情都处理好，非常有耐心。所以我觉得父亲从细小的地方就传输出这样的感染力，我一直希望以他为榜样，处理事情也会尽量按照这种思维方式来，确实也能提高做事的效率。

孙 您刚说的其实就是父亲的言传身教对您产生的积极影响吧？

嘉 对，言传身教，是以自己的言行作为教育榜样，我觉得从年轻人的角度来说，这样更容易接受。像我父亲就非常体谅别人，非常照顾别人的感受，他不会使用直接驳斥与反对这样的教育方式，而是在教育我们的过程中始终让我们感受到一股非常正面的、很有支持性的力量，而且他始终是带着微笑、用温柔的方式对待别人。我觉得这一点我总是感触非常深刻，他这就是言传身教、潜移默化，以自己的行动来感染别人，这比任何的教条或者仅仅以语言为主的一些教育更有效。

琳 我觉得我有很多工作方式也是受到了父亲潜移默化的影响，我并不把工作当作自己的一种负担，而是把工作当作一种责任。我在工作的同时应该对别人负责，而且对别人所负的责任应该更大，因为我的某项工作一定要跟别人的工作融合在一起，才可以把一项大工作做好，所以我把工作当作一种责任来担当。我父亲平时的工作方式就是这样。

孙 阮老师身上这种人格的魅力确实影响了很多人。大概从20世纪90年代开始，阮老师获得了很多重量级的荣誉，包括在1994年获得法兰西国家功绩骑士勋章，1997年荣膺中国工程院院士，等等，你们都是怎么得知这些喜讯的呢？

嘉 我父亲评上院士的时候我在美国，我父母在跟我交流的过程中很少提及他们自己，哪怕获得什么荣誉也不会宣扬的，所以这个消息我好像还是从别人那儿听说的，我非常为我的父亲骄傲。

琳 我也很为我父亲骄傲，他成为他那个领域中最拔尖的人，我记得苏州电视台也来我家里做过一次采访什么的。那个时候的父亲，虽然可以看出来非常开心，但是其实很快就平静下来，因为我看到他还是像往常一样，生活、工作上并没有发生多少改变——一定要说改变的话，那可能是更加忙碌了。

孙 似乎阮老师更没有多余的时间去陪伴您的母亲了，他们生活中的休闲娱乐活动是不是空白呢？

琳 我觉得他们有自己的生活方式，有他们互相习惯的陪伴方式。他们可能也觉得旅游是一种放松心情的方式，也是一种陪伴的方式，所以当我父亲去其他地方工作，有时候我母亲就会去陪伴我父亲，能够在保证我父亲继续工作的同时，享受和我父亲在一起的时光。

孙 阮嘉老师，我发现您好像现在还有一个身份，是苏州大学附一院血液科海外部的主任，这个工作主要负责一些什么？

嘉 经常与苏大附一院血液科的一些同事，特别是在淋巴瘤组的同事联系，比如说我们有每月一次的多学科病人研讨会，然后经常一起发掘一些科研课题，同时写一些研究论文，或者是组织一些临床实验之类的。我主要就是起一个桥梁作用，在国内可能有一些研究项目还是处于启蒙阶段，但是病人资源非常丰富，所以我觉得可以把在国外学到的一些经验、一些临床研究的手段或者方式，逐步介绍过来，从而把这儿的临床以及科研的水平提高到一个国际水平。所以我觉得这项工作对我来说是非常值得、非常有意义的。

孙 所以现在回国的频率大概是？

嘉 我现在一年起码回国两次。

琳 我回国比较少，基本上一两年才回来一次，最近我妈妈身体不好，所以我回来的频率比以前增加了不少。

嘉 我觉得回来或者沟通的频率，数量不是一个决定性的问题，更重要的是要讲究质量，大家也知道现在网络功能非常好，除了发电子邮件或者Skype之外，还可以发微信，虽说好像美国跟中国有大概12小时时差，但是我们觉得有了这些通信手段之后，所有必要的联系都完全能够及时实现，也能及时处理各种问题，所以我觉得还是非常同步的。当然，若能够更直接地接触，我的孩子也能够跟他们有一个比较好的面对面的交流，让我父母亲享受一下天伦之乐，那也是比较重要的。

孙 实际上，父母还是很矛盾的，一方面希望不影响你们工作，另一方面特别希望你们能够多陪伴在他们身边。

嘉 我觉得我们的家庭是个职业型家庭，所有人都非常忙，包括我们的孩子，所以我觉得大家都能够理解，主要是以工作为主，一有时间的话大家就联系，联系的方式也多种多样，小孩也比较适应了，能够在网上或者手机上看到爷爷奶奶、外公外婆，所以他们觉得挺好的。总的来说，因为我们在做比较有意思的工作，所以某些方面若是有些艰苦，我们可以克服。当然，大家有机会可以欢聚在一起的话，是非常幸福的，我们非常珍惜。

琳 这确实是一个比较纠结的问题，特别是随着我们自己年龄的增大，我们也感觉到父母可能更觉得子女在身边照顾自己的重要性，所以这也是我们眼下要考虑的问题。就是现在还没有拿到一个最终的理想方案，既适合本人在事业上可以继续提升，能够对自己家庭负到责任，同时也可以照顾到两个老人。目前这还在探索过程中。

孙 因为我看阮老师也特别辛苦，他之前晚上十点钟还会跟我联系，早上五点钟就给我留言，就他这个年纪而言，我发现他精力特别旺盛，有没有劝着要父亲好好休息之类的呢？

嘉 你觉得他会听吗？我们都已经习惯了。而且，我们觉得我们都是一切以事业为重的一个家庭，从小就受到这样的熏陶和教育，而对自己选择这个职业所需要付出的执着，我们心里都是非常清楚的。当然我也觉得最好能够平衡一下，在工作的时候非常勤奋，出效率、出成果；同时也应该留一部分时间给自己、给家人，多一些放松，有一些兴趣爱好之类的。但是我能够理解，因为很多时候可能父亲已经比较习惯了。可以反过来想一想，如果父亲没有什么兴趣和爱好，可能又要让他追求自己喜欢做的事情。因为工作好像对于父亲来说是最开心的事，所以他才会将这么多时间和精力投入在里面。

琳 肯定是比较担心他身体的，也没法劝，我母亲只能监督他吃饭。因为他对物质追求比较少，包括对饮食方面的追求很简单，所以我母亲这一点还是比较关注的，保证我父亲每天的饮食质量。

孙 好的，谢谢两位，采访就到这里吧。

嘉 不客气。

琳 希望我们的回答能达到你的目的和要求。

何杨[1]：不给后人留下一片荒地

孙 您好，何老师，感谢您接受采访。您不仅与阮老师共事了好几十年，而且听说您小时候跟阮老师住在同一个大院，是吗？

何 对，我们都是属于附一院系统的，因为我父母也是在附一院工作，所以在我很小的时候就已经认识阮老师了。

孙 那阮老师是看着您长大的吧？

何 对，我也见证了阮老师是怎样一步一步地努力，攀上科研的顶峰的。

孙 那您能先简单介绍一下您现在的工作吗？

何 我现在在阮老师领导的江苏省血液研究所工作，跟随阮老师从事血栓与止血的基础和临床转化研究工作。同时我们现在所在的地方也是教育部的血液与血管工程研究中心，这是阮老师希望把已有的创新成果可以转化而建设的一个部属的转化研究平台。我们的目的呢，是让血液研究的应用方面有一个新的发展、有一个新的飞跃。我与阮老师共事已经32年了，然后在这32年里面，从最开始的血小板单抗，发展到临床上的诊断、治疗和转化推广……这一步步走过来，耗费了阮老师大量的心血，是很不容易的。这么多年，在这里面有好多阮老师的学生，包括阮老师以往的那些同事，在阮老师的领导下大家一起努力，我们才走到了今天，有了今天的局面。我想，在不远的将来我们可能还有更多的、更好的东西，能够奉献给这个社会，奉献给人类的医疗事业。

---

[1] 何杨系阮长耿院士的同事，1985年毕业于镇江医学院（今江苏大学），医学学士，1995年获法国外交部奖学金赴巴黎Rebert Debre医院进修，先后承担和参加了9项国家自然基金、省部级科研项目，发表各类如JACC（IF=7.815）、JBC（IF=4.26）等学术论文10余篇，获省部级科技成果奖11次。现为教育部血液和血管疾病诊疗药物技术教育部工程中心的常务副主任。

孙 所以这个工程中心,其实是在做与转化医学相关的工作吧?

何 对。我们工程中心现在分为两个部分,第一部分就是体外诊断,现在已经有一个产品在做临床实验,今年已经在申请SFDA(国家食品药品监督管理总局)的批准;另一部分呢,我们在进行一个体内的国家重大专项研究,主要是药物,即凝血因子VII的药物研究,这个药物主要是针对一些出血性疾病,它是比较有效的一个凝血的制剂,也是一个生物的药物,已基本完成临床前实验。可以说,整个平台已经运行得比较成熟了。在建这个平台之前,我们也已经尝试着进行了一些产业的转化,比如跟我们苏大的一个制药公司合作,获得了江苏省重大专项成果。这个成果已经使得一家企业进入正常的运营,这个企业的一些产品也都是血液制品,而且通过努力已经完成了从组建到正常的成果转化,以及到正式的上市运营。

孙 阮老师确实非常看重转化的,当时"苏州系列"一出来,就有人找到阮老师,想让阮老师开公司什么的,但是阮老师觉得自己还是一个本分的科研者,也就没去实践。

阮 对,我在1985年开始跟随阮老师工作,最早是在1987年我开始跟他做了一次转化,那时候转化就很简单的,也比较粗糙的,就是在几个青霉素小瓶里加一些血小板抗体,就成为一个产品。其实也根本不是什么产品,就如同一个手工作坊里加工出来的东西,但是也满足了很大一部分市场的需要。这以后随着现代经济的发展,这种东西已经被淘汰掉了,国家对于一些生物制剂,包括一些诊断要求比较严格,也要求必须具备一些资质。这些在一所大学、在一个科研机构,是没有那么多的能力、精力和资金去实现的,所以这个事情慢慢被淡化了。阮老师研发了一个抗体,那时候跟他在上海的同学进行了合作,是一个很好的体内药物,当做到一期临床以后由于种种原因没有再进行二次临床,所以阮老师一直有一个遗憾。那时候我就在想,我们是不是需要建一个属于我们自己的平台,不受他人的牵制,我们自己来把我们想做的事情做好。那么接下来,随着条件的成熟,加上国家和学校的支持,阮老师就领着我们建立了这个转化平台。现在我们已经在这个平台上初步进行了一部分转化,我们想通过这个转化的初步经验,能够把更多的产品推向市场,实现阮老师和我们的梦想。

孙 所以建立平台的意义,并不局限在您刚刚说到的少数几个项目?

何 对。我还特别要强调一点,我们这个平台并不是封闭的,我们是开放的。我们为全国所有的想进行这方面转化的人服务,帮助他们进入我们这个平台,推他们一把，使他们能够前进一步，也是为我们的国家做一点儿我们力所能及的事情。

孙 阮老师是希望他以前经历的那些困难不要继续成为其他人的困难吧？

何 是这样的，阮老师相当于是做铺路石，他让人家踩着他的肩膀往上攀登，这就是他的境界。所以我们也就是看着他的这个境界，想共同把这件事情做好。如今在中国高校申请的专利数量很多，但是专利的实际转化量是很少的。而为什么外国情况却不一样了呢？这是因为从创新到创业的这个过程过于艰难。所以阮老师和我们一直想，我们是否应该凭借自己的现有条件和力量去做一些工作。我们能够做到哪一步，我们就凭自己的力量做到那一步。那样一来，至少我们这代人给后面的一代人留下的不会是一片荒地。

孙 你们现在所处的土壤还是肥沃的吧？

何 我们所处的并不是沃土，我们现在在一片沙漠里，在种我们的草，我们希望这些草能把这个沙漠变成良田。

孙 非常美好的愿景啊。现在让我们回到您刚大学毕业的时候，我看到您是1985年7月从镇江医学院的临床医学专业毕业的。相比阮老师，应该说您是正宗的医学专业出身呀。

何 对。但是生物和医学其实还是相通的，都是有细胞的，是有生命的。

孙 那您和阮老师应该还是不一样，他是研究者出身，您毕业应该是要做医生的吧？

何 我们是临床医学，大学毕业了以后，我被分配到了苏州医学院附属第一医院（今苏州大学附属第一医院），直接进的研究室。我们那时候叫血栓与止血研究室，那时候研究室有15个编制，但是我们进去的时候大概仅有七八个人。

孙 那当时的研究室是处在缺编状态的？

孙 对，我们研究室一直是缺编状态，到近两年才是超编状态。因为我们实验室的好多人攻读在职研究生，毕业以后就出国了，然后工作也有一些调动。

孙 所以这种状况使得早期研究的条件还是挺艰苦的？

何 是这样的，像我们研究室的条件一直是比较艰苦的，比如我们要用蒸馏水做实验，那些水都是我们自己骑着车去带回来的，我们那时候在三楼，50千克的桶，都要自己去拎，不管男的女的都要拎。我们阮老师也是一样，自己往上扛，不像现在很简单，有一个进水装置，全部解决了。所以那时候的条件很艰苦，什么东西都自己动手。阮老师当时把他在法国省下来的奖学金买了好多试剂、设备，都带到国内。

孙　您当时被分配到了血栓与止血研究室，是您理想当中的工作吗？

何　那时候的人比较单纯，分到哪儿就干什么，没有别的什么想法，不像现在的孩子想法很多，临床医学毕业了，就要选一个既有前途又有钱的科。我儿子也是学医的，他那时候一直讲，他说老爸你干错行了，你那时候要是到临床去，现在日子肯定很好过了，不会像现在这样清贫，天天还要动脑筋，怎么培养学生，平台运转费哪儿来……我跟我的工作人员讲，我每天早晨醒过来就想，今天这个动物房的费用要付，钱哪儿来？今天那个实验室要付房租了，钱又要从哪儿来？我某个学生快要毕业了，他的论文还没完成我要怎么帮他？如果我做了临床大夫，就完全用不着想这些事情，但是我们跟着阮老师，他非常敬业，他从没想要去赚什么钱，所以可能我跟着他时间长了，也在潜移默化中被他影响了。还要强调的是由于阮老师那一代前辈的辛勤工作，我们现有的工作和生活环境才有了巨大的改变，我打心底里感谢阮老师他们。

孙　所以进入血栓与止血研究室，就代表着您开始专注于研究了，这与之前临床医学的培养相比较，还是有很多不同吧？

何　我们开始是在临床实验室，相对来说那时候我们很忙，但是忙完了就没事情了。后来到研究室也是很忙，它的忙是永远不能停下来的忙，与之前临床实验室完全是两个体系。临床实验室很简单，根据病人的多少决定你的工作量；但是你在研究室做研究，研究出来以后你要知道这个现象说明了什么问题，为什么说明这个问题，你一直问这个东西Why、What，一直在想我接下来要往什么方向走，所以永远没有停下来。

孙　它就像一个循环一样？

何　对，它永远像在踏步走，而且永远不停歇的，不像临床，临床往前走到一个站就休息了；科学研究永远是走，走到了一个认为可以停的地方，你可以转个弯，再继续走，所以做研究就是永远没有尽头的。而且凭良心讲，为什么大家都喜欢去临床，没人喜欢做科研？自然是因为临床的报酬多，科研的报酬少，所以好多我们这儿毕业的研究生，基本上都到临床去了，博士读完了都还要去临床，主要还是出于经济方面的考虑。这也没有办法，是现实问题。

孙　这真的是一个大问题。那您刚分配到研究室的时候，阮老师有没有对您提过一些什么期望、要求之类？

何　没有，没有提任何希望，就是去了以后，阮老师就跟我讲，这地方是做血小板研究的，便分配给我一个代教老师，让我去做这方面的研究。我记得很清楚，他说我有这么多抗体，你也可以做一些功能的研究。然后我就跟着阮老师和我的代教老师，从最初对血小板这个神秘的东西全无半点认识，到一步步研究，慢慢揭开它的面纱。

孙 您当时的代教老师是哪位呢？

何 王兆钺教授，他现在已经退休了，也是我们实验室最老的教授。

孙 因为您私下其实跟阮老师也认识，关系都非常好，进入同一个单位后，有没有发现他与同事或学生相处的方式，和私下与人相处的方式有些许差别？

何 没有，我们阮老师很随和，他平时怎么样，他到实验室也怎么样，不是以一个长辈或领导的面孔出现在大家的面前。从来都没有板着脸批评人，所以我跟他相处了三十几年都很愉快，如果他不是这样的脾气，我可能早就走了。因为我觉得做研究还是应该要有比较宽松的环境的。就跟李克强总理曾经讲的一句话一样，重大的科研发现，并不是你计划出来的。如果重大的科研发现都是能够计划出来的，那么牛顿定理它也能计划出来吗？所以就像李克强总理的这句话，我发现阮老师那时候也是如此，他不会刻意让你去干什么，他只是让你对科学的东西感兴趣，然后一层层把它的奥秘揭晓出来。所以他的学生，像吴庆宇、杜晓平，正是在他这样一个没有条条框框的环境下，才有了自己的发展空间。

孙 阮老师不管是教育自己的孩子，还是学生，包括对他下属、同事，都不是那种传统的严格。

何 阮老师不会约束你做任何事，但是你一定要认认真真做，不能造假。他跟我讲过一句话，说对我很放心，这个真的让我非常感动。所以我们为什么能够发展到今天，实际上是我们每个人都想认认真真把血栓与止血研究室的工作做好，也就是大家对阮老师的这份感情，也是我们对血小板的感情。做到现在这个份上，我们完全可以不要继续了，就像很多同事都跟我说，药都做好了，你都能发财了，你还要去做什么呢？我说，不能这么想，我们希望把我们能够做的事情，凭我们的良心在退休前把它做好，尽可能多给后人留点儿东西。阮老师就是这样教育我们的，所以我们也是这样做的。

孙 好像阮老师这样的好脾气，唯一严厉的时候就是面对科研造假？

何 对。阮老师也跟我谈过，我们的底线就是不能造假，我们不光是为了我们自己的名声，也是为了我们江苏省血液研究所的名声。所以我们学生做不出来东西也是正常的，我们不能逼他们——每个人都能把所有东西做出来，那诺贝尔奖就不够分了。我一直跟我的学生讲，你只要把你科研的思维能力培养出来，把你做人的基本培养好，别的东西无所谓的。你不要想着因为要毕业、要发论文、要拿个什么奖学金就开始编，编到最后不光害自己，也是害人家。

孙 而且医学科研方面的造假，最终产生的影响非常大，因为毕竟跟患者会有密切的关系，会危及生命。

何 你说得对。特别是我们工程中心，是要生产产品的，我们一直这么要求，我们的产品做100批，就要有101批的合格，不能有99批合格，如果有99批合格，有一批流出去，那就是危害到很多患者的生命。所以做产品一定要保证100%以上的成功，才能说是真的成功了。我们宁愿生产的产品不成功，拿不到药证，也不能把有一点儿瑕疵的产品推向医疗市场。

孙 严谨求实真的是我们团队的核心精神所在呀。想问一下，团队取得了好多成果，每当取得一个新成果的时候，大家是不是会特别兴奋？这会不会激励着大家继续前进呢？

何 阮老师发现某个新抗体的一些新功能的时候会比较兴奋，但是他不表露出来，他都比较淡定，因为他是个真正的科学家，不像我们。我们一般情况下发现一个新东西，不得了，这个东西可以干什么干什么，可能会带来一个多么重大的突破什么的。后来，随着时间长了，我们对一个新的发现也不太会表现出过多的兴奋和激动了，就会一直在思考，这个新的发现往后走又能够干什么？

孙 阮老师能把这个团队凝聚起来，一定是有什么特别的方法吧？

何 他会给每一个人进一步学习的机会，就是他会把你送出国，让你的工作和学习能够更上一个台阶。所以阮老师可能就会通过这种机制，把他在这方面的一些研究成果，更往前推一步。

孙 所以您也曾出国留学过？

何 是的，1995年阮老师给我联系的法国奖学金——外交部有一个中法友好奖学金，他专门送我到法国巴黎儿童医院的血液实验室去学习。

孙 我找了一下，发现您和阮老师合作发表的论文特别特别多。与其他的合作者相比，阮老师有什么不一样的地方吗？

何 一般情况下我会先跟他汇报一下，第一个是我要做什么，第二个是我不会造假，第三个是要允许我研究一段时间，第四个是最后我会给出一个满意的答案。

所以跟阮老师一直密切配合到现在，大家都很愉快，我们才能一步步走过来。现在每年还发表很多篇论文，这是很不容易的，也是阮老师的宽容，使得我们能够不断有成果产出。

孙 那最后，还是希望您可以再总结性地聊一下从同事的角度看阮老师。

何 我和阮老师接触的时间比较长了，我发现他其实很平淡，也很简单。每天他把应该做的事情做完，晚上再怎么晚，他都要学习，哪怕做事情做到十点钟他还要坚持学习。不管他出名之前还是出名之后都是一模一样的，他常常晚上三点钟还给我们发邮件，所以我一直问阮老师晚上是不是不睡觉，他说有的时候想事情就睡不着。然后我就经常跟他说，用不着再那么勤奋了，都已经是院士了，但是他从来没有因为自己是院士而偷懒。阮老师一直跟我们讲，我们"苏州系列"是血小板方面的成就，为苏州、为我们国家做了贡献，那我们是不是要为我们国家在血栓与止血研究方面也能够做点儿贡献，为后人多铺路呢？我觉得他所取得的每一点点的成就，都是平凡中的闪光点，平凡中的亮点，不是刻意而为的那种亮。他的每一步背后都有着"因为""所以"，他每做一件事情，可能都是在想怎么把它做得更完善。他做事情，都要坚持把事情做完。所以阮老师最伟大的地方就是，持之以恒把他认为应该做的事情继续做下去。我也非常感谢阮老师。

孙 谢谢您的总结，非常棒，也感谢您接受采访。

何 不用客气。

夏利军[1]：他引领苏州血液走向世界

孙　夏老师好，今天想请您从学生的角度谈一谈阮老师。因为您不常住在苏州，所以首先特别感谢您在回国期间还能抽空接受采访。

夏　不用谢，这是我应该做的。

孙　您是不是"文革"之后恢复高考的第一批学生？

夏　我是第二批，第一批是1977年入学的，我是1978年入学的，当时我是高中应届毕业生。那时候高考学生有应届的和往届的，年龄层次差别非常大。我大学入学是16岁，我们班上的同学还有三十几岁的，所以他们常跟我开玩笑说，他们儿子年龄跟我一样大。

孙　我注意到您的大学读的是山东的滨州医学院，好像大学毕业之后您并没有马上去读研究生，而是工作了几年之后才去读的研究生吧？

夏　我大概工作了7年之后才去读研究生的，那么为什么大学毕业之后没有直接读研究生呢？第一，当时我们学校只是个小学校，所以考研的氛围就不如北京、上海这些大城市的学校。第二，因为我是学医的，从医学院出来就是当医生，感到很自然。

孙　那是什么原因促使您后来又去考研了呢？

---

[1] 夏利军系阮长耿院士的博士生，分别于1982年、1990年和1995年在滨州医学院、青岛大学医学院和苏州医学院获医学学士、血液学硕士及血液学博士学位。1995年至2003年在美国俄克拉荷马医学研究中心先后任博士后科学家及研究助理研究员，2003年至今在美国俄克拉荷马医学研究中心任助理研究员、副研究员、研究员、Merrick Foundation冠名讲席教授，博士生导师，兼任美国俄克拉荷马大学医学院生化和分子生物学系教授。2014年受聘为苏州大学教授，任江苏省血液研究所糖生物与血管生物学研究室主任。

夏 有两个方面的原因,一是工作了一段时间了,年龄也稍微增长了,知道了在知识储备上的不足。尤其我大学毕业后被分配到一个县级医院,学的东西太少,所以就有了继续深造的想法。二是工作几年后碰到的问题多了,对有些病认识不足,尤其是看到病人痛苦却又无法给其解决病痛的时候,这种想要继续深造的愿望越发强烈。而且我工作几年后,也开始想写一些东西、总结一些经验,我当时经常写信给北京医学院的老师,那时候的老教授都非常认真,我写的信,他们回答得都非常仔细,我觉得获益匪浅,所以感到应该到更好的医学院继续深造一下。

孙 您从事临床工作的那7年间,哪些束手无策的病让您印象最为深刻呢?

夏 我先跟你讲个病例,我老家是山东的,那时候山东有一个非常凶险的流行病叫流行性出血热[1],虽然现在我们已经知道这个病是由于病毒感染引起的,但是那会儿不清楚。病人都是青壮年发病,然后就是低血压、休克、肾衰、弥散性血管内凝血,病人一旦到了最后的弥散性血管内凝血即DIC阶段,很少有被治好的,所以说非常凶险。由于我们对这些病没有认识,来医院的很多病人一开始就死亡了,其死亡率极高,而且都是青壮年呀。虽然后来我们慢慢对这个病有所了解,其死亡率降下了,但是还有很多问题没有解决,比如刚刚讲的DIC,这个症状就跟出凝血有关系,所以我就对血栓性止血、凝血感兴趣了。很多病的终极阶段都是DIC,包括严重的细菌感染、严重的外伤都是可以导致DIC,所以就进一步想了解出凝血的具体情况,而其中最好的一种学习方式就是考研了。

孙 所以您当时考了青岛大学医学院,还特意挑了血液学是吧?

夏 那时候视野稍微窄了一些,因为青岛离我们那儿比较近,所以挑了青岛大学。我的导师翁维权写了一本书叫《内科危重症的抢救》,这本书获得全国科学大会奖,其中他着重写了DIC,在山东很知名,我们当时出了DIC的情况都请他去会诊,所以就很熟悉他,当时他建议我考他的研究生,所以很自然地成为他的学生。

孙 那后来怎么一下子跳出山东,跑到苏州读博士了?

夏 我读了硕士,就进一步了解了血液研究领域,知道当时国内几个血液学研究中心,像天津、上海、苏州的血液研究中心都很有名气。当时苏州出凝血方面的研究做得非常有名的就是阮老师,而我正好是偏向于出凝血这个方向的。我之前在

---

[1] 流行性出血热简称出血热,又称肾综合征出血热,是危害人类健康的重要传染病,是由流行性出血热病毒(汉坦病毒)引起的,以鼠类为主要传染源的自然疫源性疾病。以发热、出血、充血、低血压休克及肾脏损害为主要临床表现。

一次会议中见过他，双方交谈过几句，感到阮老师很热情，所以我其他哪儿都没报，就报了苏州。而且还蛮有意思，我完全不知道具体情况就报名了，那时候阮老师有一个非常优秀的硕士生叫顾建明，他也报名考博了。名额只有一个，我考完初试后，阮老师非常热情地让人通知我来复试，之后我也跟阮老师谈了一次。阮老师觉得我非常优秀，因为我英文考试的成绩还是所有考生里的第一名，阮老师就到处借调名额，最后我和顾建明都很幸运成为那一年的博士新生。

孙 所以您开始读博后，其实也就属于江苏省血液研究所中的一员了？

夏 是的，当时阮老师鼓励我早些去实验室。因为一般博士先是上一年基础课，然后才到实验室，而我实际上了三个月的基础课后就到实验室了。他鼓励我到实验室看看，帮助做一些工作，我也觉得早去实验室、早熟悉课题，就可以早进入研究状态，思考一些问题，这是非常有益的。所以说我读博士期间科研论文比较高产，可能是同学里发表文章最多的一个，因为早下手，早出课题，对自己所研究的内容了解得比较多。

孙 所以您是很早就找到了此后的研究方向了？

夏 那也不是。我一开始研究了一种相对常见的白血病，叫急性早幼粒细胞白血病，得了这种白血病是非常凶险的，而且年轻人得的比较多，而且常常伴有DIC，非常可怕，死亡率也极高，我就对病人为什么这么容易出血很感兴趣。我考察了很多病例，做了一些机制方面的研究。后来呢，由于我们实验室还有一系列纤维蛋白的抗体，纤维蛋白也是凝血里面重要的一种蛋白，当时可以用它来作为血栓诊断的依据，并且如果将一种溶解血栓的药物带到这个抗体上，就跟导弹一样，直接就能够打到有血栓的地方去，这样就起到一个靶向诊断和靶向治疗的作用。这在当时是一个非常超前的概念，但它有一个问题，我们做了抗体都是在动物里面打出来，比如说在小鼠里面打出去，它是鼠源性抗体，若是用到人体，它有抗原性的，会有免疫反应的，不能长期用，所以说我们要用基因工程技术做人源化。而基因工程技术那时候在国际上也是非常前沿的技术，阮老师从法国带回来的新概念主要是分子生物学，但我这在这方面的基础是零，对于能不能长久研究下去我是有点儿犹豫的。

孙 但是您最后还是往这方面发展了吧？

夏 对，后来我还是决定要往这方面发展。那会儿，学生实验室在现在的苏州大学附属第二医院，我记得有一个晚上，外面下着大雨，我还在那儿做了一个白血病的实验，顾建明同学在做基因工程抗体研究，他鼓励我做抗纤维蛋白单抗的基因工程抗体研究。有了他的支持，我心里有底了。我记得大概是晚上11点多，当时觉得这个决定得立刻告诉阮老师，就给他打电话，阮老师连说好，支持我做这项研究。我对这件事情印象非常深刻，为什么呢？第一呢，我半夜给阮老师打电话，我当时也是年轻，也没考虑到阮老师在休息的问题，他不仅不生气，反而非常高兴，表示支持我；第二呢，因为我没有分子生物学的基础，他并没有因此阻拦我。

孙　您跟着阮老师那会儿，其实已经是他最忙碌的那一段时间了，他身兼数职，院长、所长，又是带硕士生、博士生，好像还要出门诊。

夏　熟悉阮老师的人都知道他不是以一般的速度走路，他走路永远是急匆匆的，很快的，他本身也不是个急性子的人，但是因为事情多，阮老师走路都是一路小跑，所以你就知道他为什么能处理那么多的事情了。因为事情多，所以他也非常辛苦，一天到晚就是工作，我觉得他也没别的兴趣爱好，我不认为他有兴趣爱好的那个时间。

孙　但阮老师告诉我，他求学的时候可是文娱体育的积极分子呢。

夏　那我完全不知道，阮老师从没有跟我们说起过他有什么才艺，我整天看到他就是匆匆忙忙，一路小跑做事情。在我认识他以后，我也没看到他参加什么运动，我还天天跟他讲，让他运动一下，我觉得他的兴趣啊、特长啊，可能都被忙忙碌碌的工作取代了。另外，我觉得他虽然很忙，但是做事情也非常有条理，他喜欢写小条子，他将每天要做的事情都写在一个小本子上，所以他做事情有条不紊，很多事情他都能安排得好。慢慢地，我也向他学了每天把要做的事情记下来，从而合理安排时间，有条不紊地开展各项工作。而且，忙碌的阮老师并不因此就完全舍掉家庭的生活，他会早上起来买菜、买早点什么的，而且他对妻子、女儿非常关心，据我所知也是一位好丈夫、好父亲。

孙　阮老师出任苏州医学院院长后，主要负责的就是教学、科研和外事这些方面，在他的带领下，当时苏州医学院这方面都非常突出，您也是当时的见证者呀。

夏　是的。我觉得非常重要的一点就是阮老师的事业并不局限于国内，他主管下的外事活动一直开展得非常广泛，这对于我们影响也非常大。阮老师在国外留学过，他将一些先进理念带回来，让我们一直与法国、澳大利亚、日本、美国等国家保持长期交流，我们这里经常举办国际会议，当时苏州举办过两次国际会议，我都参与了。阮老师让我们和国外的一些前沿的科学家互动，让我们知道他们是如何开展工作、如何开展研究的。我们也明白了做科研肯定不是九点上班，五点下班，一周工作五天这样的，一旦开始了研究就是全身心地投入。我们一般都在实验室放一张小床，研究做得很晚了就经常在那儿睡了。慢慢地，就形成了这种利于科研的氛围或环境。阮老师经常要出去对外交流，从这个角度说，阮老师应该在医学科研界算是个外交家。当时来说，我国医学科研水平还是比较一般的，能在国外跟一些同领域的专家交流，是需要有能力的，也是需要有胆识和勇气的，阮老师就属于能力和胆识兼具的。

孙 阮老师不仅科研能力非常突出，而且他的沟通能力也很优秀，他常充当协调员的角色，我觉得您形容他是医学科研的外交家是非常贴切的。

夏 他去法国留学过，成为中法之间医学科技方面交流的创始人。中法科学交流对我们国家医学发展推动非常大。阮老师有很强的沟通能力，因为打交道的人员很多不是来自法语国家，多是来自英语国家，阮老师就用英语和他们交流，而且他不光是简单地交流，总是能够取得一些成果来的。我们研究所的成员可能一半以上后来都去了国外，实际上其目的地中的大部分都跟苏州有学术交流的，跟的导师也都是和阮老师有联系的。频繁的学术交流活动提高了我们学术科研的起点，也为我们这些人进一步深造打下了非常好的基础。像我们出国申请学校都不是普遍撒网的，我们都是有的放矢的，一般是我们写封信，只要学校有名额，基本上都可以去深造。

孙 等于说在国际上我们苏州血液研究也是很有名气的？

夏 是的，这种名气是阮老师创出来的，是通过他这种非凡的交流能力、协调能力、学术研究能力创造出来的。所以你刚才讲的他是一个协调员，这个的确起到了非常重要的作用。因为你得交流，单枪匹马很难做好一件事，这是其一。其二，跟一些前沿、领先的科研工作者交流，就比较容易把握研究动向，提高自己的水平。

孙 阮老师在培养学生的过程中，还是关注学生组织和表达能力的吧？

夏 他也没刻意要求学生去做，但是我们实验室有一个非常独特的传统——举办读书会。我们那个时候就有个小的阅览室，收集了很多原版的外国杂志，看了以后非常新奇，也非常有兴趣去读，读了以后，阮老师就鼓励我们交流。我想，这对我们提高每个人的交流能力有很大的帮助。而且我们一直到现在都保留下这个举办读书会的传统。

孙 咱们的科研氛围整体都非常不错，团队成员之间还互帮互助、彼此激励。

夏 是这样的，我们实验室有不少从国外直接回来的老师，当时在我之前还有几个资历比较深的博士研究生，他们都会给后来的博士和硕士做指导，大家关系都非常融洽。我记得有一次我在实验室进行血管内皮细胞研究，那个细胞非常娇贵、难养，得从胎儿脐带血管里花很长时间分离出来。一次我研究到半夜快11点的时候，因为觉得可能会出些问题，所以就很着急。当时我和一个叫吴国新的师兄在一起，就问他该怎么办。他就毫不迟疑地来帮我，我们两个人一起做到了凌晨三四点钟。这事儿跟他一点儿关系都没有，他却能这样整夜不休息地帮助我，让我印象非常深。这种例子很多，只要你有需求，你的同事们就会伸出手来帮助你一起解决问题。

孙　阮老师似乎有一种"魔力"，能把大家自发地凝聚在一起。

夏　有一些好的传统、好的文化养成，并不是刻意而为之，其实，绝大多数都是潜移默化的，当然首先要有带头人，其他人慢慢跟着学了，于是就形成了这种氛围。阮老师也没有要求大家这样去做，就是靠他高尚的品质影响着大家。

孙　我了解到，您博士毕业后，就去美国做博士后研究了，在这个过程中阮老师有没有给您支持呢？

夏　我毕业之前，阮老师就说让我毕业以后留在苏州大学附一院工作，我就准备留下来了。但是因为我们大部分学生毕业后都出国深造了，所以我还是挺想出去的，于是我就跟阮老师说我想出国深造，我还接到美国的一个让我去做博士后的邀请。那时候还有一些规定，因为我毕业后已经定在苏州大学附一院工作了，如果这个时候要出国的话还要交培养费的，我可是穷学生，付不起这个钱。当时阮老师专门帮我去做苏大附一院的工作，支持我去美国。阮老师非常开通的，并不是培养了学生就不放学生走，他是优先考虑学生的发展、学科的发展的。实际上那时候很多单位都把人给留下来，这种现象非常普遍的。而阮老师的目光非常长远，现在我们很多出国深造的人又回来了，这就是良性交流的结果。

孙　您在美国的研究还是与分子生物学相关吗？

夏　跟这个有关系，我是做血管生物学、血栓和血小板生物学研究的，就是用分子生物学的方法一直做这方面的研究，刚刚在德国召开的一个国际血栓与止血会议，在我这个方向上，全世界只有三位研究者应邀做大会发言，我便是其中之一，这说明我的研究在国际上还是领先的。

孙　所以跟着阮老师读博这三年的积累对您来说是非常重要的吧？

夏　这个过程是一个非常重要的基础，尤其是我非常早地进入这个领域，找到了与国际接轨的一些前沿的研究方向、研究课题、研究方法，对我以后事业的发展至关重要。从我们研究所走出了很多学术上做得非常出色的人，像吴庆宇老师、杜晓平老师……从一个医学院里的一个研究所一下子出来这么多人，真的很不可思议。在美国，只有非常好的研究机构才能培养出这么多优秀的人才。我的美国导师曾经就半开玩笑半认真地问我，苏州医学院是不是中国最好的医学院，跟美国的哈佛大学医学院一样。

孙　阮老师其实也没在美国读过书，也没在美国待过，但是他在美国的知名度还是特别高的吧？

夏　是比较高的，美国血液研究界都知道阮老师。

孙　您博士后研究结束后就留在了俄克拉荷马医学研究中心，后来自己有了独立的研究室了，但是您在2014年又受聘为苏州大学的教授，现在是江苏省血液研究所糖生物与血管生物学研究室的主任。为什么您在美国发展这么好，还要回来呢？

夏　我是两边兼顾，但是经常回来。主要有两个方面的原因，一是我在这个领域应该是做得不错，也想为国内这方面的发展做点儿贡献；二是阮老师他年龄稍微大一点儿了，他希望我们能回来，能够帮着继续使我们血栓研究这个方向一直保持向上的水平。除此之外，我博士以前做医生，在国外是做基础研究的，跟病人交流不是太多，国内的好处就是能够和病人、临床接触非常多，能够解决病人诊断的一些实际问题。所以说，我觉得这个平台非常好，能做一些与疾病更密切的研究工作。

孙　阮老师特别辛苦，现在这样的岁数，工作日程还是排得很满。

夏　我现在也非常担心，因为他忙起来就收不住，我们常提醒他注意劳逸结合，保重身体。上周我刚从欧洲回到美国，现在又跑到国内来，我想把这里的研究工作管理好、指导好，尽量减轻阮老师的负担。

孙　阮老师还跟我聊过一件事，1997年他评上中国工程院院士的时候，他说您那会儿是第一个祝贺他的人，他说他印象特别深刻，是因为您那时候在国外，还通过邮件发来了您的祝贺。我能感觉得到，您是非常关注和关心阮老师的。

夏　这也是互相的，阮老师也非常关心我，人与人都是互相关心的关系。阮老师获得了这么大的成就，得到骑士勋章、军官勋章，被评为院士……我们作为他的学生，对他就像对待自己家人一样，我肯定会去关心的，而且这是很自然的，都不是刻意而为之的。

孙　好的，那我们采访就到这里了，谢谢夏老师。

夏　你们跑来采访我也非常感谢，你们做得也非常好，谢谢你们。

附录

阮长耿：热血长青
（纪录片脚本）

【同期声】

阮长耿：抗血小板膜表面有一个受体（糖蛋白Ⅰb），这个受体是帮助血小板黏附在破损的血管壁上，促进血小板聚集成团，堵住伤口，这是非常重要的一个生理过程，缺少这么一个受体，这个人就要出血。

【解说词】

这位解开血小板黏附之谜的医学科学家，名叫阮长耿，他被称为中国的"血小板之父"。

【阮长耿同期声】

阮长耿：我就有一个梦想，希望中国的血友病孩子就像欧美的血友病的孩子一样，得到预防治疗。

【解说词】

（已经）八十岁的阮长耿毕生都在探索血液与人类健康关系中的未解之谜，这种执着的信念，来自他年少时对母亲病痛的深刻记忆，从那时起，他就立志要成为一个治病救人的医生。

【同期声】

阮长耿：因为母亲得的是乳腺癌，而且转移到了骨头里头，非常痛苦，那时候我就陪她到上海长海医院云看病，那里的陈主任给她诊治。我母亲见到他就像见到了救命恩人一样，所以我觉得医生对于病人和病人家属太重要了。所以从那个时候起，我就希望我奖来也能够成为（一名）医生，给病人和他的家庭解决问题，带来生命的希望。

【解说词】

然而,现实未能让阮长耿如愿。1958年,因为超群的数学成绩,阮长耿被北京大学选中并提前免试录取,而北大当时还未开设医学专业。

【同期声】

阮长耿:当时我坚决不去,因为我(志愿)填的都是上海第一医学院、上海第二医学院、北京医学院。

【解说词】

负责招生的北大老师劝说阮长耿选择理工科专业,以突出数学优势。是发挥特长,还是坚持梦想,这让阮长耿左右为难。

【同期声】

阮长耿:那么那时候我就没办法,问了他们北大哪一个专业跟医学关系最密切。他就告诉我北大生物系,生物化学专业跟医学的关系最密切。我就选了这个生物系,生物化学专业。

【解说词】

在北大勤学的六年,让阮长耿畅快地积蓄了科研的能量。

【同期声】

阮长耿:北大崇尚独立自主的精神,所以我觉得北大六年对我来讲的确是培养独立从事科学研究的能力。

【解说词】

1964年,阮长耿大学毕业,被分配到当时由国防科工委二机部接管的苏州医学院。

【同期声】

阮长耿:分配工作时,他们跟我讲,你到苏州医学院去。我说,很好啊,太好了,我本来就是想考医。

【解说词】

曾经的梦想忽然就要成为现实,这让阮长耿欢欣雀跃,而更让他意想不到的是,一到单位,他就被分到血液研究室,成为中国血液学奠基人之一的陈悦书教授的下属。

【同期声】

阮长耿:苏州整个血液学的研究水平,从1963年陈悦书教授建立血液研究室以后，在国内一直处于领先的地位。所以当初他到苏州来的时候，我们就明显地看到，得白血病的，都会跑到苏州来找他，因为大家知道他专门研究过这个病。当时，他很希望有一个学生化的人来帮助他研究血液病，从生化的角度来研究它的发病机理，然后找到更有效的诊断和治疗的方法。

【解说词】

求贤若渴的陈悦书教授，找到了出类拔萃的阮长耿，领着他一步步探入血液研究世界的最深处。

【同期声】

阮长耿：陈悦书教授说，用你的生化知识解决我们临床的问题。他还特别强调，对血液科的医生来讲，你这个实验室就等于外科医生的手术室，我们对这种疾病的诊断，甚至将来治疗，就离不开实验室。

【解说词】

陈悦书教授这番鞭策的话语时刻回响在阮长耿的耳畔，他希望阮长耿将"转化医学理念"付诸实践。

【同期声】

阮长耿：就临床提出的问题，要回到实验室解决，得出一个结论以后，再来进一步对临床相关疾病提出更完善的诊断和治疗的方法。

【解说词】

1966年，"文化大革命"爆发，大学、实验室等研究机构被迫关门，许多科研人员纷纷改行，阮长耿却幸运地被调去跟随陈悦书教授学习临床。

【同期声】

阮长耿：（临床见到）一些有腹水的病人，他（指陈悦书——笔者注）在我边上鼓励我，小阮你不要怕，你从第×根肋骨下去，把这个水抽出来，我在你旁边。所以我的待遇是在一级教授指导底下进行临床的治疗。

【解说词】

逐渐地，阮长耿成为当时附一院血液科一位颇有名气的医生。

【同期声】

阮长耿：那时候好多血液病患者到苏州来，要找一个老医生陈悦书，还要找一个小医生，那就是我。

【解说词】

哪怕是在最不利的环境下,阮长耿依然冒着被"批斗"的风险偷偷溜进实验室,执着地为病人寻找合适的治疗方法。

【同期声】

阮长耿:我觉得我完全是为病人,应该没有问题,至少我不怕的。

【解说词】

于是,阮长耿成为实验室里最懂病人疾苦的研究者,也成了医院里最懂生化知识的医生。

【同期声】

阮长耿:医学一定要跟临床研究、实验研究结合在一起,这是很重要的。

【解说词】

忙碌并没有让阮长耿慢下前进的脚步,他把点滴的学习嵌入了日常生活的每一刻。

【同期声】

阮长耿:那时候医院里很忙的,白天忙门诊晚上还要值班。早晨排队买油条的时候,我也在背单词。所以人家看见了说,哎哟,这个小伙子,买油条还要看英语。

【解说词】

1979年,阮长耿以优异的成绩通过选拔考试,成为(改革开放后)第一批国家公派留学生,前往法国学习。已届不惑之年的阮长耿,开始学习法语。

【同期声】

阮长耿:我觉得学法语也蛮有意思的。法语对我来讲就像上海话一样,英语对我来讲就像是普通话。

【解说词】

聪慧的阮长耿很快便摸清了法语学习的门道。三个月顺利突破语言障碍之后,他在巴黎第七大学附属圣路易医院里,遇见了后来帮助他攀登血液研究高峰的恩师卡昂教授。

【同期声】

阮长耿:卡昂教授比较国际化,他在国际上的影响比较大,而且当时是国际上著名的研究血小板的专家,被称为the King of Platelet in the world,是"研究血小板的皇帝"。

【解说词】

阮长耿十分珍惜这难能可贵的机会,他放弃了周末、放弃了休息,分秒必争地学习、研究。

【同期声】

阮长耿:我在我的床头写了"发奋、发奋、再发奋"的字样。

【解说词】

这股"时不我待,奋发有为"的干劲在三个月后便获得了回报,阮长耿迅速掌握了血小板研究的先进技术,成功鉴定了国际上第一株抗血小板的单克隆抗体。

【同期声】

阮长耿:前面三个月我就是努力要搞懂、搞清楚,这个血小板抗体有用还是没用。三个月我就把它搞定了,非常有用。我的工作就是研究血小板表面的受体,这个受体就是糖蛋白Ib,然后vWF是作为一个配体结合上去。

【解说词】

当阮长耿向卡昂教授报告这个结果时,卡昂教授欣喜万分。

【同期声】

阮长耿:他说,你来了以后,我对中国人的看法大大改变了,中国如果有1000个人能够像你这么努力,这么用功地工作,特别是从事科研工作,将来中国就是世界上最强大的国家之一。我们现在科学院提出的"千人计划",与当时卡昂教授的想法是一致的。

【解说词】

或许是阮长耿的勤奋和努力,让卡昂教授对中国人有了新的认识和好感,此后,卡昂教授非常积极地参与中法之间的各种交流活动。中法血栓与止血交流日、互派留学生项目、中法友好医院等都在卡昂教授和阮长耿的牵线搭桥下相继开展和建立起来。

【同期声】

阮长耿:1982年巴黎卫生局长在卡昂教授的推动下来访问我们苏州医学院,签订了这么一个协议,建议我们苏医选择最好的人员,派到法国,他们选择巴黎最好的医院对这帮年轻人进行临床培训。回来以后我们都集中安排到苏州医学院附属第二医院。该医院成为中法医学交流的桥梁,1992年被命名为"苏州中法友好医院"。

【解说词】

虽然在法国学习的时间只有短短的两年,卡昂教授还是鼓励阮长耿在回国前攻克法国国家博士学位。这并非易事,一般的法国学生至少需要五六年的时间才能完成,而留给阮长耿的时间只有短短六个月。功夫不负有心人！1981年10月2日,阮长耿顺利通过了博士学位论文答辩,并以最优秀的评分,获得了法国医学生物学国家博士学位。

【同期声】

阮长耿：毕竟中华人民共和国成立后中国人在国外拿法国国家博士（学位的）好像我是第一个,不多的。所以答辩完了以后,有一个酒会的,他们都布置好的,当时我们大使馆的科技参赞也到场了。

【解说词】

6天之后,阮长耿带着用奖学金购买的低温冰箱、台式高速离心机、胶原酶等设备和试剂,登上了归国的航班,满腔热血地准备回苏州大干一场。

【同期声】

阮长耿：当时我们这一代人出国的时候就是想,国内没有的你要把它学会,仪器和设备带回来做我们自己的（研究）。

【解说词】

在单位领导的支持下,阮长耿迅速凑齐了一间房和六七位团队成员,再加上一些简单的实验器材,我国第一个血栓与止血研究室就这样揭牌了。

【同期声】

阮长耿：有条件要上；没有条件,我创造条件,也要把它做成功。

【解说词】

实验设备的短缺难不住阮长耿,他带领着自己的团队,巧思配巧手,自制土设备。

【同期声】

阮长耿：点一根蜡烛,放在有机玻璃盖制成的培养器皿里头,因为缺氧了,这个蜡烛要熄掉的,它在熄掉过程中间,放出来的二氧化碳大概是5%,这样,培养器皿就可以代替二氧化碳培养箱了。

【解说词】

这种排除万难的精神后来在新闻报道里被概括为"烛缸精神",我国第一组抗血小板膜糖蛋白I单抗就在"小米加步枪"的环境中诞生了。

【阮长耿】

阮长耿:苏州做的第一组单抗我们就叫SZ-1,即苏州一号。其中,"SZ"就代表苏州。我毕业以后,1964年就到苏州来了,后来成了苏州女婿。我对苏州是比较有感情的。

【解说词】

时至今日,苏州系列单抗已经有九大类,180多种。每一种都代表着一个难题被突破,一个希望被点亮。

【同期声】

阮长耿:苏州1号、2号,针对糖蛋白Ⅰb的复合物;21号、22号,针对Ⅱb、Ⅲa血小板聚集的复合物;还有51号针对活化(的)血小板的,这五种单抗就是国际上面研究血小板或者是诊断血小板病非常有用的(工具)。

【解说词】

阮长耿从陈悦书教授手里接过苏州血液研究的接力棒之后,整合了血液研究的三个方向,恶性血液病,血栓与止血,造血干细胞移植,建立起江苏省血液研究所,一路披荆斩棘,带领着苏州血液研究又创出了一片新天地。

【同期声】

阮长耿:我们苏州的血液研究在全国来说应该是比较完善的,而且(我们团队的成员)大家比较和谐,能够相互协调,所以这一点是我们的优势,我们下面有教育部的工程中心,有卫生部的血栓止血实验室,还有中华骨髓库。干细胞移植数量我们是全国第二位的,每年我们要做五百多例干细胞移植,所以我们整个这么一个学科结构,在全国血液研究领域,大家都是认可的,也是我们苏大最一流的学科。

【解说词】

1987年11月阮长耿出任苏州医学院副院长一职,而后又任院长,行政、出诊、教学、外事交流都纷纷抢夺阮长耿的科研时间,他只能更加地夜以继日,不断压缩已经所剩无几的休息时间。

【同期声】

顾慧玉:他已经坐上了一班飞快的列车停不下来了。

【解说词】

1997年12月，阮长耿当选为中国工程院院士，这是苏州医学院历史上"零的突破"。在院士推荐书上对阮长耿有这样一段评价："阮长耿教授利用生物学最新技术，长期从事血液学研究，特别在血小板和血栓与止血研究中取得了显著成就。"

【同期声】

阮长耿：学校知道这则消息后，大家当然就很振奋了，特别是我们常务副院长顾钢同志，就组织庆祝会什么的。

【解说词】

阮长耿视野很宽，他以血液学的交流为起点，不断推进中法医学、经济等各个领域的交流，鉴于他为中法友谊做出的杰出贡献，1994年法国政府授予他法兰西国家功绩骑士勋章。

【同期声】

阮长耿：当时很激动，这里面有很多情感的因素，因为卡昂教授对中国比较友好，他夫人学中文，我们两个家庭之间的关系很密切，他也是专门代表总统来给我授勋。

【解说词】

十七年之后，阮长耿又收获了法兰西国家功绩军官勋章，这在整个华人圈堪称凤毛麟角。2011年6月11日，在法国驻上海总领事官邸举行了军官勋章的授勋仪式，至今阮长耿还能忆起（当时的）很多细节。

【同期声】

阮长耿：授勋的仪式放到德斯坦总统到中国来的时候，他给我挂勋章的时候是86岁。他还专门准备了讲稿，说我是"三好学生"等等，讲我到法国去什么的。他讲的问题还是比较人性化的，各方面的因素都会考虑到，在最有人情味的、最能够让人感动的场合给你授勋。

【解说词】

如今，早已过了退休年龄的阮长耿，觉得自己仍然有做不完的事情，他仿佛有用不完的精力，为临床医学和血液研究搭建更多的桥梁。

【同期声】

阮长耿：医学的发展需要（对）病人诊疗的临床研究和实验室基础研究的紧

密配合、交流和协作。这里需要一个协调员,(英文里)叫Coordinator,这个角色就是我阮长耿。

【解说词】

　　阮长耿深知,医学发展永无止境,必须不断地进击科学研究的前沿,培养更多的优秀人才,才能使血液研究事业不断推进。

【同期声】

　　阮长耿:因为科学要不断地发展,而每个人的生命有限,所以应该培养更年轻的人来继续他的工作。希望我培养的学生将来都超过我。

【解说词】

　　阮长耿把一生的热情都投身于血液研究事业,面对勋章和荣誉,他体会到更多的责任和使命。治病救人的初心,是他前行的永恒动力;无私奉献的品格,使他的精神之树永葆长青。

阮长耿年表

1939年

生于上海。

1946年

就读于上海静安小学。

1952年

进入上海南洋模范中学七宝分校就读,开始对数学产生浓厚的兴趣。

1955年

进入上海时代中学高中部就读,因母亲被查出患乳腺癌而立志学医。

1956年

破学校800米的校运会纪录。

1957年

获得上海市数学竞赛第二名。

1958年

免试保送进入北京大学生物系生物化学专业学习。

1959年

母亲因乳腺癌逝世。

1963年

在张龙祥教授的指导下,从事丝氨酸蛋白酶的专题研究。

1964年

从北京大学毕业,接受大学毕业生的集中教育。

被分配到苏州医学院,被安排到苏州吴县(今吴中区)光福下乡锻炼。

1965年

结束为期一年的下乡锻炼,正式到苏州医学院附属第一医院(今苏州大学附属第一医院)报到。

被分配到血液研究的生化实验室,负责诊断和实验等工作。

1966年

实验室因"文化大革命"被迫关门,转去跟随陈悦书教授学习临床,成为血液科的大夫。

1967年

经人介绍初识后来的夫人顾慧玉。

1968年

与顾慧玉结婚。

1969年

大女儿阮嘉出生。

1973年

小女儿阮小琳出生。

1974年

在期刊《国外医学》上连发5篇介绍国外医学前沿发展的综述类文章。

在国内首先开展肝素治疗弥漫性血管内凝血研究,取得成功。

1978年

参加教育部组织的出国留学人员的选拔考试,并以优异的成绩成为改革开放后首批93名公派出国留学生中的一员。

1979年

在北京语言学院学习了三个月的法语后,前往法国留学。

在法国维希语言培训中心学习法语。

前往法国巴黎第七大学附属圣路易医院的血栓形成与止血研究中心,跟随有着"世界血小板之父"之称的卡昂教授学习。

1980年

掌握血小板运作机理,成功鉴定了国际上第一株抗血小板的单克隆抗体。

获得法国的克罗德·班纳奖学金。

1981年

受牛津大学邀请参与协作,第一次成功地用单克隆抗体提纯了糖蛋白Ⅰ。

2月,在权威期刊 British Journal of Haematology(《英国血液学》)发表了题为《人血小板糖蛋白单克隆抗体》的重要论文,并参与英国皇家学院举办的学术活动。

3月,陪同卡昂教授前来苏州医学院考察,签订初步合作意向。

7月,参加在加拿大多伦多举办第八届国际血栓形成与止血学术会议,成为首个参会并作大会报告的中国人,并成为大陆首位加入国际血栓与止血学会的注册会员。

10月,完成法国国家博士论文《抗血小板膜糖蛋白Ⅰ的单克隆抗体研究》,顺利通过答辩,获得法国国家博士学位。

回国,建立我国第一个血栓与止血研究室。

11月,《人民日报》发表了题为《奋发攻关——记阮长耿在法国研究血小板生理机制获得重大成就》的报道。

获得江苏省劳动模范的荣誉。

1982年

接待法国巴黎卫生局代表团来访苏州医学院。

举办第一届中法血栓与止血交流日活动。

1983年

血小板单抗SZ-1号诞生。

1985年

参加在美国加州圣地亚哥举行的第十届国际血栓与止血大会,报告苏州单抗研究的成果。

举办第二届中法血栓与止血交流日活动。

再次获得江苏省劳动模范的荣誉。

在苏州医学院举办国内第一届血栓与止血学习班,前后连续举办了六届。

1986年

获得人社部授予的"有突出贡献的中青年专家"称号。

论文《血小板生理机制的研究:血小板膜糖蛋白单克隆抗体的产生和应用》获得核工业部科技进步奖二等级。

1987年

出任苏州医学院副院长。

在顶尖期刊 *Blood*（《血液》）上发表关于苏州单克隆抗体（SZ-2）号的学术论文。

主编出版了《血小板——基础与临床》一书。

论文《抗von Willebrand因子单克隆抗体的研究》获得核工业部科技进步奖二等奖。

1988年

组建江苏省血液研究所，任所长。

获得五一劳动奖章、全国先进工作者等荣誉。

1989年

论文《一个新的血小板活化剂——TMVA》获得国家发明奖三等奖。

1990年

论文《血小板膜糖蛋白结构与功能研究》获得核工业部科技进步奖二等奖。

1992年

促成苏州中法友好医院的建立，并在中法友好医院成立庆典上致辞。

获得"江苏省高校先进科技工作者"称号。

论文《抗人血小板单克隆抗体的研制及其在血小板膜糖蛋白结构和功能研究中的应用》获得国家科技进步奖三等奖。

论文《抗血管内皮细胞单克隆抗体对血栓前期诊断价值的研究——抗TM单抗的研制和应用》获得核工业部科技进步奖二等奖。

1993年

出任苏州医学院院长。

1994年

被授予法国国家功绩骑士勋章。

组建"核医学生物技术重点实验室"。

接待苏州医学院客座教授法国南特大学J.L.Haroussen博士。

促成中国苏州医疗紧急救护中心的建立。

主编《血栓与止血——现代理论与临床实践》一书。

论文《核辐射对血管内皮细胞抗凝和纤溶功能的研究》获得核工业部科技

进步奖二等奖。

论文《糖蛋白Ⅱb/Ⅲa复合物与血小板无力症的分子生物学研究》获江苏省科技进步奖二等奖。

1995年

接待法国L'OREAL公司高层来访，确立苏州医学院作为中国欧莱雅公司的合作伙伴。

1996年

参加苏州中国L'OREAL公司奠基典礼。

主编《血栓与止血——现代理论与临床（第2版）》一书。

论文《血栓导向单抗SZ-51可变区基因的克隆与表达》获得核工业部科技进步奖二等奖。

论文《抗活化血小板单抗导向血栓放免显像研究》获得核工业部科技进步奖三等奖。

1997年

荣膺中国工程院院士。

获得《抗人活化血小板单克隆抗体可变区基因序列》的国家专利。

《蛋白C系统的抗凝血机理研究》获得江苏省科技进步奖二等奖。

参加在意大利罗马举办的"第十六届国际血栓与止血会议"，并做专题报告。

1998年

主编《血液学——现代理论与临床实践》一书。

参加在中国北京举办的"中法生物技术合作论坛"，并做专题报告。

论文《抗人活化血小板单克隆抗体的研制及其在血栓研究中的应用》获得国家科技进步奖三等奖。

1999年

荣获"江苏省普通高等学校优秀学科带头人"称号。

2000年

苏州医学院与苏州大学合并，卸任院长。

获得"江苏省优秀科技工作者"称号。

参加在中国台湾地区举办的"第一届亚太血栓与止血会议"，并做专题报告。

参加在天津市举办的"第一届中国国际工程抗体技术与应用研讨会"，并做大会报告。

论文《血管性血友病及其相关基因的研究》获得江苏省科技进步奖二等级。

2001年

参加在日本名古屋举办的"第三届亚洲血液会议",并做专题报告。

2002年

论文《血小板膜糖蛋白和血管性血友病基因多态性及其与血栓性疾病关系的研究》获得中华医学科技奖三等奖。

2003年

论文《肿瘤与血液病患者体内尿素受体表达水平临床意义的研究》获得中华医学科技奖三等奖。

2004年

获得《具有血小板黏附和聚集抑制活性的双特异性单链抗体》的国家专利。

主编《血栓与止血——现代理论与临床（第3版）》一书。

论文《SZ-21基因工程抗体的制备和抗血栓作用研究》获江苏省科技进步奖三等奖。

2005年

获得《识别血小板膜糖蛋白的单克隆抗体及其在抗血栓治疗中的应用》的国家专利。

获得*Monoclonal Antibodies Recognizing Human Platelet Membrane Glycoproteins and Uses in Anti-thrombotic Therapy*的美国专利。

参加在澳大利亚悉尼举办的"第20届国际血栓与止血会议",并做专题报告。

2006年

当选中华医学会血液分会主任委员。

牵头在苏州举办第四届亚太血栓与止血会议,担任大会主席并做专题报告。

获得江苏省卫生厅颁发的"优秀医学重点学科带头人"称号。

2007年

主编《现代血液病诊断治疗学》一书。

参加在泰国曼谷举办的"第四届亚洲血液会议",并做专题报告。

参加在北京举办的"第十一届亚太血液会议暨第12届亚太骨髓移植会议",并做大会报告。

参加卫计委血栓与止血重点实验室揭牌仪式。

2008年

参加在新加坡举办的"第五届亚太血栓与止血会议",并做大会报告。

在全国血友病诊疗中心启动大会上致辞。

论文《血小板病及遗传性出血性疾病的分子机理与临床研究》获高等学校科技进步奖二等奖。

举办江苏省血液研究所成立20周年庆典活动,并致辞。

2009年

当选法国医学科学院外籍院士。

获得江苏省医学会授予的终身医学成就奖荣誉。

参加苏州大学唐仲英血液研究中心成立揭牌仪式并致辞。

参加在日本神户举办的"第五届血友病联盟大会",并作专题报告。

2010年

主持出版《中华医学会血液学分会成立30周年》纪念册。

主编《临床病例会诊与点评——血液病分册》一书。

获得《抗人血管性血友病因子A3区的双功能性单克隆抗体》的国家专利。

2011年

被授予法国国家功绩军官勋章,在法国驻上海领事馆接受法国前总统德斯坦授勋。

担任"美国血液学年会中国行"大会共同主席。

参加在上海举办的中美临床与转化医学会议。

2012年

参加在澳大利亚墨尔本举办的"第七届亚太血栓与止血学术会议",并做专题报告。

参加苏州中法友好医院成立20周年庆典。

2013年

主编《血液病学高级教程(高级卫生专业资格考试指导用书)》一书。

论文《血栓与出血疾病相关抗体诊疗药物的研究及其临床应用》获得江苏

省科技进步奖三等奖。

2014年

参加在美国密尔沃基举办的"第60届国际血栓与止血学会学术与标准化委员会会议",并做专题报告。

参加在上海举办的"第二届中法血液高峰论坛",做大会报告,并获得"中法血液学交流卓越贡献奖"。

参加西安举办的"第四届中法医学研讨会",并获得了由法国医学科学院颁发的"法国医学科学院·塞维雅奖"。

2015年

获得首届苏州市科技创新创业突出贡献奖。

获得首届世界华人血栓与止血大会"终身成就奖"。

参加在北京举办的"第九届五洲国际心血管病国际会议'血小板——临床出血与血栓'",并做专题报告。

2016年

参加在博鳌举办的"第十二届中国脐带血造血干细胞移植峰会"并担任大会主席。

参加在北京举办的"2016年世界血友病日"系列活动发布会暨世界血友病日公益话题传播启动仪式,并做发言。

参加在台北举办的"第九届亚太血栓与止血大会",并做主持。

参加在美国举办得国际血友病会议,并做主持。

参加在苏州举办得第十四次全国血液学会议。

参加在北京举办得第四届中法血液高峰论坛,并做大会专题报告。

2017年

参加在西安举办的"第二届中国整合医学大会"。

参加在贵阳举办的"第十三届全国医药卫生青年科技论坛",并做大会报告。

参加在上海举办的"第十三届中国脐带血造血干细胞产业发展高峰论坛暨3000例脐带血造血干细胞临床移植研讨会",并致开幕辞。

参加在徐州举办的"第十八次全国诊断学学术会议",并作大会专题报告。

参加在法国马赛举行的"第五届中法血液高峰论坛",主持并发言。

2018年

荣获改革开放40周年"为江苏改革开放做出突出贡献的先进个人"称号。

2019年

荣获第二十七届国际血栓与止血大会颁发的国际血栓与止血学会"终身成就奖",成为全世界获此殊荣的五位个人之一,也是获得国际血栓与止血学会奖的第一位中国学者。

荣获"庆祝中华人民共和国成立70周年纪念章"。

参考文献

著作

阮长耿.血小板——基础与临床[M].上海:上海科学技术出版社,1987.

阮长耿.血栓与止血——现代理论与临床实践[M].南京:江苏科学技术出版社,1994.

阮长耿.血栓与止血——基础与临床(第2版)[M].上海:上海科学技术出版社,1996.

阮长耿.血液学——现代理论与临床基础[M].北京:北京出版社,1998.

阮长耿.血栓与止血——基础与临床(第3版)[M].上海:上海科学技术出版社,2004.

上海交通大学医学院组.绚丽的生命风景线:记陈竺、陈赛娟院士[M].上海:上海交通大学出版社.2006.

阮长耿.现代血液病诊断治疗学[M].合肥:安徽科学技术出版社,2007.

阮长耿.动脉粥样硬化性心血管病基础与临床[M].北京:科学出版社,2009.

阮长耿.临床病例会诊与点评——血液病分册[M].北京:人民军医出版社,2010.

陈竺,陈赛娟.威廉姆斯血液学[M].北京:人民卫生出版社,2011.

戴尅戎.转化医学理念、策略与实践[M].西安:第四军医大学出版社,2012.

[美]罗杰斯.贝塞斯达临床血液学手册(原书第2版)[M].叶向军,龚旭波,译.北京:科学出版社,2012.

阮长耿.血液病学高级教程(高级卫生专业技术资格考试指导用书)[M].北京:人民军医出版社,2013.

曹雪涛.医学免疫学(第6版)[M].北京：人民卫生出版社，2013.

[美]戈登茨坦等.转化医学的艺术[M].时占祥，曾凡一，译.上海：上海科学技术出版社，2013.

叶明昌.阮长耿院士集[M].北京：人民军医出版社，2014.

陈挥.王振义传[M].北京：人民出版社，2015.

樊代明.整合医学[M].北京：世界图书出版公司，2016.

期刊文章

阮长耿.血小板功能异常引起的出血性疾病[J].国外医学参考资料(内科学分册)，1974(11).

阮长耿.凝血机制缺陷性疾病的实验诊断[J].国外医学参考资料(内科学分册)，1974(11).

阮长耿，陈重坤，陈悦书，于力，涂光俦，许金菊，冉永禄.蝮蛇Agkistrodon halys Pallas蛇毒纤溶酶对纤维蛋白质的作用[J].动物学研究，1981(2).

阮长耿.蛇毒与血液凝固[J].江苏医药，1979(1).

阮长耿.血栓形成的机理[J].江苏医药，1983(5).

阮长耿，奚晓东，李佩霞，顾建明，杜晓平.第二组分泌抗人血小板单克隆抗体的小鼠杂交瘤细胞[J].苏州医学院学报，1986(1).

阮长耿.血小板抗原和输血后紫癜[J].江苏医药，1986(1).

阮长耿.血小板膜糖蛋白的研究[J].生理科学进展，1986(3).

阮长耿，奚晓东，杜晓平，万海英，吴星，李佩霞，顾建明.抗人血小板单克隆抗体的研究——Ⅱ.抗血小板糖蛋白Ⅰ单克隆抗体——SZ-2[J].中国科学，1986(9).

阮长耿.血栓形成机理[J].临床内科杂志，1988(3).

阮长耿.血管内皮细胞膜的黏附蛋白[J].中国实验血液学杂志，1993(1).

阮长耿.出血性疾病的分子生物学研究[J].中华血液学杂志，1996(3).

阮长耿，顾建明，傅建新，程大卫.2N型血管性血友病临床表现与基因突变[J].中华血液学杂志，1996(3).

阮长耿，王山喜，毛静安，张晓林，陈惠娟，王东.体内、外血小板活化时血浆11-去氢-血栓烷B2的改变及其意义[J].中国病理生理杂志，1998(2).

阮长耿，盛茗.基因多态性研究与血液病[J].中华医学杂志，2000(9).

阮长耿.血小板膜糖蛋白与血栓性疾病[J].中国血液流变学杂志,2001(3).

阮长耿.血小板基础与临床研究进展[J].生物学通报,2002(4).

阮长耿.遗传、高保真DNA聚合酶、基因检测[J].南华大学学报(医学版),2003(2).

阮长耿.血细胞的黏附分子[J].中国实验血液学杂志,2004(2).

阮长耿.冠心病抗血小板治疗的进展(2)抗血小板药物研究进展[J].中国循环杂志,2004(2).

阮长耿.血小板与血栓性疾病[J].医学研究通讯,2004(7).

阮长耿.在科学研究实践中培养创新能力[J].学位与研究生教育,2007(6).

阮长耿,余自强.提高血栓性疾病的诊治水平[J].中华内科杂志,2007,46(11).

阮长耿.我国出凝血疾病诊治进展[J].中国实用内科杂志,2008(10).

阮长耿.血栓与止血——在院庆60周年"院士讲学周"活动中的专题讲座[J].医学研究生学报,2010,23(1).

阮长耿.出血与血栓性疾病的诊断和治疗进展[J].临床血液学杂志,2010,23(1).

梁文飚.法国血液工作经验及启示[J].中国卫生质量管理,2010,17(1).

阮长耿.抗血小板药物研制与临床应用进展[J].中国药房,2013,24(38).

阮长耿,余自强.2012版血栓性血小板减少性紫癜诊断与治疗中国专家共识解读[J].临床血液学杂志,2013,26(2).

阮长耿,余自强.2012版血管性血友病诊断与治疗中国专家共识解读[J].临床血液学杂志,2013,26(2).

后 记

还记得2016年的10月末,第一次手捧"东吴名家·艺术家系列"丛书的时候,从卷本里漫溢出来的诱人书香紧紧地抓住了我。2017年1月,当我接到我们团队新媒介与青年文化研究中心主任马中红教授的电话,邀请我加入"东吴名家·名医系列"丛书的撰写工作之时,我丝毫没有犹豫,立即满口答应下来。随即,项目的启动会议召开,在聆听"艺术家系列"丛书的几位作者分享撰写经验之后,我慢慢意识到我们这一次"名医系列"丛书的撰写难度——文科生要尝试与医科大拿们对话,暗暗吃了一惊。不久,我的采访对象确定下来,是我国工程院院士、江苏省血液研究所所长、苏州大学医学部名誉主任、博士生导师阮长耿教授。当"院士""血液研究""博士生导师"这些字眼一个个跳入我眼帘的时候,我倒吸了几口冷气,撰写之路似乎不太光明。

2017年5月下旬的一天,我们团队新媒介与青年文化研究中心副主任陈霖教授领着我,走进了苏州大学附属第一医院江苏省血液研究所的大门,在院士办公室第一次看到了精神矍铄的阮长耿院士。去之前我就已经得知,阮院士虽然年近八旬,但是其工作强度依然不减,是否能挤出一段完整的时间接受我的采访,绝对要打一个大写的问号。然而万万没有想到,我们之间的沟通是那样的顺畅,阮院士对我们的采访请求连声说好,又满脸笑容地对我说:"小朋友,谢谢你,以后要多麻烦你喽!"面对擅长交流、风趣幽默的阮院士,我之前的种种担忧一扫而空。

在此期间,我搜集并阅读了阮院士编撰的八本血液学相关的专著、发表的部分中英文论文、媒体对他的报道,以及他20世纪50年代至60年代所在的北大、他最初工作的苏州大学医学部前身苏州医学院、他70年代末到80年代初前往法国留学的巴黎第七大学附属圣路易医院、他一直所在的江苏省血液研究所、国际和国内血液学科的发展历程（尤其是血栓与止血研究这个细分方向上的发展历程）等相关资料。这当中，信息最翔实的是"十二五"国家重点出版项目《中国医学院士文库》中的《阮长耿院士集》，里面全景地展现了阮院士的贡献和风采，当然这也给我不小的挑战，差异化风格和内容成为阮院士全新传记的首要目标。特别是得知2018年8月将迎来阮院士八十华诞，我便下定决心尽我所能，精雕细琢出这一份特别的生日礼物向阮院士表示祝贺。

正式的访谈从2017年6月8日开始，其后因为阮院士出国、开会等过于繁忙而一度中断。在6月21日恢复之后，分别于7月12日、7月19日、7月20日、7月24日、8月3日对阮院士进行了相对集中而完整的采访，采访地点都选在阮院士在江苏省血液病研究所的办公室内。此外，我们分别于7月5日、7月14日、7月26日、8月1日完成了对阮院士大女儿阮嘉、同事何杨、学生夏利军、夫人顾慧玉、小女儿阮小琳的采访。在此期间，还拍摄了阮院士在苏州大学南校区的办公室，江苏省血液研究所所在的几幢大楼影像，并且记录了阮院士每周参与血液科例会、走访病房等内容。之后，便是长达半年的录音整理、文字转换、内容撰写、图像编辑等工作。至此，终于完成了两部分的内容，传记《阮长耿访谈录》和纪录片脚本《热血长青》。

回顾整个项目从启动到今天书稿完成修订，心中的谢意汹涌澎湃。当然，首先得感谢阮长耿院士。与阮院士的对话，不只是细琢阮院士的人生过往，更是让我得到了提高。是他生动浅显的语言，替换了血液研究中的那些艰深的知识，拓展了我的认知；是他严谨求实、勤勉奋进的治学境界，鼓舞着同样还在求学中的我；也是他不骄不躁、有容乃大的人生态度，让我自省以发现不足。我依然清楚地记得，阮院士以一个过来人的身份，在事业家庭的平衡、子女的教育培养、个人健康的维持等方面，分享给我良多建议。同时，我也要感谢顾慧玉女士、阮嘉教授、阮小琳女士、何杨教授、夏利军教授配合我的采访，他们都从不同的面向，提供了大量的素材，为我这个浙江人更好地了解苏州、苏州文化，并最终深描出多维的阮院士提供了莫大的帮助。也要感谢阮院士的秘书赵凌颖女士，整个过程中给赵秘书增添了无数的烦扰，但她却竭尽所能为我创造各种便利，并且帮助我反复校对书稿内容，其认真的精神让我感动。

其次，我要感谢团队新媒介与青年文化研究中心主任马中红教授和副主任陈霖教授。他们作为项目负责人，为整个项目的顺利推进贡献了巨大力量。马中红教授多次关心我的采访进度，常常为我答疑解惑；陈霖教授耐心地教导我特稿、脚本的写作方法，反复审核我的书稿，斟酌每一处的遣词造句。此外，还要向杜志红副教授、潘文龙主任表达我的真诚谢意，他们逐字逐句地帮我修改纪录片《热血长青》的解说词，并帮助指导和审核纪录片的后期剪辑。

最后，感谢团队中的其他成员，主编田晓明教授始终牵挂丛书的进展，不断传来他的鼓励。陈一副教授、张梦晗博士、褚馨女士等人，为了交出一份满意的答卷，自始至终我们都携手共进。感谢一直以来站在我身边的赵南同学和禹慧同学，忘不了在38度高温下举着摄像机、后半夜依然在剪辑纪录片的你们，以及帮我校对书稿的我的先生孙晓磊，感谢你们给予我的最强能量和最大帮助。

孙 黎
2019年9月于浙江家中

主编　田晓明

田晓明，生于如皋，旅居苏州，心理学教授，先后供职苏州大学、苏州科技大学，现任苏州科技大学党委副书记、副校长。

副主编　马中红

马中红，江苏苏州人，苏州大学传播学教授，从事媒介文化、品牌传播研究。

副主编　陈　霖

陈霖，安徽宣城人，苏州大学新闻学教授，从事媒介文化与文学批评研究。

图书在版编目(CIP)数据

阮长耿访谈录 / 孙黎著. —苏州：苏州大学出版社,2020.1
(东吴名家 / 田晓明主编. 名医系列)
ISBN 978-7-5672-2579-4

Ⅰ.①阮… Ⅱ.①孙… Ⅲ.①阮长耿－访问记 Ⅳ.①K826.2

中国版本图书馆 CIP 数据核字(2018)第 184460 号

书　　名：	阮长耿访谈录
著　　者：	孙　黎
责任编辑：	周建国
出版发行：	苏州大学出版社(Soochow University Press)
社　　址：	苏州市十梓街 1 号　邮编：215006
印　　刷：	苏州市深广印刷有限公司
网　　址：	www.sudapress.com
邮购热线：	0512-67480030
销售热线：	0512-67481020
开　　本：	787 mm×1 092 mm　1/16
印　　张：	17.5
字　　数：	286 千
版　　次：	2020 年 1 月第 1 版
印　　次：	2020 年 1 月第 1 次印刷
书　　号：	ISBN 978-7-5672-2579-4
定　　价：	98.00 元

若有印装错误,本社负责调换。服务热线：0512-67481020